Pit Weyrich

„Heißt da unten einer Weyrich?"

Pit's Fernsehgeschichte(n) und Kuriositäten

procella-books

Bibliografische Information der Deutschen Nationalbibliothek:
Die Deutsche Nationalbibliothek verzeichnet diese Publikation in der Deutschen Nationalbibliografie; detaillierte bibliografische Daten sind im Internet über www.dnb.de abrufbar.

Coverfotos: Adobe Stock & Pit Weyrich-Archiv
Rückseitenportrait Pit Weyrich: Isabel Varell
Layout & Satz: Fuego/Friedel Muders | www.fuego.de
Herstellung: BoD – Books on Demand, Norderstedt.

1. Auflage: Hamburg 2023
Auch als Ebook erhältlich

℗ 2023 procella~books ist ein Verlag von
Hypertension-Music, Hamburg

www.hypertension-music.de

ISBN: 978-3-9814740-7-7

Pit Weyrich

„Heißt da unten einer Weyrich?"

Pit's Fernsehgeschichte(n) und Kuriositäten aus 55 Jahren vor und hinter den Kameras

procella-books

Warm-up	9
„Achtung an alle"	15
„Pit, mach was – wir sind zu lang"	19
Widerlich, diese „Typen vom Fernsehen"	27
HSV oder TV?	34
Learning by doing	40
Die ganze Welt sieht meine Bilder	48
Ein Sandwich „schenkt" mir eine Idee	61
Der schönste Beruf beim Fernsehen	70
Vom Gottesdienst zum „Can Can"	75
Gut, dass sowas keiner hört...	80
„Heißt da unten einer Weyrich?"	87
Doris wird „Alexandra"	97
Wie wird man Regisseur?	111
Regie: Pit Weyrich - klingt ja nicht schlecht	121
Otto - find ich gut	127
Helikopter ohne Türen	138
Achtung – V.I.P.'s	164
Wenn Promis kochen ...	169
ABBA kommen nicht	179
ABBA kommt doch	183
Schräge Vögel I + II	196

Kleider machen Leute	205
California Dreaming	210
Beinahe hätte ich Liz Taylor getroffen	215
Unbezahlbare Bilder	219
„Du kannst das, Pit!"	227
Löwe auf dem Rücksitz	237
Mit „Tigerlady Ella" in der Badewanne	244
VIP Shuttle mit der Promirakete	248
Applaus tut gut	255
„Sir, please follow me..."	265
Mord in meinem Team	275
„Hier ist Berlin – Ihre ZDF-Hitparade"	279
Pannen & Chaos bei der Preisverleihung	295
Gottschalk Late Night	314
Daniel Düsentrieb des Fernsehens	329
„Jetzt dreht Pit durch..."	345
Elstner und die Detektive	354
André Rieu - geht nicht - gibt es nicht	360
Mit Schloss Schönbrunn in Melbourne	393
Wann ist der richtige Zeitpunkt?	405
„Tschüss, Udo!"	412
Finale	423

Warum schreibt dieser Weyrich jetzt ein Buch? Weil er es möchte und weil er es kann!

Darum schreibe ich:
Wie soll man denn bei so viel Erlebtem - beim Wühlen in den Erinnerungen - zurückhaltend sein. Da war so viel los – in dieser Fernsehwelt der Lichter und Lacher. Schuld sind aber Freunde und gesellige Abende, bei denen man diese Branche mit rosaroten und dunkelgrauen Geschichten geschildert hat, und als Resonanz immer wieder die Bemerkung registrieren durfte: *Mensch schreib ein Buch – Du hast so viel erlebt ...*
Weil ich mich auf den tausenden von Kilometern pro Jahr in den ICE's ohnehin langweilte, habe ich mal angefangen zu schreiben – über:

vieles .... was ich erlebt habe
manches........ was ich gar nicht erzählen wollte
einiges........... was ich selbst schon (fast) vergessen hatte
weniges......... was man besser für sich behält
wichtiges....... was mich bewegt hat
unwichtiges ... was aber vielleicht für andere wichtig gewesen ist
lustiges.......... (und das war viel...) was mich ermutigt hat, mich auf *mehr* zu freuen -

wenig............... was andere verärgert – (hoffentlich)
harmonisches.... weil ich Waage bin und Harmonie
meine bisher einzige (mir bekannte)
Sucht ist

Pit Weyrich 2023

und das sind meine Geschichten ...

Warm-up

von Dr. Michael Beckert

„Jetzt singt sie auch noch" hat TV-Allzweckwaffe Barbara Schöneberger vor Jahren ihr Debütalbum selbstironisch betitelt. Wenn dann eine andere TV-Allzweckwaffe wie der Regisseur, Moderator und Produzent Pit Weyrich sein erstes Buch vorlegt, ist man leicht versucht, „Jetzt schreibt er auch noch" zu kalauern.

Ja, das tut er. Schreiben. Und wie! In einem angenehm entspannten Erzählton nimmt er uns mit auf eine Zeitreise durch fünf Jahrzehnte deutscher Fernseh-Unterhaltung. Er lässt uns teilhaben an den zahllosen Begegnungen mit prominenten und weniger prominenten, immer aber interessanten Menschen. Und er frischt nicht zuletzt unser Gedächtnis auf an so viele unbeschwerte Abende, die wir mit der Familie oder Freunden vor der Glotze verbracht haben.

Beim Lesen stellen wir fest, wie viele Sendungen wir doch alle gesehen haben, an denen Pit Weyrich als Macher beteiligt war. Angefangen von den Otto-Shows über ZDF-Hitparade und Late Night mit Thomas Gottschalk bis zu den spektakulären André Rieu-Konzerten – wann immer uns Pit hinter die Kulissen dieser erfolgreichen Produktionen führt, Backstage also, laufen vor unseren

Augen noch einmal die Programme ab, die zuverlässig ein Millionenpublikum fanden und noch immer finden. Und während wir uns erinnern, bekommen wir vom Autor wie nebenbei erklärt, wie solche Produktionen entstehen, welche Probleme es gab hinter den Kulissen – technische, organisatorische, aber auch persönliche. Da stellt sich bei der Lektüre so eine Art Kopf-Kino ein, in dem sich Bildschirm und Backstage, On und Off überlagern und verbinden – eine spannende Erfahrung.

Der Schwerpunkt von Pit Weyrichs Regiearbeit liegt auf der Musik. Konzertaufzeichnungen mit dem Pianisten Artur Rubinstein oder dem Tänzer Rudolf Nurejew begleitete er noch als Kameramann. Später drückte er der ZDF-Hitparade seinen optischen Stempel auf, setzte Komponisten wie Andrew Lloyd Webber oder Frank Farian in Bildschirm-Szene und inszenierte große Galas wie die „Goldene Europa", die Silvester-Show des ZDF vor dem Brandenburger Tor oder den Dresdener Opernball. In den Aufzeichnungen der spektakulären Konzerte mit dem André Rieu Orchester nutzte er die Möglichkeit, klassische Musik mit populärer Musik zu verbinden, sozusagen E wie Ernst mit U wie Unterhaltung zu vereinen. Hier macht uns der Autor ausführlich mit den Aufgaben und Intentionen eines Fernsehregisseurs vertraut, anschaulich und auch für Laien verständlich - eine Art Kurzanleitung, wenn man will, für Regiestudenten an Film- und Fernsehhochschulen.

Hinter der Begeisterung für diese kreative Arbeit tritt die zweite Karriere des Pit Weyrich fast in den Hintergrund: die Moderation. Mit „Kaum zu glauben" im ZDF begann es in den 80er Jahren, setzt sich fort bis in die späten Neunziger mit „Die bessere Hälfte" oder „Träume unterm Hammer". Den Wechsel von Hinter-der-Kamera zu Vor-die-Kamera beschreibt er in einem vergnüglichen Kapitel als eine Art Kulturschock. Er wird sich schlagartig bewusst, welche Verantwortung der Mann oder die Frau trägt, die eine Sendung präsentieren – eine ungleich größere nämlich als ein Regisseur, der - wenn überhaupt - als letzter im Abspann genannt wird. Und so wächst sein Respekt vor den Kolleginnen und Kollegen, die für ihre Sendungen buchstäblich den Kopf hinhalten.

Pit und ich kennen uns seit über 40 Jahren. Ich habe ihn noch als Kameramann erlebt, später seine Regiearbeiten wie den „Liederzirkus" oder Frank Farians Jamaika-Film mit Boney M. als Zeitungsredakteur kritisch begleitet. Einen ähnlichen Bewusstseinswandel wie Pit konnte ich in meinem Berufsleben selbst erfahren, als ich 1988 vom Zeitungsredakteur und Fernsehkritiker zum Medium Fernsehen wechselte und dort plötzlich selbst Sendungen produzierte, die ich früher kritisiert hatte. Die Zusammenarbeit mit Pit, egal ob als Regisseur oder Moderator, gehört bis heute zu meinen schönsten Erfahrungen im nicht immer freundlichen Showgeschäft. Ruhig im Ton, freundlich mit den Mitarbeitern und sensibel im Umgang mit den Stars – so habe ich ihn immer wieder erlebt. Und so begegnet er uns auch in seinem Buch – voller Respekt.

Respekt – das ist überhaupt das Schlüsselwort, das Pits Erinnerungen durchzieht. Respekt vor der Arbeit anderer, Respekt im Umgang mit den vielen Persönlichkeiten, die er im Laufe seines Berufslebens kennenlernen durfte. Den Menschen, mit denen ihn eine über Jahre andauernde Zusammenarbeit verbindet, widmet er längere Passagen seines Buches. Was die Zusammenarbeit mit Dieter Thomas Heck, Thomas Gottschalk, Udo Jürgens, Frank Elstner oder André Rieu für ihn persönlich bedeutet hat, verdichtet er zu authentischen Porträts, feinfühligen Psychogrammen. Auch diese spannenden Personenbeschreibungen sind von Respekt geprägt. Wer Klatsch und Tratsch, womöglich sogar Insider-Enthüllungen aus dem schillernden Showbiz erwartet, wird mit diesem kurzweiligen, amüsanten, diskreten Erinnerungsbuch enttäuscht werden.

„Du kommst auch darin vor" – so hat Hanns Dieter Hüsch, der unvergessene Poet und Kabarettist, seine Autobiographie genannt. Schlitzohrig spekulierte er auf die Neugier seiner Kolleginnen und Kollegen und befeuerte so nebenbei das Kaufinteresse an seinem Buch. Schade, dass dieser Titel schon vergeben ist. Aber „Heißt da unten einer Weyrich?" wird, da bin ich mir sicher, auch so seine Leser finden. Und Sie, die dieses Buch gerade in den Händen halten: Freuen Sie sich nun auf mehr als 400 Seiten ungetrübtes Lesevergnügen.

Michael Beckert

„Achtung an alle"

„Noch genau 2 Minuten. Viel Glück und dem Team eine gute Reise."

Ich lasse im Regieraum den kleinen Knopf meiner Kommandoanlage los, der meine Worte in der Arena für alle hörbar gemacht hat. Dieses Ritual kurz vor den Live-Sendungen ist Standard. Das hatte für mich mit meiner ersten Regie für die Sendung „Jazz im ZDF" im Juni 1977 im Münchener Jazzkeller „Domizil" begonnen und hat sich bis heute gehalten. Die „gute Reise" wünsche ich als Regisseur meinen weiblichen und männlichen Mitarbeitern an den Kameras, den Mitarbeitern von Ton, Licht und Technik, den Aufnahmeleitern am Set, den vielen Helfern, die verdammt nötig sind, um so eine Live-Sendung reibungslos über die Bühne zu bringen. Und natürlich gilt das auch für die Moderatoren, die „da draußen" den Kopf für uns alle hinhalten. (Und damit meine ich auch immer alle weiblichen und männlichen Mitarbeiter der Teams).

Ob für Thomas Gottschalk bei „Na sowas!" und der „RTL Late Night" oder für Dieter Thomas Heck und Viktor Worms in den vielen ZDF-Hitparade-Sendungen oder für Michael Schanze bei den Kindersendungen „1, 2 oder 3" im ZDF-Show-Express oder für Florian Silbereisen bei den großen Live-Shows des MDR oder für die wechselnden Moderatoren der Live-Übertragungen vom Semper-Opernball oder für alle, die bei den Verleihungen der „Goldenen Henne" aus Berlin durchs Programm geführt haben oder auch fast 20 Jahre lang für die „verrückte Kiwi" (Andrea Kiewel beim ZDF-Fernsehgarten) gearbeitet haben – für alle gilt dieses „Achtung" und allen wünsche ich immer viel Glück fürs Gelingen.

Ich weiß, dass es den Menschen vor den Kameras guttut, wenn man ihnen kurz vor Beginn noch einmal deutlich zeigt, dass sie nicht alleine in die Schlacht gehen.

Dieses Gefühl kenne ich durch meine Arbeit als Moderator vor den Kameras, denn dort ist man verdammt allein. Wie schön, wenn da ein bisschen Wärme durch die Anspannung „weht".

Natürlich benutze ich dieses Ritual auch bei den Aufzeichnungen, die ja nicht live gesendet werden und die man nachträglich noch so schön bearbeiten, verbessern und manchmal auch verschlechtern kann.

Wer will schon Fehler machen ... Live ist und bleibt live. Das ist das Salz in unserer Fernsehsuppe. Jede Live-Sendung ist eine „kleine Reise", bei der wir zwar genau wissen, wo wir lang fahren wollen, aber nie sicher sein können, was „auf der Strecke" so alles passiert und ob und wie wir ankommen ...

Irgendwie kommt mir gerade der Gedanke, dass es doch ein bisschen wie unser ganzes Leben ist, das sich ja auch zwischen einem Opening (Geburt) und einem Finale (dem letzten Atemzug) abspielt.

Nur ein einziger Buchstabe im englischen zeigt, wie nah beides beieinander liegt.

Life is live.

Unser Leben ist live. Es ist keine Aufzeichnung, die man bearbeiten kann, wo man Fehler einfach eliminiert und damit unsichtbar macht. Im Leben und in der Live-Sendung gibt es nur eines:

Weitermachen! Einfach immer weitermachen!

Einer hat das immer als Lebensmotto befolgt. Er ist 108 Jahre alt geworden und nie in Rente gegangen. Aufhören - das stand nicht in seinem Lebens-Drehbuch.

Weil es wirklich einmalig und leider auch etwas tragisch-komisch war, was mir mit dem damals schon 103 Jahre alten Johannes Heesters passiert ist, fange ich damit mal an und nehme Sie mit hinter die Kulissen. Wir nennen das:

„Hinter den Kulissen oder Backstage"

„Pit, mach was – wir sind zu lang"

Für einen legendären Schauspieler aus Holland gab es definitiv nie den Gedanken: Jetzt höre ich bald auf. Im Gegenteil – nach seinem neunzigsten Lebensjahr hat er von sich aus schon ungefragt gesagt: *„Ich mache weiter, bis ich Hundert bin."* Eins seiner Lieder nannte er sogar: „Ich werde hundert Jahre alt". Er hat „untertrieben", denn er sang es auch noch mit 102!

Johannes „Jopi" Heesters wurde 1903 in Amersfoort – Niederlande geboren.

Mein Gott, da fuhren noch Postkutschen und die ersten Dampfautomobile. Das allein ist schon verrückt, dass ich so einem Menschen mal begegne, der diese Zeit schon erlebt hat.

Genau das ging mir durch den Kopf, als ich ihn in einer großen Abendshow als Regisseur begrüßen durfte. Er war damals mit seinen 103 Jahren nicht nur der weltweit älteste noch aktive Schauspieler, sondern auch noch sehr aktiv als leidenschaftlicher Sänger. Stimmlage – auch mit über 100 noch Tenor. Ich möchte jetzt, bevor ich diese kleine (peinliche) Geschichte erzähle, unbedingt erwähnen, dass ich großen Respekt für solche Lebensleistungen habe und dass ich es immer spannend finde, wenn mir solche Legenden plötzlich gegenüberstehen.

4. Februar 2006, Bördelandhalle in Magdeburg. MDR-Weihnachtsshow mit Florian Silbereisen. Johannes Heesters betritt an der Seite seiner ihn immer liebevoll begleitenden Frau Simone Rethel die Halle. Im Ablauf steht: *Lied: J. Heesters – „Moie Mole", Länge: Ca. 4 Minuten.*

Er besingt darin die Schönheit der alten Mühlen seiner niederländischen Heimat.

Im Vorfeld werde ich gebeten, ihm einen festen Platz für diesen Auftritt zu geben – ganz in der Nähe des Pianos. Das versteht sich von selbst, denn es ist naheliegend, dass ein Mensch in diesem Alter nicht mehr über die große Showtreppe in den Saal „schweben" kann. Auch die Information, dass sein Sehvermögen stark eingeschränkt sei, habe ich in die Umsetzung eingebaut, damit er sich sicher fühlen konnte. Auf einer Drehbühne – Durchmesser ca. acht Meter – ganz am rechten Rand unserer Spielfläche haben wir alle Möglichkeiten, ihm seinen Auftritt zu erleichtern. Denn so kann er – durch eine Wand verdeckt und fürs Publikum noch nicht sichtbar – ganz in Ruhe auf der Rückseite der Bühne schon auf seine Position am Piano gebracht werden. Nach der großen Ansage vom Moderator soll er dann unter tosendem Applaus und mit Standing Ovations mit der Drehscheibe ins Bild gedreht werden.

Allein der extrem starke Applaus dauert schon fast eine ganze Minute und ist natürlich sehr bewegend.

Seinen Titel singt er auf eigenen Wunsch live in Begleitung seines Pianisten. Und der fängt erst an zu spielen, wenn es wieder ganz still geworden ist im Saal. Das hat Jopi, wie ihn alle liebevoll nannten, so verlangt. Aber das „verschlingt" die nächste von den geplanten insgesamt fünf Minuten.

Es wird - natürlich - ein toller Auftritt, weil wir in der Regie, genau wie das das Publikum im Saal, diesen ganz besonderen Moment spüren, dass da 90 Jahre Bühnenerfahrung vor uns stehen. Das springt Zwischen Opening und Finale auch auf die Zuschauer zu Hause an den Geräten über.

In den sehr nahen Kameraeinstellungen kann man sehen, dass dieser Mann nichts von seinem Charme und seiner Leidenschaft verloren hat. Alle staunen über seine immer noch kraftvolle Stimme und seinen überzeugenden Auftritt. Nicht nur ich denke: „Dieser Mann singt für sein Leben gerne!"

Es spielt in solch einem seltenen Moment überhaupt keine Rolle mehr, ob man diese Musik mag oder nicht. Das sind besondere Situationen.

Dementsprechend lang und enthusiastisch ist der Applaus nach dem Lied. Die kalkulierte Zeit ist längst überschritten, aber dafür ist es auch ein einmaliges Erlebnis für uns alle - auch für ihn! Er genießt den großen Applaus und bedankt sich mehrfach. Für fast jeden kleinen Satz bekommt er erneut großen Applaus. Sorgenvoll sehe ich auf die Uhr, denn es ist auch unsere Aufgabe im Übertragungswagen, das Gesamt-Timing der Sendung im Auge zu behalten. Jopi ist in seinem Element. Als er seine ersten Auftritte hatte – das war ja mal locker schon ein halbes Jahrhundert her – gab es diesen Zeitdruck garantiert noch nicht.

Irgendwann wird er schon aufhören, denke ich, denn solche Situationen kann man nicht beeinflussen. Jetzt entschließt er sich allerdings – überraschend – zu einer „kleinen Zugabe" seines Liedes „Moie Mole". Oh weh, die Zeit! Aber was soll ich machen? Er singt den Refrain des Liedes nochmal – a cappella.

Sogar sein Pianist scheint überrascht und spielt gar nicht mehr richtig mit.

Ich würde das hier eigentlich nicht erwähnen, denn ich finde das alles wunderbar und sehr „live"! Spontanität wird uns leider schon seit längerer Zeit immer mehr entrissen. Timing geht vor Kunst. Aber dann passieren - in realistischen weiteren zwei Minuten - unglaubliche Dinge in Magdeburg.

Auslöser ist unser verantwortlicher Redakteur und Unterhaltungschef des MDR.

Der sitzt in seinem Redaktionszimmer und ist natürlich mit mir im Ü-Wagen über Funk verbunden.

„Pit, mach was! Wir sind schon vier Minuten drüber!"

Na, der hat Humor ... „Pit – mach was". Ja – was macht man denn in solch einer Situation? Die ist auch für mich neu. Der bisher älteste Künstler, den ich als Regisseur erleben durfte, war Heinz Rühmann. Und der war damals 1993 gerade mal 91 Jahre alt, als er bei

„Gottschalk Late Night" zu Gast war. Auch er wurde vom Publikum mit Standing Ovations begrüßt, die nun mal eine würdevolle Länge haben. Aber diese Schauspier-Legende war leise und bescheiden.

Link: https://youtu.be/ISNWpJa4cL8
Heinz Rühmann bei
Gottschalk Late Night 1993:

Zurück zu Johannes Heesters:

Unten im Saal und für Millionen TV-Zuschauer singt Jopi immer noch herzzerreißend seine Zugaben. Das Publikum tobt! Der Unterhaltungschef auch: *„Pit, geh dazwischen ... Mach doch was! Seine Zeit ist längst vorbei. Wir müssen pünktlich fertig sein. Nach uns kommt ein Boxkampf – und der ist auch live"*.

Nein, also das geht doch nicht. Ich kann doch einem solchen Künstler nicht über Lautsprecher in seinen Gesang „reinquatschen". Und was hätte ich denn sagen sollen? Etwa: *„Herr Heesters, hören Sie jetzt bitte auf zu singen. Es kommt gleich ein Boxkampf"?* Oder noch schlimmer: *„Jopi – Ihre Zeit ist vorbei ..."*

Das ist 'ne Live-Show. Und es wäre vermutlich meine letzte Regie gewesen, hätte ich gehorcht. Aber ich wittere meine Chance: Die Drehscheibe wird das Problem lösen. Am Ende der „ersten Zugabe" gibt es wieder tosenden Applaus und Jopi will unbedingt nochmal weitersingen. Auf meinen „Chef" hatte ich ja schon nicht mehr gehört. Aber jetzt gebe ich über Kopfhörer zwei entscheidende Regieanweisungen an meine Regieassistentin und die Studiocrew. *„Applaus anreißen – das Publikum darf nicht aufhören."* Jopi singt weiter. Na, darauf kann man sich wenigstens verlassen.

Mein Wunsch wird energischer: „Drehscheibe ab." Nichts tut sich. Logisch, die Mitarbeiter dachten sich bestimmt: „Pit spinnt! Das kann man doch nicht unterbrechen. Man kann den Mann doch nicht einfach rausdrehen – der singt doch noch!"

„Drehscheibe losfahren – dreht ihn jetzt raus." Mein Tonfall entspricht nun keiner Bitte mehr, sondern einem Befehl.

Sie fährt los und der Sänger, der ja fest an seinem Flügel steht, dreht sich langsam – immer weiter singend – aus dem Bild, bis er nicht mehr zu sehen ist.

Diese Szene war unglaublich und hatte gleichzeitig leider auch etwas unfreiwillig Komisches. Noch nie – in über 30 Jahren Regiearbeit – hatte ich einen Sänger einfach aus dem Bild gedreht, also quasi „abgeschoben".

Das Verrückte ist, dass er es nicht einmal registriert hat. Ich hatte ja erwähnt, dass er extrem schlecht sehen konnte, und da er ja weiter sang, war für ihn die Welt in Ordnung.

Die internen Gespräche nach der Sendung, dauerten etwas länger als üblich, ich erspare uns das hier. Frau Rethel war „not amused" – und das ist noch harmlos ausgedrückt. Mein Chef übrigens auch nicht. Und die Kollegen erzählen sich heute noch, dass Pit Weyrich den Heesters einfach „weggedreht" hat. Ich bin nicht stolz auf diese Rettungsaktion – wegen eines relativ unbedeutenden Boxkampfes.

Natürlich braucht so eine zeitlich limitierte Show eine Ordnung. Wir arbeiten zusammen mit größtenteils höchst sensiblen Künstlern. Wir verehren sie für ihre Kunst und Individualität. Also müssten wir doch auch mit solch verdammt menschlichen Situationen rechnen. Jetzt mal im Ernst. Bei einer solchen Sendung mit einem so außergewöhnlichen Auftritt einer Legende müsste man doch einfach nur einen noch flexibleren Zeitpuffer einbauen. Und wenn man das nicht macht, dann ist man eben etwas später fertig mit der Show. Und die Boxfans hätten auch noch fünf Minuten gewartet. Punkt.

Wie viel länger so einige Sendungen wurden, weil zum Beispiel ein Thomas Gottschalk – oder auch andere – sich möglichst keinem Zeitkorsett unterwerfen wollten, darüber erzähle ich an anderer Stelle.

Ich erinnere mich aber auch an einen Gedanken, den ich nach diesem Erlebnis hatte. Ich hoffe nicht, dass man mich am Ende meiner Fernsehlaufbahn „einfach so aus dem Bild dreht"! So möchte ich nicht „entsorgt" werden. Und ich möchte auch nicht hören müssen: *„Pit, Deine Zeit ist um ..."*

Jetzt wird es aber mal Zeit, ein paar Jahre zurückzuspringen. Meine erste und etwas andere Begegnung mit Kameras hatte ich nämlich schon als Elfjähriger.

Sie wurde eine frühe Erkenntnis, dass es ganz gut ist, wenn man sich nicht alles gefallen lässt, auch wenn man in der schwächeren Position zu sein scheint.

Das war im Jahr 1959.

Widerlich, diese Typen vom Fernsehen

Ich bin beinahe zwölf Jahre alt – was für ein Alter! Von drei bis ca. 14 ist man immer „beinahe Jahre" alt.

Ich gehe in die Schule, weil es Pflicht ist. Mein „Onkel" Kurt meint, ich soll in einen Fußballverein eintreten – ich hätte Talent! Ich will natürlich zum besten Club, den es in Hamburg gibt. Ich will zum HSV, denn nur dort kann ich Nationalspieler werden. Meine innere Stimme sagt mir: *„Gehe direkt dorthin, gehe nicht über irgendeinen anderen Stadtteil-Verein, geh' zum HSV und auf keinen Fall zum FC St. Pauli."* „Onkel" Kurt findet das richtig.

Das Trainingsgelände der Jugendmannschaften des HSV liegt – auch heute noch gute 60 Jahre später – im Hamburger Stadtteil Ochsenzoll/Norderstedt sechs U-Bahn-Stationen und weitere 20 Minuten Fußweg von meinem Zuhause entfernt. Ich erinnere mich an den Geruch von frisch gemähtem Rasen – besonders wenn es geregnet hatte – und an den typischen „Duft" der Umkleidekabinen. Hier vor den Toren der Hansestadt „wohnt" der HSV. Das wird umgehend mein „wirkliches Zuhause".

Mein erster Trainer stellt mich auf die Position „rechter Läufer". So hieß das damals noch. Ich würde mich ganz woanders aufstellen, aber ich habe ja nichts zu sagen. Aber besser Läufer als „Sitzender" auf der Reservebank. Ich will da spielen, wo man Tore schießt. Denn wer die Tore schießt, wird bejubelt. Also Stürmer soll es schon sein – und zwar in der Mitte! Und das ist da, wo auch Uwe Seeler zu der Zeit spielt. „Uns Uwe" nennen wir Hamburger liebevoll unser Idol.

Trotz seiner nur 1,70 Meter Körpergröße gewinnt er (fast) jedes Kopfballduell und bringt selbst italienische „Beton-Abwehr-Riesen" vom AC Mailand oder Juventus Turin zur Verzweiflung.

Ich habe das alles noch ganz genau vor Augen, denn ich bin bei jedem Heimspiel im Volksparkstadion dabei. Mal als Balljunge, mal mit irgendeinem anderen „Onkel" – gemeinsam fachsimpelnd – als Zuschauer.

Ich bin erst ein paar Wochen lang HSV-Mitglied, fahre aber schon in der U-Bahn im kompletten Trikot des HSV zum Training. Weißes Hemd, rote Turnhose, blaue Stutzen mit schwarz-weißem Umschlag – im Winter leider mit Mantel drüber. Auf dem nur bei der Hinfahrt schneeweißen Hemd strahlt die blau-weiß-schwarze RAUTE – das Vereinsemblem des HSV. Jeder soll sehen, dass ich Uwes Nachfolger werde.

„Jeder soll es sehen", scheint schon damals mein Wunsch gewesen zu sein. 1959 ist es aber ausschließlich der Fußballverein, bei dem ich das ausleben kann.

Ja und dann erlebe ich das „Höchste", was einem „HSVler" in meinem Alter passieren kann.

Uwe Seeler heiratet am 18. Februar 1959 seine Frau Ilka. Das wäre mir im Prinzip ja egal gewesen, aber jetzt kommt's: Ich werde mit drei weiteren Spielern der HSV-Jugend eingeteilt, bei dieser Hochzeit Blumen zu streuen – natürlich im Trikot des HSV -direkt vor der Hamburger St. Johannis Kirche im Stadtteil Eppendorf.

Der große Uwe Seeler wird also mit seinen „göttlichen Füßen" über meine Blumen laufen. Ich schwöre beim Fußballgott – das ist wahr!

Und da sind sie zum ersten Mal in meinem Leben: Sehr seltsame Menschen bei der Ausübung ihrer Arbeit. Fotografen und noch aufdringlichere Fernsehteams stehen im Weg rum und behindern meine wichtige Aufgabe, dort gezielt Blumen hinzuwerfen, wo Uwe Seeler mit seiner Ilka gleich langlaufen wird. Einer von diesen Wichtigtuern „kläfft" mich auch noch an: „Weg da, Junge!" Ja spinnt denn der? Der macht sich mit seiner blöden Kamera genau da breit, wo ich mit den Blumen lang muss. Und dann ist er auch noch frech ... „Weg da, Junge!" – ich fasse es nicht. Die vom Fernsehen führen sich auf, als gehöre ihnen der gesamte Platz vor der Kirche. Haben die Fernsehtypen etwa Sonderrechte?

Ich bleibe, wo ich bin, und lasse mich nicht abdrängen – keinen Zentimeter. Nicht die, sondern ich habe schließlich das Trikot des HSV an – damit das klar ist.

Widerlich, diese Typen vom Fernsehen!

Mein Leben – dominiert der HSV. Denn der HSV ist oben. Und ich will dort sein, wo oben ist. Ehrgeiz – so richtig aus dem Bauch heraus. In die Schülermannschaft und dann in die B-und A-Jugend.

Die Zeit und die sportlichen Jahre fliegen vorbei. Ich bin stolz und ehrgeizig und schnell in der jeweils ersten Elf.

Irgendwann habe ich eine weitere Begegnung mit meinem Vorbild – Uwe Seeler, denn neben dem Trainingsgelände in Ochsenzoll steht ein kleines weißes Einfamilienhaus. Es ist das Zuhause von Uwe Seeler. Daher ist es logisch für uns Jugendspieler, dass man sich mal sieht (hoffentlich).

Ich erinnere mich, dass ich an einem Trainingstag am Kopfballpendel Sprungübungen mache und plötzlich jemand hinter mir sagt:

„Du musst viel früher abspringen – die Arme zum Schwung mitnehmen." Gerade will ich denken, dass dieser Typ da hinter meinem Rücken die Klappe halten soll, da entdecke ich zunächst einen kleinen Hund. Mein Blick schwenkt langsam an der Leine hoch.

Da steht er – mein Idol. Lebendig! Er ist es. Im schwarzen Mantel. Uwe Seeler leibhaftig. Man ist der klein, denke ich.

Er wiederholt freundlich, aber bestimmt seinen Rat und fügt hinzu: *„Du musst Dich auch gegen körperlich Größere durchsetzen und das klappt nur so."* Sein typisch Hamburger Dialekt verrät ihn. Ich träume nicht – er ist es wirklich.

„Aber Herr Seeler ich mache das immer so" ... und schon mache ich einen überhasteten „zweiten Demo-Kopfball".

„Ich würde das anders machen – probier's doch mal." Er lässt mich den Sprung wiederholen. Ich nehme Anlauf, der Ball kommt am Pendel hängend langsam wieder auf mich zu und mit einem *„Jetzt!"* gibt Herr Seeler mir den Cue für den Absprung: *„Jetzt"*, nochmal ... *„Jetzt, und nimm noch die Arme mit!"* Ich gehorche und treffe den Ball mit dem Kopf perfekt.

Ehrfürchtig versuche ich mir seinen Tipp zu merken. *„Danke Herr Seeler ..."*. Er fügt hinzu: *„Prima – auf diese Weise hältst Du Dir mit den angewinkelten Ellenbogen ganz nebenbei auch die Abwehrspieler vom Leib."*

Nach diesem Satz will der Hund mit Herrchen nach Hause ... Schade ... Ich fasse es kaum, aber ich merke mir für den Rest meines Lebens:

Spring früher hoch und nimm die Arme mit!
Du musst Dich auch gegen Größere durchsetzen!

Sich durchsetzen, wenn's sein muss auch mit dem Einsatz der Ellbogen. Das ist in meiner Erinnerung eine zweite gravierende Erkenntnis, an die ich mich entsinnen kann: Erst gegen die lästigen Kameraleute bei der Hochzeit, dann auf dem Fußballplatz. Meine „Karriere" kann also beginnen!

Ich merke, dass ich dieses Gefühl genieße, auf dem Fußballplatz meine Leistung zu bringen, Tore zu schießen und bejubelt zu werden. Applaus von den wenigen Menschen, die unsere Jugendspiele besuchen, spielt dabei eine wichtige Rolle.

Unbeschreiblicher noch sind die Gefühle, die ich bei einem Spiel meiner Jugendmannschaft im Volksparkstadion vor über 50.000 Zuschauern habe, das als „Vorspiel" vor dem Europapokalspiel der Ligamannschaft gegen den AC Mailand stattfindet. Wow! Das ist Leben pur! Und ich bin auch noch einer der drei Torschützen! Ein fast volles Stadion – daran könnte ich mich gewöhnen!

Ende 1965 stehe ich mit drei anderen aus meiner A-Jugendmannschaft vor dem Sprung zu den Amateuren des HSV. Und ausgerechnet jetzt erfahre ich eine drastische Kurskorrektur in meinem jungen Leben. Ich komme mit gerade mal 17 Jahren an der ersten Lebenskreuzung an. Sie hat kein Stoppschild, aber es geht entweder nach links oder nach rechts. Eine der beiden Richtungen hat leider nichts mit Fußball zu tun – und ausgerechnet zu der sage ich: „Ja!"

Der letzte Schlusspfiff des Schiedsrichters bei einem HSV-Spiel Anfang 1966 ist der absolute Horror. Schrill und gnadenlos beendet er meinen beinahe realistisch gewordenen Traum. Ende Fußball. Alles aus ...

Und was kommt jetzt?

PS: Als „Uns Uwe" am 21. Juli 2022 für immer seine Welt verlassen musste, war seine geliebte Frau Ilka immer noch an seiner Seite. Und das etwas veraltete Eheversprechen vom Februar 1959 ...

Ich verspreche Dir Treue in guten und in bösen, in Gesundheit und Krankheit, bis der Tod uns scheidet ... hat bei Ilka und Uwe Seeler funktioniert - 63 Jahre lang!

Und die Blüten des HSV-Blumenkindes Pit, haben auch das bewirkt, was sie sollten ...

Die frischen Blütenblätter sollen mit ihrem verführerischen Duft die Fruchtbarkeitsgöttinnen anziehen, welche einen reichen Kindersegen versprechen ...

HSV oder TV?

Manchmal sind es nur Zufälle und ganz kurze Momente, die ein ganzes Leben verändern.

Deutschlands Fernsehshow-Regisseur der 60er und 70er Jahre Truck Branss („Monsieur 100 000 Volt: Die Gilbert Bécaud Shows" – später dann Erfinder und Regisseur der „ZDF-Hitparade") ist der vielleicht zweitwichtigste Mensch (nach Uwe Seeler) in meinem Leben nach Ende der Schulzeit.

Ohne ihn hätte es weder einen Kameramann noch einen Regisseur, keinen Produzenten und vermutlich auch keinen Moderator Pit Weyrich gegeben. Ohne ihn und diesen „blöden Nachmittag" wäre alles ganz anders gelaufen. Keine Ahnung wie, aber ganz sicher anders.

In den 60er Jahren pflegen mein Vater – Musikproduzent Fred Weyrich – und Regisseur Truck Branss, der eigentlich Kurt heißt, so eine typische „Männer-Berufs-Freundschaft". Man tut sich schon mal einen Gefallen, wenn es gegenseitig und von Vorteil für beide ist. *„Hilfste mir – helf' ick dir"*, sagt der Berliner. Später heißt das „Win-Win". Sehr einfach – sehr gerade – sehr unkompliziert – sehr üblich.

Empfangen kann der Zuschauer zu der Zeit nur die acht ARD-Anstalten mit Ihrem gemeinsamen ersten Programm. Dazu dann regional die jeweiligen dritten Programme, sowie seit dem 1. April 1963 das Zweite Deutsche Fernsehen – das ZDF.

Es ist Oktober 1965, kurz nach 18 Uhr genau drei Jahre nach der furchtbaren Sturmflut in Hamburg. Aber es gibt einen anderen Sturm bei uns zu Hause. Der besagte Show-Regisseur Truck Branss vom Saarländischen Rundfunk ist bei uns zu Besuch. Irgendwelche Geschäfte mit meinem Vater vorbereiten – habe ich verstanden. Ich bin gerade 17 Jahre alt geworden und ein mäßig guter-, aus heutiger Sicht eher saumäßiger, Schüler im Heinrich-Hertz-Gymnasium in Fuhlsbüttel.

An diesem Abend komme ich gerade – wie alle vernünftigen Jungs in diesem Alter – vom Fußballtraining nach Hause. Inzwischen bin ich HSV-Mittelstürmer der A1-Jugend – zehn Tore in der Saison 64/65, davon vier Kopfballtreffer (weil „mein Freund" Uwe Seeler mir ja den exklusiven Tipp gegeben hatte, wie das geht)! Ich habe nur den HSV, meine Spiele und Tore in und auf dem Kopf. Vorbild ist natürlich für jeden „Hamburger Jung" - Uwe Seeler, aber es schleicht sich ein ganz junger Libero aus München verdächtig nah in der Gunst an mein Idol heran. Franz Beckenbauer, mit dem ich später bei einem Video-Dreh eine kurze, aber wunderbare Zeit erleben darf. Dazu aber etwas später mehr.

Bedauerlich: Leider ist weder Uwe Seeler noch dieses junge Supertalent aus Bayern, sondern dieser Fernsehregisseur heute bei uns zu Gast.

Ich stürze ins Wohnzimmer und sage wohl erzogen: *„Guten Abend Herr Branss."* Ich will auch gleich wieder „rausstürzen", als mein Vater mich bremst: *„Bleib doch mal fünf Minuten hier."*

" Scheiße", denke ich, denn solche Situationen kann ich überhaupt nicht leiden. Besonders heute brauche ich meine Ruhe, weil wir am Sonntag gegen den FC St. Pauli ein Auswärtsspiel am Millerntor gewinnen müssen. (Ein *„HSVer"* muss gegen den FC St. Pauli gewinnen, genau wie ein „60ger-Löwe" gegen Bayern, oder ein Schalker gegen Dortmund.) Das hat sich bis heute nicht geändert.

„Ich habe mit Truck mal über deine Zukunft gesprochen", sagt mein Vater.

Seit wann kümmert sich mein Vater um meine Zukunft? Und warum gerade heute? Was wollen die von mir? Ich weiß nur, was ich will: Fußball spielen beim HSV und A-Jugendmeister werden. Ich rechne schnell durch:

Im nächsten Jahr käme ich von der A-Jugendmannschaft sowieso in den Kader der Amateure. Bis in die Bundesligamannschaft ist es dann ja nur noch Formsache. Eine bessere Zukunftsplanung kann es doch wohl kaum geben. Mein Vater sieht das leider etwas anders.

Ungewohnt „väterlich" kümmert er sich weiter:

„Na, mit der Schule läuft das ja nicht so berauschend, und irgendeinen Beruf solltest selbst du erlernen. Vielleicht nimmst du wenigstens noch die mittlere Reife mit – kann ja nicht so schwer sein! Das mit dem Abi wird doch vermutlich sowieso nichts ...”

„Bisschen sehr peinlich” finde ich das Gespräch vor diesem mir fremden Mann. Aber früher raus aus der Schule ... So blöd finde ich den Gedanken nun auch wieder nicht. Plötzlich greift Herr Branss freundlich, aber bestimmt ein: *„Was kannst du denn?”*

Raffinierte Frage, merke ich. Darauf kann man ja wohl sehr schlecht mit „Nichts” antworten.

Ich zögere. In dieser Pause hilft meine Mutter, die gerade noch rechtzeitig den Raum betritt. Vermutlich deswegen, weil sie instinktiv spürt: Kinder muss man beschützen. Mütter wollen immer beschützen und machen dabei nicht immer alles richtig. Es scheint sowieso ein Komplott zu sein an diesem Abend. Alle gegen Pit.

„Na, woran hast du denn Spaß?”, fragt meine Mutter etwas altmodisch und übertrieben mütterlich.

Woran hat man als 17-jähriger Junge wohl Spaß? Diese Frage finde ich naiv: Fußball – Mädels – Fußball – Partys – dann wieder Fußball – Mädels – die Karl Mai-Bände endlich „evakuieren” – ach ja, die Beatles natürlich auch.

„Na ja, außer Fußball vielleicht noch Fotografieren”, fällt mir, Gott sei Dank, gerade noch ein und denke, dass sich damit die Fluchttür aus dieser Zwickmühle öffnet. Aber die ist in dem Augenblick fest verschlos-

sen. Heute weiß ich, dass diese locker in die Runde geworfene Information, dass ich gerne Fotos mache und die auch selbst im Keller-Hobby-Labor entwickle, nur dazu dienen sollte, das Gespräch zügig zu beenden. Aber ich habe ja nicht ahnen können, dass sie meine Zukunft bestimmen sollte – wenigstens für die nächsten 55 Jahre!

„Dann kommst du zu mir nach Saarbrücken und ich mache dich zum Kameramann beim Saarländischen Rundfunk", sagt dieser Herr Branss so entschlossen und mit einem herrischen Tonfall, dass es keinerlei Zweifel an der Realisation dieses Vorschlages geben kann. Ich habe nur Saarbrücken wahrgenommen, nicht aber das Wort Kameramann und den Rest des Satzes.

„Das wäre ja nicht schlecht", lüge ich. Gleichzeitig kombiniere ich: Saarbrücken und sein 1. FC – das ist doch kein Verein. Die sind zwar in der Bundesliga seit der ersten Stunde, aber im unteren Tabellendrittel und stark abstiegsgefährdet. Wo liegt das überhaupt – dieses Saarbrücken? Ich lüge der besorgten Runde weiter und freundlich meine Dankbarkeit vor, beschließe aber simultan: Das mache ich nicht. Niemals! Da gehe ich nicht hin!

Ein halbes Jahr später stehe ich auf dem Hamburger Hauptbahnhof bereit für den „Transfer" ins Saarland. Meine Mutter weint, weil alle Mütter weinen, wenn ihr Kind „in den Krieg zieht". Mein Vater wirkt tapfer, ist aber vermutlich erleichtert – wie viele Väter, wenn die Kinder endlich das Haus verlassen. Er gibt mir noch ein paar gute Ratschläge statt eines kleinen „D-Mark-Polsters" mit auf den Weg. Mein „Karriere-Express" Richtung Saarbrücken fährt ab. Ein neues Leben und eine vollkommen undefinierbare Zukunft liegen vor mir.

Heute denke ich: *„Wie habe ich das bloß geschafft, mich von meinem „Lebensziel", Nationalspieler zu werden, abbringen zu lassen?"* Heute weiß ich aber auch, warum ich damals unbedingt Stürmer spielen wollte und nicht in der Abwehr! Ich wollte da sein, wo das Spiel entschieden wird und das ist nun mal da, wo die Tore geschossen werden!

Dieser Instinkt begleitet mich konstant mein Leben lang – bis heute.

Ich beginne am 15. Mai 1966 meine Ausbildung zum Kameramann beim Saarländischen Rundfunk.

Achtung Fernsehen, ich komme!

Learning by doing

Was ich hier so aufschreibe, kommt mir vollkommen unwirklich vor, aber es ist Realität. Ging das damals alles wirklich so einfach?

Natürlich nicht. An diesem 15. Mai 1966 springe ich tatsächlich sprichwörtlich ins „kalte Wasser". Mitgebracht habe ich eigentlich nur Mut. Wird schon werden, wenn ich mich dafür begeistern kann, was da auf mich zukommt. Trotzdem schwirren viele Fragen in meinem Kopf herum:

- Wieso verspricht dieser Regisseur aus Saarbrücken dem noch 17-jährigen Sohn eines Freundes eine Ausbildung zum Kameramann?
- Warum macht er das? Der kennt mich doch gar nicht und hat nicht ein einziges von mir „geschossenes Foto" gesehen, das ein gewisses Talent hätte erkennen lassen können.
- Und wieso hält er dieses Versprechen auch noch?
- Warum ist mein Vater einverstanden?

Er hatte es ja sogar vorgeschlagen, dass ich nach der Mittleren Reife in der 10. Klasse die Schule ohne Abi verlasse. Das wäre doch heute alles undenkbar, oder?

Nach ein paar Wochen in Saarbrücken spüre ich, irgendetwas ist magisch in dieser Welt der Fernsehwelt. Zum ersten Mal denke ich: " Nicht so schlecht hier." Sowas hat man irgendwie im Gespür. Ich merke, dass dort alle Türen für mich offen sind und dass ich willkommen bin! Regisseur Truck Branss ist verheiratet mit einer ehemaligen Tänzerin, hat zwei kleine Kinder: Kai und Bebé. Die sind aber noch zu jung, um im Fernsehen eine Rolle zu spielen. Also erklärt Branss kurzerhand mich zu seinem „Ziehsohn" und „besetzt" mich schon nach einem halben Jahr Grundausbildung öfter als vierten Kameramann in seinen Sendungen. (Normalerweise werden damals höchstens drei elektronische Kameras bei einer Produktion eingesetzt.) Ich darf dann schon mal vor einem aufzunehmenden Musiktitel die damals noch verwendete Film-Klappe zeigen oder die Namen der Sänger von einer Insert-Schrifttafel ablichten.

Meine ersten Kamera-Einstellungen sind also Schrifttafeln mit den Namen von Manuela („Schuld war nur der Bossa Nova") und von Roy Black („Ich denk an Dich"), die als Untertitel ins Bild eingeblendet werden. Nur die Namen sonst nichts! Für diese „Aufnahmen" steht meine „Titel-Kamera" in einem Abstellraum neben dem großen „Studio 1", wo die „eigentliche Musik spielt".

Die mir gegebene Aufgabe ist für mich so aufregend, dass ich abends meine Eltern in Hamburg anrufe und sie nötige, sich unbedingt die nächste Sendung aus

Saarbrücken anzusehen und dabei aber besonders auf die Untertitel mit den Namen zu achten, denn das sind meine ersten eigenen Kamera-Einstellungen.

Es läuft super, stelle ich stolz fest. Ich bin zwar jetzt ohne Abi und ohne Fußballverein, aber beim Fernsehen.

Im Laufe der folgenden Berufsjahre merke ich auch, dass das alles ein unglaubliches Glück war – dieses *Learning by doing.* Mit siebzehneinhalb raus in die Fremde und los ging's. Ich musste mich nie bewerben, nie ängstlich warten und hoffen. Ich habe außer der „mittleren Reife" und der Führerscheinprüfung nie eine Prüfung gemacht. Ich habe das alles auch nicht geträumt, aber genossen.

Ich habe meinen Beruf einfach geschenkt bekommen – wie einen Lottogewinn. Zumindest der Einstieg war pures Glück!

Nun könnte ich ja schlau daherreden und Sprüche einsetzen, wie „Ohne Fleiß kein Preis". Oder: „Das Glück liegt auf der Straße – du musst es nur aufheben" ... Mag sein, dass da sogar was dran ist. Aber ich weiß heute: Wenn ich kein Talent für diese Branche und keinen Ehrgeiz, keine erkennbare Leidenschaft für diese Aufgaben gehabt hätte und wenn ich nicht alles versucht hätte, um mich dort zu behaupten, dann wäre ich schnell gescheitert. Was für ein großes Glück hatte ich, dass ich schon 1969 – mit Ende 20 – meine dreijährige Ausbildung zum Kameramann abschließen konnte und als vollwertiger freiberuflicher Kameramann gebucht wurde, das alles ist mir erst viele Jahre später klar geworden. Mir sind diese Gedanken in den folgenden Berufsjahren oft durch den Kopf gegangen.

Ich habe nicht nur einmal erlebt, dass junge Frauen und Männer mit Abschluss aus den Filmhochschulen zu uns kamen, die nach ihrem Abitur auch noch in eine Fotolehre gegangen sind oder sich jahrelang an diesen Instituten durch Theorien quälen mussten. Ok, sie kamen vollgestopft mit Wissen zu uns. Wandelnde Fachleute in Sachen Film und Fernsehen. Sie hatten ihren Abschluss geschafft und mussten sich dann frühestens mit 26 Jahren – oder sogar später – trotzdem bewerben. Dort, wo tatsächlich Fernsehen gemacht wird.

Als ich 25 Jahre alt wurde, hatte ich schon sieben (!) Jahre praktische Fernseherfahrung gemacht.

Das kann man mit erlerntem Fachwissen kaum gleichsetzen. Wenn es überhaupt typische Berufe gibt, die man am besten lernen und begreifen kann, wenn man sie nicht nur theoretisch erfasst, sondern tatsächlich auch praktisch ausübt, dann sind das viele Fachbereiche in der Film- und Fernsehproduktion. Ich behaupte, dass ich Jahre gewonnen habe, weil ich so früh „ran durfte" : Und zwar ran an die Kameras – und dass ich dort täglich meine eigenen praktischen Erfahrungen machen konnte. Unbezahlbare Vorteile!

Wenn ich heute Freunde mit heranwachsenden Kindern treffe, die vor solchen entscheidenden Lebensabschnitten stehen, wie Schule – Abi – Studium, dann entstehen fast immer die gleichen Gespräche. Die Eltern – meistens sind es die Mütter – erzählen stolz, dass Tochter oder Sohn nach dem Abi „erst mal" 'ne Auszeit nehmen will. Ins Ausland gehen und so ... Ich muss mich bei solchen Gesprächen nicht anstrengen, denn ich frage dann immer das Gleiche.

„Was macht ihr nach dem Abitur?"

Ich bekomme fast immer die gleichen Antworten:

„Ja, dann natürlich studieren."

„Was denn?", frage ich.

Mütter wie Väter antworten in diesem Moment zu 98% das Gleiche:

„Frag sie selbst."

Sollte dann die „Brut" anwesend sein, geht das Gespräch erstaunlicherweise auch identisch weiter. Mit kleinen Variationen allerdings. Ich frage Tochter oder Sohn – vermutlich gerade so 18 geworden:

„Und was willst Du studieren?"

„Erst mal Auszeit nach dem Abi", sagt sie oder er.

Ok, das wusste ich ja schon – also jetzt nochmal meine Frage:

„Was willst Du denn studieren?"

Achtung – meistens folgen starke Antworten:

Mädels: *„Informatik."*

Jungs: *„Elektrotechnik."*

Ich staune nicht, denn es läuft ab wie immer, auch nach meiner nächsten Frage:

„Und dann? Hast Du einen bestimmten Beruf im Auge?"

Ich wette, dass locker 70 % antworten:

„Nee, weiß noch nicht."

Ok – ich habe einen Teil meines Lebens ganz gut geschafft und meine Generation ist durch die Entwicklung der Lebensumstände in den letzten 50 Jahren wirklich nicht gut mit der heutigen zu vergleichen. Aber ist es altmodisch, wenn ich den Eindruck habe, dass „Die von Morgen" nicht selten nach der Schule zunächst einmal etwas planlos sind? Studium bedeutet für viele im Unterbewusstsein: Erst einmal Zeit haben. Schließlich ist endlich der Druck weg.

Klar, davon muss man sich erholen. Aber deswegen gleich 12 Monate USA oder so?

Eins steht fest:

- Ein Semester dauert sechs Monate – also ein halbes Jahr.

- Ein Bachelorstudium mit der Länge von sechs Semestern „verbraucht" also drei Jahre.

- Das Masterstudium mit vier Semestern braucht zwei weitere Jahre.

- Dann sind da auch noch die „ganz knapp" verfehlten Prüfungen (kann man ja wiederholen) – einfach ein paar Semester draufpacken. Es existiert ja kein Druck mehr.

Und dann kurz vorm Abschluss doch nochmal das Studienfach wechseln, weil man gemerkt hat: Das erste Fach war nichts für mich ... Kein Problem, man hat ja Zeit ...

Das ist hier keineswegs ein Plädoyer gegen das Studieren. Ich habe keinen Grund, gegen irgendwelche Studenten und deren Zukunftspläne zu sein. Ich bin aber sehr dankbar, dass mir das alles erspart geblieben ist.

Ich hatte inzwischen begriffen, dass ein weiterer glücklicher Zufall der Ort war, an dem ich das alles erlebt habe. Saarbrücken und der Saarländische Rundfunk.

Ich spinne nicht, wenn ich behaupte: Bei solch einem „kleineren Betrieb" sind die Chancen größer, auch in überschaubarer Zeit vorwärtszukommen, als bei den „Big Playern" (wie WDR oder NDR). Beim SR habe ich immer offene Türen gehabt. Wenn ich neugierig war, wie „die in den Studios" arbeiten, bin ich da einfach hingegangen und habe zugeschaut. Ich war überall willkommen dabei zu sein, wenn zum Beispiel Tonkollegen ihre Probleme lösen. Ich habe in Maskenräumen gesehen, wie Haare und Make-ups gemacht werden, einfach weil es dort – im kleinen Sender – möglich war, in wirklich alle Bereiche „reinzuschnuppern". Ich saß tagelang freiwillig bei Cuttern im MAZ-Schnitt, wo die aufgenommenen Sendungen bearbeitet werden.

Das war allerdings nur möglich, weil zwei von denen – wie ich auch – in der Rundfunk-Fußballmannschaft spielten und ich natürlich dort als Ex-HSVer willkommen war.

Und ein weiteres, vielleicht entscheidendes Glück war, dass ich das alles spannend fand! Zwischendurch habe auch ich Theorie gelernt: Aus schlauen Büchern habe ich erfahren, was Kameras und Objektive für ein Innenleben haben und warum ein Bild eine „eigene Sprache" hat, oder wann man Scheinwerfer als Kunstlicht und wann als Tageslicht einsetzt. Und so ganz nebenbei konnte ich gemütlich von den Beleuchterbrücken – oben über den Studios – das Treiben unten in den Dekorationen verfolgen. Da hat mich niemand verjagt.

In der berühmten „Funkklause", einer kleinen Kneipe am Fuße des Saarbrücker Funkhauses, trafen sich nicht nur wir – „das arbeitende Fernsehfolk" vom Kabelträger, über die Assistenten bis zum Redaktionsleiter –, sondern auch viele Künstler, Autoren und Redakteure manchmal schon weit vor Feierabend. Und in dieser „kleinen Kneipe" wurde das Fernsehen besprochen – von A bis Z. Ich gehörte schon im zweiten Lehrjahr zu einer „genussfreudigen, großen Familie", die sich freiwillig in dieser Kneipe traf und von dort aus „das beste Fernsehen aller Zeiten" gemacht hat – wenigstens in der Theorie. Ich behaupte auch heute noch, dass das „Herz des Fernsehens" die Macher sind – die vielen Mitarbeiter aller Fachbereiche, die als Team funktionieren müssen.

Einer allein kann eben kein Fernsehen machen!

Die ganze Welt sieht meine Bilder

Nur wenigen Persönlichkeiten, die ich in diesem Buch erwähne, bin ich persönlich gar nicht begegnet oder – wie im Fall Uwe Seeler – nur sehr kurz. Trotzdem spielen einige von ihnen eine wichtige Rolle auf meinem Weg. Sogar ein großer Staatsmann gehört dazu. Der konnte allerdings kaum Weggefährte von mir gewesen sein. Aber ich wurde zufällig sein Wegbegleiter. Ich habe ihn ein Stück – ein ganz kleines, kurzes Stück – in meinem jungen Leben begleitet. Leider aber am Ende seines Lebens – ein paar Minuten lang und nur für ein paar Meter bis zum Horizont.

Dr. Konrad Adenauer

Sein letzter Weg sollte der erste Bedeutende in meinem beruflichen Leben werden und das auch noch auf ziemlich bizarre Weise.

19. April 1967: Seit elf Monaten bin ich in der Ausbildung.

Immer häufiger werde ich Anfang '67 bereits in eigener Verantwortung als Kameramann an einer dieser elektronischen Kameras – der E-Kamera – eingesetzt.

Mir liegt das Suchen nach Bildern und das Bewegen der großen Kamera mit dem massiven Vinten-Pumpstativ, mit dem man Richtung und Höhe sehr schnell verändern kann.

Vollkommen unerwartet ruft mich eines Tages der Chefkameramann zu sich ins Büro. Ohne große Vorrede kommt er direkt zur Sache: *„Pit, traust Du Dir zu bei einer Live-Übertragung eine Hauptkamera zu führen?"* Ich komme noch schneller „zur Sache" und antworte: *„Na klar!"*

Ich hoffe sofort auf ein Beatles-Konzert, oder wenigstens auf den Besuch der Queen. Vielleicht ist es ja auch ein Länderspiel. Ja, das wäre der Hammer! Ich werde in sechs Monaten 19, fühle mich wie 28, und benehme mich hin und wieder wie ein 15-jähriger. Wenn mich jemand nach meinem Beruf fragt, antworte ich selbstbewusst: Kameramann. Ich sage nichts von Ausbildung oder Assistenz. „Klein machen" ist nicht mein Ding. Das ist auch keine günstige Eigenschaft, wenn man „Karriere" machen will. Mein Chef, der das glücklicherweise nie so von mir gehört hat, erklärt mir mit bedeutenden Worten meine große Aufgabe:

„Du fährst mit drei anderen Kameramännern und der Bildmischerin nach Bonn."

Mir schießt es durch den Kopf: Bonn – das heißt Bundestag. Live! Ok, das ist spannend. Falsch. *„Du wirst die Kamera 57 bedienen."*

Upps – 57 oder mehr Kameras. Das heißt, der Papst kommt. Wieder falsch. Es ist eine Beerdigung – ein Staatsbegräbnis.

„Pit, Du stehst mit Deiner Kamera auf dem Waldfriedhof in Rhöndorf bei Bad Honnef und wirst die letzten Einstellungen vor dem Grab machen." Ich habe keine Ahnung, ob Adrenalin flüssig ist, aber das muss es sein, was da gerade durch meinen Körper rauscht.

Ich vermute, es handelt sich um Konrad Adenauer, der mit 91 Jahren in seinem Haus bei Bonn gestorben war. Mein Chef lässt mich nicht zu Ende vermuten:

„Die letzte Kamera am Grab des verstorbenen Bundeskanzlers Konrad Adenauer wirst Du übernehmen. Ich hoffe, Du kannst das Pit." Er begleitet das mit dem sorgenvollen, skeptischen Blick eines Lehrers. Vertrauen sieht anders aus! *„Ganz Deutschland, ja die ganze Welt, wird deine Bilder sehen."* Und weiter druckreif: *„Es ist ein großes Staatsbegräbnis. Ich verlass mich auf Dich!"*

Also doch Vertrauen. Ich bin überglücklich, denn ich merke zum ersten Mal seit meinen Fußballkünsten beim HSV, dass ich offensichtlich auch woanders gebraucht werde.

Ich spüre auch zum ersten Mal die Vorfreude auf ein besonderes Ereignis, bei dem ich live und ganz nah dabei sein werde, denn mein frisch erlernter Beruf schickt mich dorthin.

„Geschenke dieser Art" darf ich in den kommenden Jahren immer wieder annehmen. Ob Fußballspiele, Musikshows oder klassische Konzerte, Nachrichten, Studioarbeit oder Gottesdienste – wir Kameraleute werden überall gebraucht. Es ist immer wieder alles neu. Außerdem treffe ich permanent neue spannende Menschen, Themen und Herausforderungen.

Trotzdem bin ich im ersten Moment enttäuscht, dass dieses große Ereignis nun ausgerechnet so ein trauriger Anlass ist, denn lieber wäre mir schon ein Konzertmitschnitt der Beatles oder Rolling Stones gewesen.

Aber ich bin auch stolz, denn ich bekomme ja sehr früh das Vertrauen meines Senders, als ein „Noch-Azubi" eine vollwertige Live-Kamera zu bedienen. Aber muss es denn ausgerechnet ein Friedhof, ein Grab sein, das ich zeigen soll?

Weil ich damals gerade jeden Pfennig für einen sehr gebrauchten Käfer spare, kaufe ich mir sehr schweren Herzens meine erste Dienstkleidung – eine schwarze Krawatte.

Ich mag dieses „unnötige Accessoire" sonst nicht. Ich verdiene 400 D-Mark Ausbildungsbeihilfe beim SR. Die reichen aber immer höchstens bis zum 16ten eines Monats ...

Ich bitte daher meine Eltern, mich beim Kauf eines dunklen Anzuges zu unterstützen, denn alle Mitarbeiter sollen dem Anlass entsprechend gekleidet sein. Adenauer wird teuer.

Ein bisschen fremd fühle ich mich schon in meinem Einreiher und mit den eng geschnittenen und etwas zu langen Hosenbeinen, als ich mich in den SR-Dienstwagen setze, der uns Tage später zum Waldfriedhof in der Nähe des Rheins fährt.

Ich gebe zu, ich bin sehr gespannt auf das, was mich erwartet.

Meine älteren Kollegen „pädagogisieren an mir rum", nicht so viel Blödsinn zu machen, denn sie kennen mich als Menschen, der nicht immer merkt, wenn er Grenzen überschreitet. Ich habe halt ungebremsten, überschäumenden Spaß, besonders dann, wenn was Neues um mich herum passiert.

Hier allerdings ist Vorwarnung unnötig, denn auf einem Friedhof bleiben Humor und Lebensfreude ja sowieso vor dem Eingang stehen. Es muss ja keiner wissen, was ich so alles denke ...

Waldfriedhof Rhöndorf, 25. April 1967.

Regiebesprechung um 14 Uhr. Die Sonne scheint. Der Friedhof wird gerade für die anstehende Beerdigung für andere Bürger komplett gesperrt. Ich bekomme meinen ersten Dienst-Spezialausweis für den Durchgang – quasi so eine Art *Backstage-Pass*. Der Teamleiter erklärt uns, wie dieser Staatsakt und unsere Übertragung ablaufen wird. Der WDR ist die Sendezentrale dieser aktuellen Live-Sendung. Aber viele kleine Teams von anderen ARD-Anstalten werden gebraucht, um das möglich zu machen. Und zufällig ist der Saarländische Rundfunk zuständig für den letzten Teil des Begräbnisses von Konrad Adenauer. Ich bin beeindruckt. Allein die Gästeliste macht neugierig.

Im Plenarsaal des Bundestages in Bonn und später im Kölner Dom trauern unter anderem:

Die Präsidenten

- Lyndon B. Johnson,
- Charles de Gaulle,
- die Kardinäle Frings und Döppner,
- Bundespräsident Heinrich Lübcke.

Ob ich die alle später sehe? Kommen die auch mit zum Friedhof? Das alles zeigen die Kameras 1 bis 30 bei der Live-Übertragung.

Um 16 Uhr fährt dann ein Rheinschiff mit dem Sarg an Bord rheinaufwärts als Konvoi Richtung Bad Honnef. Kameras 21 bis 48 zeigen diese Stationen.

Und auch eine Helikopter-Kamera ist im Einsatz, die aber andauernd ausfällt. (Das ist 50 Jahre später auch noch manchmal so ...)

Ich stehe, wie eingeteilt, bereits an meiner schwarzweiß Fernseh-E-Kamera und erinnere mich, dass mir das alles damals nicht wirklich egal gewesen ist.

Diese Fernsehkameras sind damals noch sehr einfach ausgerüstet. Sie haben vier verschiedene Wechselobjektive, die an einem Ring aufgereiht vorne eingerastet sind. Eins für weite Totalen – eins für etwas nähere Aufnahmen usw.

Ein Zoomobjektiv oder „eine Gummilinse", wie wir sie damals noch nennen, hatten nur wenige Modelle.

So konnte der Kameramann auch nicht mal eben schnell den Bildausschnitt vergrößern oder kleiner machen.

Da wir aber keine andere Wahl hatten, Apple noch ein Stück Obst war und das iPhone und seine Konkurrenten, die technisch fast alles können, erst über 40 Jahre später auf den Markt kommen, fand ich das alles sehr modern und komfortabel.

Natürlich probt man so eine Live-Übertragung nicht wirklich. Man kann ja auch schlecht einen leeren Sarg – nur so zum Üben mal durch die Gegend tragen und schon gar nicht diesen dann probeweise auch noch versenken. Damals jedenfalls nicht.

Ich bin mir sicher, dass heute die Produktionsfirmen vor lauter Bedenken, dass irgendetwas nicht klappen könnte, ein komplettes Probe-Begräbnis ablaufen lassen würden.

„Sterben" probt man eben nur im Film oder Fernsehspiel. Wie schön das ist. Wirklich sterben muss man eben nur einmal.

Der Regisseur hätte mir natürlich verraten können, dass der Sarg nicht einfach so durch die Gegend getragen wird. Er ist umhüllt von einer großen Deutschlandfahne.

Ja, er hätte mir das sagen können, hat er aber nicht! Ich weiß, dass ich den Sarg und die Sargträger mit meiner Kamera langsam und möglichst gefühlvoll verfolgen soll – bis hin zum Grab.

Die eingefügten Großaufnahmen der Trauergemeinde machen dann die Kameras 55/56, die da auch alle rumstehen. Aber ich stehe eben direkt neben dem Grab – nur sechs Meter entfernt auf einem Podest – und neben mir Kamera 56. Der Kameramann ist ein Kumpel von mir aus Saarbrücken. (Fürchterlich schlechter Fußballer übrigens.) Wenn dann der bewegende und traurige Moment kommt und der verstorbene Staatsmann zur letzten Ruhe gebracht wird, dann bin ich dran. Dann werde ich gebraucht. So soll es sein. Und fast so kommt es auch – fast ...

Es ist spät geworden. Die Aprilsonne ist längst untergegangen. Langsam wird mir jetzt bewusst, wer da eigentlich in diesem Sarg liegt. Diesen Mann kannte ja wirklich die ganze Welt. Und ganz ehrlich, ich hätte ihn lieber lebend aufgenommen. Mir ist kühl, denn ich habe ja extra den von Mama gesponserten neuen schwarzen Anzug angezogen, den ich schließlich nicht mit meinem einzigen Mantel verdecken will. Ich bin nervös. Plötzlich wird mir klar, dass gleich die ganze Welt „meine Bilder" sehen wird. Wir Kameraleute wissen, wann wir „dran" sind, weil in diesem Moment in der Kamera ein kleines rotes Licht angeht. Diese Kamera ist dann „auf Sendung", aber niemand auf der Welt weiß, dass ich es bin, der dieses Bild jetzt gerade macht ... Verrücktes Gefühl.

Live ist geil.

Je näher der Trauerzug kommt, desto klarer wird mir das hier alles. Ich spüre Unruhe. Was ist, wenn ich die Schärfe nicht finde? Was ist, wenn mir schlecht wird oder wenn ich plötzlich aufs Klo muss? Ich kann hier doch unmöglich weg. Was für eine Verantwortung. Welch ein Druck ... Ich tröste mich damit, dass mein Rotlicht ja nicht lange an sein kann, denn irgendwann ist der Sarg dann ja mal verschwunden.

Ein bisschen unpassend sind meine Gefühle, denn mir gefällt diese spannende Aufgabe. Ich erlebe zum ersten Mal das Kribbeln und nenne sie: „Live-Glücksgefühle". In so einem Moment eigentlich ja peinlich! Hier läuft schließlich eine Beerdigung.

Oder ist das dieses berühmte Lampenfieber, von dem immer alle reden? Im Kopfhörer höre ich vom Regisseur die Vorwarnung: „Achtung Kamera 57, der Trauerzug ist noch ca. 100 Meter entfernt." Mir wird wärmer. Mantel wäre also sowieso falsch gewesen. *„Achtung Pit, noch 80 Meter."* Ich höre durch den Kopfhörer auch die Stimme des Kommentators, der über den Sender dramatisch schildert, was passiert: *„Welch ein historisch-dramatischer Moment, liebe Zuchauer! Der Trauerzug nähert sich der letzten Station des großen Staatsmannes Konrad Adenauer. Wir werden ihn alle ..."*

Die letzten 50 Meter haben für den „Zug" begonnen. Es ist sehr dunkel – verdammt dunkel. Ich sehe an der Kamera vorbei und erkenne die Umrisse von Menschen auf mich zukommen. Das werden die Sargträger sein – wer soll denn da sonst kommen? In meinem kleinen, schwarzweißen Sucherbild der Kamera habe ich verdammt dunkle Bilder. Fackelträger wackeln vorneweg, machen aber auch nicht genügend Licht.

Mein Rotlicht geht an. Ich bin auf Sendung. Mein Puls ist auf Anschlag. Mir ist weder schlecht, noch muss ich aufs Klo. Geiles Gefühl – zum allerersten

Mal. Trotzdem bewege ich mein Arbeitsgerät – die Fernsehkamera – relativ ruhig und konzentriert. Ich hoffe, mein Bild ist scharf, denn ich sehe nicht viel. Ich schwenke langsam und sanft und ein bisschen auf Verdacht. Ich denke an meine Mutter. Hoffentlich guckt sie zu. Aber auch sie kann ja nicht wissen, welches von den vielen Bildern ihr Sohn gerade macht. Da waren vor mir immerhin noch 56 andere Kameras dran. Ich möchte gerne mit meiner Aufgabe angeben, weiß aber nicht wie.

Ich bin ganz alleine mit meiner Aufregung. Ob das immer so ist bei Live-Sendungen? Mein Rotlicht ist an. Ich werde ... Nein, mein Bild wird jetzt in die Welt gesendet. Langsam verfolge ich den Sarg. Ich sehe zwar nicht viel – es ist extrem dunkel.

Plötzlich reißt mich die Stimme des Regisseurs aus meinen Glücksgefühlen. Er schreit mich über den Kopfhörer an: *„Pit, bist du verrückt?"* Ich erschrecke, weiß aber nicht, warum er schreit. Regisseure schreien öfter mal. „Mach Dir nichts draus", hatten mir Kollegen schon oft geraten. Mein Rotlicht geht aus. *„Weiter hinten ... dahinter rechts."* Wie, wo, was?

„Pit, Du verfolgst die ganze Zeit den großen Kranz, der von vier Männern vorneweg getragen wird. Der Sarg ist dahinter. Ich brauche den Sarg, nicht den Kranz – der ist unwichtig."

Was für ein Satz: *„Ich brauche den Sarg"*...

Wieso braucht ER den Sarg?

Und wieso ist der Kranz unwichtig?

Dann hätte man ihn ja weglassen können.

Reden alle Regisseure so einen Quatsch, wenn sie nervös sind?

Fernsehsprache – das sollte die Sprache meines halben Lebens werden. Nur das weiß ich erst sehr viel später ...

Hier erstarre ich erst einmal und ändere gehorsam mit der Kamera die Richtung. Trotzdem fühle ich Rebellion aufsteigen – schließlich weiß ich genau, wie ein Sarg aussieht. Ich weiß auch genau, wie ein Kranz aussieht. Aber es ist dunkel. Sehr dunkel.

Sagte ich ja schon. Man hätte ja auch 'ne Lampe ... Tja hätte ... hat man aber nicht.

Heute – ja heute wäre alles rundherum ausgeleuchtet. Da sieht man dann eher viel zu viel. Und warum schreit der Regisseur eigentlich so? Erleichtert schwenke ich jetzt mit dem wirklichen Sarg mit und mache ab jetzt alles richtig.

Zum ersten Mal erlebe ich, wie es sich anfühlt, wenn man als Kameramann einen Fehler macht, der eigentlich kein wirklicher Fehler ist, den man aber nicht sofort korrigieren kann. Es ist furchtbar. Ich fühle mich schuldig.

Ich beruhige mich damit, dass – außer dem Regisseur und ein paar Kollegen – keiner wirklich weiß, wer da einen Fehler gemacht hat. Kein einziger Zuschauer und noch nicht mal meine Mutter. Niemand weiß, dass Pit sich „verschwenkt" hat. Ich suche auch keine Ausrede – ich sage einfach nur sorry –, aber ich merke auch, dass mich mein Fehler ärgert. Und genau das soll sich in naher Zukunft als etwas Positives herausstellen.

Genau genommen sind wir vom Fernsehen alle relativ anonym. Wichtig, aber unbedeutend zugleich. Die Kameraleute sind Rädchen an einem großen Wagen, genau wie die vielen anderen „Räder" es sind. Vom Regisseur über Szenenbildner bis zum Kabelträger – ohne sie rollt der Wagen nicht. Das, was ich als Kameramann sehe, können immer auch noch sehr viele andere Menschen sehen – gleichzeitig oder zeitversetzt. Wenn ich in meinem Sucher der Kamera etwas scharf stelle, dann sehen das ein paar Millionen Menschen auch scharf. Und wenn ich Fehler mache, sehen das auch alle. Aber sie wissen nicht, wer da hinter der Kamera steht.

Auf der einen Seite haben „wir Kameraleute" – jeder auf seinem Platz – einen wichtigen Teil solch einer Übertragung buchstäblich in der Hand. Auf der anderen Seite sind wir nur für einen Bruchteil der Sendung verantwortlich. Umso großartiger ist es für uns, wenn wir für unsere Leistungen mal ausgezeichnet werden. Das ist selten – sehr selten.

Ich habe das als Regisseur 1978 erleben dürfen. Ich bekam den Prague D'or, den goldenen Preis aus Prag, für die Regie bei der Ballett-Aufzeichnung von Pina Bauschs „Sacre du printemps" mit der bewegenden Musik von Igor Strawinsky.

Davon erzähle ich jetzt. Erstens, weil ich ein bisschen ... Nein, sehr stolz auf diese Auszeichnung bin, und zweitens hatte sie unmittelbar mit einer ganz besonderen Kameraarbeit zu tun. Und verursacht hat das alles

ein ganz und gar unangenehmer Zufall.

Ein Sandwich „schenkt" mir eine Idee

Frühjahr 1977 – der ZDF-Redakteur Harro ruft mich an und erkundigt sich, ob ich Interesse hätte, ein klassisches Ballett fürs Fernsehen umzusetzen. Und zwar als Regisseur.

Ich kenne Harro durch die gemeinsame Arbeit an Ballett-Projekten wie „Die Mahler Sinfonie" mit John Neumeier, „Romeo und Julia" und das Stück „Eugen Onegin" als John Cranko-Inszenierung mit dem Stuttgarter Ballettensemble und der Solistin und Choreografin Primaballerina Marcia Haydee.

Ich bin damals noch einer der vier Kameramänner und entdecke leidenschaftliche Freude an diesen Produktionen.

Grund ist wieder das Aufeinandertreffen von musikalischer und optischer Umsetzung, die mich so fasziniert, besonders weil Ballettaufführungen wegen der Disziplin und Hingabe der Tänzerinnen und Tänzer beeindruckend sind.

Ich bin erstaunt, dass man mir, der erst seit einem Jahr Regie macht, jetzt schon die Regie für ein großartiges Ballett zutraut. Und vor allem wundere ich mich, dass die berühmte Choreografin Pina Bausch – Kultfigur der internationalen Tanzszene – mit mir als Regisseur einverstanden ist. Man muss sich nicht besonders gut in der Ballettszene auskennen, um den Wert ihres Projektes zu erkennen. Pina Bausch gilt als die exzentrische Frau des Balletts mit großen internationalen Erfolgen. Ich habe Respekt vor solchen Künstlern und überlege mir, wie diese Frau wohl reagiert hat, als man ihr sagte, dass da ein gerade mal 30 Jahre alter Unterhaltungsregisseur auf sie losgelassen wird. Dieser Pit Weyrich hatte bis dahin noch nie ein Ballett als Regisseur umgesetzt. Aber sie hat auch erfahren, dass ich als Kameramann sehr erfolgreich mit John Neumeier und Marcia Haydee zusammengearbeitet hatte. Egal. Ich selbst habe keine Bedenken und sage sofort zu.

Ich hatte hier ja schon mal damit angegeben, dass ich selbst manchmal staune, wie furchtlos ich immer wieder neue Aufgaben einfach angenommen habe. Zugegeben, ich weiß zum damaligen Zeitpunkt wirklich nicht, wie ich diese Aufgabe bewältigen werde. Aber zu zögern oder solche Entscheidungen mit Bedenken zu blockieren, gehört nicht zu meinem Programm. Kopf hoch und durch.

Pina Bausch hatte die Choreografie des „Frühlingsopfers" 1975 in Wuppertal entworfen und mit ihren Tänzerinnen und Tänzern einstudiert. Und jetzt 1977 gibt sie mit dem Stück einige Vorstellungen in Schottland beim Edinburgh Music Festival.

Also reise ich stolz ins Land des Whiskys, um mir das Stück anzusehen und bei der Gelegenheit auch die

Choreografin und ihr Ensemble kennenzulernen. Ein skurriler Zufall ist dann der Grund, warum die Fernsehfassung des Balletts – unter meiner Regie – Wochen später zu einem großen Erfolg werden sollte.

Der komplette Tanz „Sacre" ist insgesamt 28 Minuten lang. Eine grandiose Idee von Pina Bausch verleiht dem Stück etwas Unverwechselbares, Legendäres. Das Ensemble tanzt das ganze Stück barfuß. Der Boden ist kein üblicher Tanzboden oder Parkett, sondern eine knöcheltiefe Schicht aus dunklem Torf. Wenn die Tänzer Sprünge und Hebungen mit Tempo ausführen, fliegen Torfstücke durch die Luft und kleine Staubwolken verleihen dem Ausdruckstanz eine unbeschreibliche Dynamik.

Ich überlege am ersten Abend, wie ich das fürs Fernsehen wirkungsvoll und adäquat umsetzen kann.

Ein wenig gestört wird meine Konzentration durch plötzliches Unwohlsein. Irgendetwas an dem köstlichen British Airways Lunchpaket – auf dem Flug von London nach Edinburgh – muss wohl nicht ganz ok gewesen sein.

So erlebe ich am ersten Abend nach meiner Landung in Schottland auch nur eine halbe Vorstellung.

Nicht das Stück, sondern was anderes haut mich um. Es rumort in meinem Inneren. Magen und Darm im Kriegszustand.

Dem ersten Besuch soll am darauffolgenden Abend ein zweiter folgen. Die Nacht verbringe ich zwar im gebuchten Hotelzimmer, dort aber selten im Bett. Im

Bad mit der sehr schönen schottischen Toilette fühle ich mich zwar lausig, aber wenigstens sicher.

Mit irgendwelchen teas und „some rusk" (Zwieback) versucht mich eine sehr nette Hotel Concierge zu retten.

Es klappt – ein bisschen. So erkläre ich mich am nächsten Abend für „transportfähig" und riskiere alles. Ich gehe ein zweites Mal in die Vorstellung. Ich bitte die Festivalleitung – und unser Team – um Verständnis, mich nicht in irgendeine Reihe setzen zu müssen. Ich bettle aus „zweck-egoistischen", aber auch hygienischen Gründen darum, mich weiter hinten im dunklen Bereich bewegen zu dürfen – mit Fluchtweg Richtung Theater-Toilette. Diese Extrawurst ist mir irgendwie peinlich, aber es geht halt nicht anders.

Offiziell begründe ich mein seltsames Verhalten damit, dass ich mir das Ballett gerne aus vielen möglichen Positionen ansehen möchte, um die richtige Entscheidung für meine Umsetzung treffen zu können. Ich sehe in staunende Gesichter. Redakteur Eisele hat ein großes Fragezeichen auf der Stirn. Aber ich bin jung und wirke offensichtlich selbstsicher. Man gibt mir die Freiheit, mich im hinteren Teil des Theaters zu bewegen. Auf jeden Fall ist das „leckere Essen" der British Airways – und das eigenwillige „Preview" der Aufführung – die Ursache, dass ich nach diesem Abend einen Entschluss verkünde.

Ich habe durch meinen unfreiwilligen „Pendelverkehr" im Theater – von links nach rechts und zurück – bemerkt, dass Pina Bausch das ganze Stück so inszeniert hat, dass die volle Wirkung nur im Zentrum – also in der Mittelachse – zum Tragen kommt. Deshalb entschließe ich mich, das ganze Stück auch aus genau diesem Zentrum mit einer einzigen Kamera aufzunehmen. Über die volle Länge und ohne einen störenden Zwischenschnitt auf eine andere, seitlich positionierte Kamera. Allerdings plane ich leichte Bewegungen nach links und rechts mit immer nur diesen einen Kamera ein. Ich weiß bis heute nicht, warum mich Redakteur und Produktionsleiter so besorgt ansehen. Vielleicht ist es aber auch die Tatsache, dass man noch nicht einmal die Nachrichtensendungen mit nur einer Kamera präsentiert.

Etwas unangenehm war lediglich, dass die Produktion zwei weitere Kameramänner gebucht hatte. Das ist nämlich Standard. Die hatten allerdings wenig bis gar nichts zu tun.

Ich bin mir nicht sicher, ob es heute – über 40 Jahre später – immer noch möglich wäre, unwidersprochen solche Entscheidungen realisieren zu können. Ich darf es – sehr zum Gefallen von Pina Bausch, die diese Idee fantastisch findet. Das bestärkt mich und lässt alle Zweifel, die ich schon in mir gespürt hatte, verschwinden.

Ich erlebe Pina Bausch als humorvolle – von der Kunst des Tanzes besessene – Frau. Ihr Gesicht und ihre Reaktion auf mein Vorhaben machen mich sicher. Natürlich sprechen wir auch über die Möglichkeit und das Risiko, das mit meiner „Ein-Kamera-Idee" verbunden ist. Aber ich spüre vollstes Vertrauen.

Ein paar Wochen später geht es los. Wir sind im Atelier 3 auf dem Gelände vom Studio Hamburg.

Ein kurzes Kennenlernen – Begegnung des Ensembles mit Regisseur und TV-Team, dann beginnen die Proben. Stück für Stück gehen wir die einzelnen Positionen der Tänzer durch – eher im Schritttempo, damit die Wege für unseren einzigen Kameramann keine Überraschungen sind. Ich bin fasziniert, wie Pina in den Proben mit ihren Tänzern umgeht. Eine klare, selbstsichere Sprache, die unmissverständlich ausdrückt, wie sich die Bewegungen des Ensembles zu einem ausdrucksstarken Ballett entwickeln sollen. Streng, aber einfühlsam leitet Pina die Proben. Es ist ein großes Erlebnis für mich, zu erleben, wie Tänzerinnen und Tänzer eine Einheit sind – nicht nur während des Tanzes, sondern auch in den Erholungsphasen und kurzen Pausen.

Ich gebe zu, dass ich mich in den kommenden Jahren meiner Regietätigkeit sehr an die Sprache der Pina Bausch erinnere. Ganz sicher fließt davon auch ein großer Teil in meine Art des Umgangs mit meinen Teams ein. Ich bemühe mich um klare Sprache, aber respektvolle Aufmerksamkeit und natürlich fachliche Kompetenz – das ist eine Mischung, die Erfolg verspricht!

Ich habe in diesen Tagen unglaublich viel gelernt – und das nicht nur von der genialen Choreografin. Auch das Tanzensemble war ein Musterbeispiel für Disziplin, Leidenschaft, Energie und Ehrgeiz, bis an seine Grenzen zu gehen. Damit schafft man ein beeindruckendes Tanzerlebnis.

In sehr spannenden Aufnahmesessions nehmen wir zwei Tage lang das Stück „Sacre du printemps" im Studio auf.

Am ersten Tag wird nur geprobt. Pina beobachtet kritisch jede Bewegung der Kamera. Ihr merkt man sofort an, wenn ihr etwas gefällt oder wenn sie etwas stört. Wie von mir vorgeschlagen, bewegt sich nur die eine Kamera mit kleinen seitlichen Bewegungen nach rechts und links. Sie folgt der Choreografie, wie an einem unsichtbaren Faden gezogen. Riskant! Ich bleibe nah beim großartigen Kameramann Michael Hopf, um ihm kommende Bewegungen der Tänzer zuzuflüstern, denn ich kenne jede Richtungsänderung, jede Hebung, weil ich mich darauf intensiv vorbereitet habe. Undenkbar, wenn sich der Kameramann in der 25. Minute „verschwenken" würde oder wenn eine Unschärfe zum Abbruch führen müsste. Wir würden von vorne beginnen müssen, um den Gestaltungsgedanken auch konsequent durchzuhalten. Das aber hätte das Ensemble kräftemäßig kaum geschafft. Wir haben es riskiert und gewonnen. Nach insgesamt drei kompletten Durchgängen am zweiten Tag, die natürlich durch fast einstündige Pausen unterbrochen worden sind, haben wir die perfekte Aufnahme im Kasten. Glücklich sehen wir uns mit den erschöpften Tänzern und einer sichtlich erleichterten Pina Bausch die gerade aufgenommenen 28 Minuten an.

Kameramann Michael bekommt seinen verdienten Applaus von allen Tänzern. Und mir fällt ein Stein vom Herzen. Ich werde für meine riskante Umsetzungsidee belohnt. Danke, Michael, für Deine Konzentration und Dein Einfühlungsvermögen!

Meine erste Ballettregie und mein unbeirrtes Glauben daran, dass die Ein-Kamera-Aufnahme die perfekte Umsetzung ist, bringt mir Monate später den „Prague d'Or" – den goldenen Preis beim Prager Fernsehfestival – für die Realisation von Sacre du Printemps ein.

Das ist ein sehr begehrter Fernsehpreis, von dem ich bis dahin nichts geahnt habe, aber nun befinde ich mich als Preisträger in sehr edler Gesellschaft.

Link: youtube.com/watch?v=z1hFwsXaTVY
Die Originalfassung dieser Aufzeichnung: 1975 im Studio Hamburg

Da das ZDF mir die Urkunde nur per Post zustellt und die Trophäe heute in einer Glasvitrine auf dem Lerchenberg - zwischen der Goldenen Stimmgabel von Dieter Thomas Heck und Pokalen der ZDF-Fußball-Betriebsmannschaft vor sich hin staubt, kann ich keine Dankesrede in Prag halten. Ich weiß aber heute, was ich vermutlich gesagt hätte:

„Ich danke allen, die mir Vertrauen geschenkt haben und mich einfach haben machen lassen. Und ich bedanke mich bei British Airways für die „großartige Verpflegung" auf dem Flug nach Edinburgh."

Makaber genug, denn ein bisschen fühlte ich mich in Schottland auch als so 'ne Art „Frühlingsopfer" ...

Dieser Fernsehpreis aber soll für mich bis heute ein einmaliges Erfolgserlebnis in dieser Hinsicht bleiben.

Vielleicht sollte ich mal wieder British Airways fliegen.

Pina Bausch stirbt viel zu früh am 30. Juni 2009 in Wuppertal. Ich denke oft an sie – es war wirklich

eine wertvolle Begegnung.

Der schönste Beruf beim Fernsehen

Ich habe diesen für mich bedeutenden Zeitsprung hier gemacht, weil es kaum ein besseres Beispiel dafür gibt, wie wichtig die Arbeit der Kameraleute ist, die dem Zuschauer zu Hause das geben, was es ausmacht:

Fern-sehen, heißt für mich auch Nah-sehen – Es ist ein „Dabei-sein".

Meine Aufgaben als Kameramann gehören zu den schönsten Erlebnissen in meiner gesamten Berufszeit.

Als ich 1966 anfing, gab es fast nur Männer, die an den Kameras standen. Vollkommen albern, denn die Geräte sind weder besonders schwer zu bewegen, noch muss man dafür eine tiefe Stimme haben. Mir fällt nichts ein, was Kameramänner besser machen würden als Kamerafrauen.

Trotzdem nenne ich sie jetzt hier „Kameramann", weil es sich eben so etabliert hat und es damals ja auch ausschließlich Männer waren. Jeder und jede kann mit selbst ausgelösten Bewegungen und Einstellungen direkt das ausdrücken, was er/sie in dem Moment empfindet – natürlich innerhalb einer von Regisseuren vorgegebenen Ordnung.

Und wie unglaublich wichtig diese Menschen sind, wird deutlich, wenn ich die Hierarchie einmal aufmale ...

Ich empfehle allerdings, das nicht besonders ernst zu nehmen.

Der Intendant

Die Intendanz ist das oberste Exekutivorgan einer Rundfunkanstalt und alleinverantwortlich für den Betrieb und die Programmgestaltung.

Was sollen diese „armen Verantwortlichen" denn machen, wenn die „Abteilung Kamera" mit ihren Geräten keine schönen Bilder liefert? Fernsehen – das kann man nur, wenn Kameras im Spiel sind.

Der Programmdirektor

Die Programmdirektion hat die verantwortliche Leitung des gesamten Redaktionsbereichs einer öffentlich-rechtlichen Rundfunkanstalt oder eines kommerziellen Fernsehsenders.

Was wollen diese Menschen denn leiten, wenn Kameraleute nicht funktionieren?

Der Unterhaltungschef & die Redaktion

Der U-Chef ist für das Unterhaltungsprogramm des jeweiligen Fernsehsenders verantwortlich.

Seine „Exekutiv-Gang" (die Redakteure) „bauen" das Programm, besetzen Künstler und sind „meistens Schuld" am Ablauf. Dieser relativ üppig besetzte Fachbereich der Fernsehmacher wäre allerdings auch „komplett ausgeliefert", *wenn die Kameraleute verwackelte, unscharfe oder gar keine Bilder liefern würden!*

Die Regie

Regisseuren möchten gerne mit individueller Fantasie das gestalten, was sie für die jeweilige Sendung von der Redaktion an Programminhalt geliefert bekommen.

Aber sie können sich das nur verbal wünschen oder es anordnen. Aber dann müssen sie hoffen, dass die Jungs und Mädels an den Kameras diese Wünsche auch dementsprechend liebevoll umsetzen.

Die Moderatoren

Moderatoren können den Zuschauern das vorgegebene Programm zwar auf ihre Art verbal – möglichst verständlich – präsentieren ...

..., aber auch sie müssen „betteln", dass Kameraleute sie dabei vorteilhaft und „anständig" aufnehmen.

Und last but not least ...

Die Fernsehzuschauer

Ohne Kameraleute hätte man schlicht und einfach ein weiteres Radio!

Kameraleute sind also wichtig und sie wissen das genau.

Sie lieben es, wenn alle anderen Mitarbeiter das auch so sehen. Die Kameraleute arbeiten an der „Front". Sie stehen direkt vor den Schauspielern, den männlichen und weiblichen Interpreten, den Moderatoren oder den Sportlern. Niemand ist ihnen so nah, wenn sie ihre Arbeit machen. Also könnte man daraus schließen, dass genau da Erfolg und Misserfolg entscheidend beeinflusst werden. (Ich fürchte, wenn sie das hier lesen, werden sich ihre Honorarforderungen verändern ...)

Kamerafrauen und -männer gestalten direkt: Mit körperlichem Einsatz und – im besten Fall – mit sicherem Blick und Gefühl für das, was man ihnen so alles vor die Kameras stellt. Und das ist nicht immer so toll! Nicht nur Kreativität ist gefragt, sondern auch Geschmack.

Es geht Kameraleuten schnell in Fleisch und Blut über, hellwach und konzentriert all das zu erfassen, was um sie herum passiert. Ich kenne ein paar, die auch sehen, was hinter ihnen passiert ...

Daraus könnte man schließen, dass Kamerafrauen und Kameramänner auch großartige Autofahrer sind.

Quod erat demonstrandum.

Zehn Kameras bei einer Produktion werden von zehn Individualisten gesteuert, die alle ihren eigenen Geschmack haben. Und deswegen ist auch das, was sie abliefern, individuell.

Natürlich ist es ist kein Nachteil, wenn sie teamfähig sind und mit den anderen Mitarbeitern – einigermaßen gut – zurechtkommen.

Und sie arbeiten immer mit der Verantwortung, dass sie alle Menschen, die sich vor ihrer Optik bewegen, absolut gleich behandeln müssen.

Eine Sängerin oder einen Sänger, deren Musik ihnen partout nicht liegt, dürfen sie leider nicht mit unvorteilhaften Bildern bestrafen. Die meisten halten sich auch daran.

Ich habe das alles seit 1969 bei vielen Produktionen für ARD und ZDF selbst erleben dürfen.

Mit Kameras Bilder fürs Fernsehen zu finden, ist für mich wirklich der schönste Beruf dieser Branche. Denn:

Kamerafrauen und -männer
sind die Augen des Fernsehens.

Am Ende meiner Ausbildungszeit gab es dann für mich nur eine Frage, die man mit 21 Jahren sicher anders beantwortet als mit 45: Wie mache ich weiter?

Festanstellung als Kameramann annehmen oder als „Freiberufler" ins „wilde Wasser" springen?

Sicherheit oder Risiko?

Vom Gottesdienst zum „Can Can"

1969 endet meine offizielle Ausbildung zum Kameramann beim Saarländischen Rundfunk.

Ich soll dort einen Anschlussvertrag bekommen, aber mein ausgeprägter Freiheitsgeist - und der inzwischen verstärkte Wunsch mein Leben selbst zu lenken - führt mich zu einer anderen Entscheidung. Ich bleibe frei - freiberuflich.

Etwas merkwürdig ist nur die Erkenntnis, dass man solche Freiberufler beim Finanzamt als „selbständig" bezeichnet und Festangestellte als „nicht selbständig".

Ist das Zufall oder einfach nur eine seltsame Kategorisierung?

Ich wähle für mich zunächst die relativ unsichere Variante statt einer behüteten Festanstellung mit vorhersehbaren Entwicklungen und Absicherungen.

Ältere Kollegen schütteln verständnislos den Kopf. Wie kann man eine angebotene Festanstellung bei einem ARD-Sender mit abgesicherter Altersversorgung freiwillig gegen das Risiko in einer freien, stürmischen Berufswelt eintauschen?

Ich habe für solche ja durchaus berechtigte Gedankenspiele keine Lust und keine Zeit, denn ich bin glücklich, dass ich durch meinen Freund und mein Kameramann-Vorbild „Manne" beim ZDF empfohlen werde. Ich habe keine Ahnung, mit welcher Superlative er mich dort angepriesen hat, aber muss schon etwas übertrieben gewesen sein ...

Es dauert nämlich keine zwei Wochen (!), da werde ich vom ZDF nach Köln zu meiner ersten Produktion als „freier Mann" geschickt. Ich übernehme die Kamera 3 bei einer ZDF-Produktion - einer Aufzeichnung der Operette „Pariser Leben".

Jacques Offenbachs Musik und der Can Can mit den vielen hübschen Tanz-Mädels mit den „unendlich langen Beinen", die auch noch dauernd ihre Röcke heben - und das direkt vor meinen Augen. Ich registriere mit Genuss, dass ich den richtigen Beruf erwischt habe. Ich fühle mich großartig. Musik, Optik und hübsche Frauen - was will „Mann" mehr? Ich bin mittendrin.

Mein Debut an der ZDF-Kamera kann nicht so ganz verkehrt gewesen sein, denn ich werde von nun an - ohne nennenswerte Pausen - regelmäßig gebucht. ZDF- und ARD-Sender sorgen dafür, dass meine schulische Allgemeinbildung einen deutlichen Kick bekommt. Denn auf den vielen Reisen zu den Produktionen - mit permanentem Kennenlernen neuer Mitarbeiter und Aufgaben - erlebt man natürlich in kurzer Zeit mehr als bei einer lokal begrenzten Beschäftigung.

Und die logische Folge von Vielbeschäftigung ist, dass man sich selbst nicht so schlecht findet. Wir fanden uns alle, glaube ich, besser, als wir tatsächlich waren ...

Wo hört eigentlich Bescheidenheit auf? Und wo fängt Selbstbewusstsein an?

Selbstbewusst und mit einer gesunden Portion Demut – so müsste man doch prima durch diese Landschaft kommen! Ich gebe zu, das ist meine Erkenntnis von heute.

Was diesen Beruf so wirklich spannend macht, ist die Vielfalt der Aufgaben, die uns angeboten wurde. Kameraarbeiten bei Gottesdiensten, Sportübertragungen jeder Art, Live-Sendungen aus dem Bundestag, genauso wie Nachrichten oder das aktuelle Sportstudio im Sendezentrum des ZDF wurden jahrelang mein „tägliches Brot". Und immer wieder waren es die großen Shows, die immer aufwendiger präsentiert wurden am Anfang der 70er Jahre.

Es ist trotzdem nicht alles aufregend in dieser Zeit, denn wenn man zum Beispiel als „Kamera 16" bei Kilometer 32 an der Laufstrecke eines Marathonwettbewerbs steht, sehe ich dort mit meiner Kamera glatte fünf Stunden lang immer nur vorbeilaufende Menschen ... Schmerzverzerrte Gesichter der Läufer bestätigen meine Vermutung – das kann nicht gesund sein. Manchmal habe ich den Gedanken: Was mache ich hier eigentlich? Ich möchte jedem helfen, der sich da Richtung Ziel quält, aber nach ungefähr zehn Sekunden sind sie an mir vorbeigelaufen. Ich kann keine „schönen Bilder" machen, keine musikalische Bewegung anbieten. Immer nur geradeaus in die Straße filmen. Das ist nicht wirklich spannend und heute auch nicht mehr nötig, denn an jeder Straßenecke hängt doch sowieso eine Überwachungskamera der Polizei. Sollen sie doch die nehmen. Sportredaktionen müssten dann eigentlich nur noch das zusammenschneiden, was bei der Polizei in der Zentrale aufläuft ...

Ein Einsatz beim Speedboot-Rennen auf der Mosel muss für mich auch nicht unbedingt sein. Ich habe auch das erlebt:

250 Kilometer Anreise. Ewiges Warten auf den Start. Und dann kommen innerhalb von 20 Sekunden alle Boote an mir vorbeigeschossen. Dieses kurze Erlebnis wiederholt sich zwar mit den verschiedenen Rennklassen. Das ist dann aber schon alles, was ich aufnehme und erlebe. Ach so, ja – die 250 km Abreise nach Hause hätte ich beinahe vergessen.

Und es ist auch ein bisschen langweilig, wenn ich bei einem Gottesdienst in der Kirche 50 Minuten nur eine einzige Einstellung halten muss – und das ist die des Gebärden-Dolmetschers, der zudem auch nur in einem winzigen Bildfenster in das große Live-Bild der anderen Kameras eingeblendet wird. Ich teile meine Bilder eben nicht gerne mit anderen! Aber das muss natürlich auch aufgenommen werden und ist ja auch wirklich wichtiger als die schöneren Bilder der Kirchenfenster.

Nur durch diesen Service können Gehörlose mit den Augen „hören" und so verstehen, was im Fernsehen erzählt wird.

Es gefällt mir, das Gerät durch all diese Ereignisse zu lenken und so überall die schönsten Bilder zu suchen.

Aber dabei wird mir auch sehr schnell bewusst, dass diese eigentlich künstlerische Aufgabe auch eine Kehrseite hat: Schöne Bilder sind Geschmacksache. Man kann darüber streiten, was schön oder was weniger schön ist.

So hat auch jeder Regisseur seine Lieblingskameraleute, die ihn mit ihren technischen Geräten so bedienen, dass das Endprodukt wirklich seinen Vorstellungen entspricht. Aber wir an den Kameras haben auch unsere „Lieblingsregisseure", für die wir gerne alles aus uns herausholen, damit sie für ihre großartige Regie gelobt werden können.

Ich habe meine Entscheidung, freiberuflich statt mit festem Vertrag auf meine lange „Fernseh-Reise" zu gehen, nie bereut.

Ausgeruht habe ich mich in den „Kamera-Jahren" eigentlich nie – zumindest nicht auf den berühmten „eigenen Lorbeeren".

Denn um sich auf den Lorbeeren auszuruhen, muss man erst einmal welche ernten!

Ein paar kleine Beispiele aus dem internsten *Backstage-Bereich* zeigen, wie verrückt die Fernseh-Welt in den Studios von Hamburg bis München ist. Und es zeigt auch, wie wir „Fernsehtypen" miteinander kommunizieren. Und das ist häufig

eine ganz seltsame Sprache ...

Gut, dass sowas keiner hört ...

Ich habe nicht nur das Glück als Kameramann für die besten Regisseure Deutschlands arbeiten zu dürfen, sondern erlebe auch noch die unterschiedlichsten Sendungen in der Welt des Fernsehens. Dazu zähle ich auch Talk-Formate, natürlich die Musik-Shows, Übertragungen von Live-Events und – natürlich ganz besonders – die Fernsehspiele.

Es gibt für mich in den sechs Jahren, die ich mit meinen Kameras verbringe, nicht nur eine persönliche Lieblingssendung, sondern viele. Aber alles, was mit Musik zu tun hat, macht mir am meisten Spaß.

Von 1970 bis 1976 suche ich meine Bilder bei Starparaden, Samstagabend-Familienshows und Konzertmitschnitten.

Ich lebe über 300 Tage im Jahr zusammen mit meinen Kameras und den Kollegen in den Studios, Hallen und an den tollsten Drehorten.

Ok – manchmal komme ich mir vor wie ein „Callboy".

Ein Anruf einer Produktionsfirma oder der Disposition des Senders, eine Frage, ob ich Zeit und Lust habe und schon reise ich an. Das ist immer zeitlich begrenzt. Das sind immer Reisen mit neuen Herausforderungen. Genau wie bei Callboys.

Vom Moment der Anreise an unterscheidet sich dann allerdings die Aufgabenstellung meiner „Dienstleistung" von der der Callboys schon etwas.

Es sind in der Regel die Regisseure, die sich „ihre" Kameraleute aussuchen und mit denen sie ihre individuellen Vorstellungen umsetzen wollen. In den 70er und 80er Jahren waren wir noch eine überschaubare Zahl, die den Beruf „Kamerafrau/-mann" gewählt hatten. Aber immer mehr neue Sender – und dadurch immer mehr Produktionen – sorgen rasend schnell dafür, dass immer mehr von uns gebraucht werden. Der Beruf Kamerafrau/-mann lohnt sich also! Die Guten sind ausgebucht. Die weniger Guten allerdings leider auch.

Bei Regisseuren ist das nicht anders. Die Wünsche der Regisseure und die Sprache, die dabei gesprochen wird, ist sehr eigen und für Außenstehende manchmal sogar lustig.

„Fahr ran" heißt:

Eine Zoom-Bewegung oder Kamerafahrt von einem weiten Bildausschnitt (Richtung Großaufnahme des Objekts).

„Zieh auf" bedeutet die Gegenbewegung.

„Halte den Kopf" heißt: Bleib in der Nahaufnahme.

„Fahr mal rum" meint:

360 Rundfahrt um Interpreten

„Alle raus" meint:

Alle Kameras zurückziehen, damit sie nicht im Bild einer anderen zu sehen sind.

Ich beschreibe mal, was wir an unseren Kopfhörern so alles hören und manchmal auch ertragen müssen. Denn mit diesen „Ersatzohren" sind wir mit dem Regisseur und den Technikern verbunden. Das ist natürlich streng vertraulich, also sehr „Backstage", aber manchmal eben auch ganz schön „schräg"!

Beispiel 1

1970 wird *„Udo '70"* – die große Udo Jürgens Show – in der Saarbrücker Saarlandhalle aufgezeichnet. Ich bin im ersten Jahr nach meiner Ausbildung als Kameramann dabei und stehe im Mittelgang zwischen den Zuschauern in der ausverkauften Saarlandhalle. Eine „2" steht vorne seitlich auf meiner Kamera. Ich stehe ca. zehn Meter vor der großen Bühne und mache von dort aus meine Bilder. Ich brenne vor Ehrgeiz und bin nervös, denn ich bin ja noch nicht so lange mit der Kamera vertraut. Es gab zu der Zeit kaum Proben für ein solches Konzert.

Wir kommen, checken die Kameras, das Licht und werden vom Regisseur informiert, was er von jedem Einzelnen erwartet. Lied für Lied. Um 20:10 Uhr geht's los.

Udo Jürgens tritt auf – die Aufzeichnungsbänder laufen. An meiner Kamera direkt vor meinen Augen klemmt der Ablauf des Konzertes und meine Aufgaben, die ich mir in Vorbesprechungen persönlich notiert habe. Nicht alles ist festgelegt. Vieles passiert auf Zuruf des Regisseurs, den wir alle ständig hören können (oder müssen ...). Ich spüre Spannung, aber ich genieße es. Ich kenne jedes Lied von Udo Jürgens, weil ich mir tagelang vorher die neueste Platte von Udo – und das nicht nur einmal – reingezogen habe. Freiwillig, denn ich finde den damals 36-jährigen Udo gut, obwohl ich in dieser Zeit privat eher Supertramp, die Beatles oder Stones höre. Show-Regisseur Truck Branss, der diese Sendung leitet, arbeitet anders als andere Regisseure. Das hatte ich in den letzten Jahren schon mehrfach erfahren.

Bei ihm kommen Gestaltungsideen wie Blitze aus heiterem Himmel – spontan und direkt „aus dem Bauch". Im Kopfhörer spielen sich dadurch auch unglaubliche Dinge ab.

Ich verrate mal ein paar solcher Regie-Blitze:

Mitten im Lied „Siebzehn Jahr, Blondes Haar" schnauzt er meinen Kollegen an der „Kamera 1" an:

„Fahr ran Junge", er meint die Zoom Bewegung Richtung Kopf des Sängers.

„Ganz ran – an die Murmel", damit meint er den Kopf von Udo. Die Kamerabewegung ist fast ausgeführt, die Optik nähert sich dem Kopf des Künstlers, da macht dieser eine überraschende Bewegung mit seiner rechten Hand, die in den Himmel zu greifen scheint. Branss brüllt den Kameramann an: *„Aber verlier die Hände nicht aus dem Bild."* Und dann weiter fast flehend:

„Mein Gott, die Hände will ich sehen – das musst du doch wissen."

Die anderen Kameramänner hören das alles natürlich auch in ihren Kopfhörern und grinsen.

Nun kann das heute ja jeder selbst mal ausprobieren. Versucht einfach mal mit einer „Digicam" oder auch mit dem Handy im Videomodus einen großen Kopf eines Freundes aufzunehmen und gleichzeitig die Hände im Bild zu behalten. Viel Glück dabei. Wenn das gelingt, dann schreibt mir mal auf Facebook, wie ihr das geschafft habt.

Beispiel 2

Ein weiteres „Bonmot" passiert in der gleichen Udo Jürgens Aufzeichnung: Mitten im Lied „Ich glaube" befiehlt der „Meister" : *„K 2 – Pit, fahr ran ans Piano."* Ich bekomme Rotlicht, bin also „auf Sendung".

Das ist „Fernseh-Latein" und bedeutet, Wir sind „auf Sendung", auch wenn es sich um eine Aufzeichnung handelt.

Mit meinem Daumen setze ich – wie gewünscht – die Zoom Optik gefühlvoll in Bewegung. Grobe Richtung: Udo Jürgens. *„Ja gut so – weiter",* lobt der Regisseur.

Wenn der doch mal die Klappe halten würde, denke ich. Ich will meine Bewegung doch möglichst musikalisch ausführen. Aber die energische Stimme meines Regisseurs dröhnt durch den Kopfhörer in mein Ohr und von dort in die Schaltzentrale „Kopf". Der gibt weiter an Daumen:

„Pit, an Sänger ranzoomen – langsam."

Udo singt weiter: „Diese Welt müsste groß genug ... für uns alle sein ..."

Nicht unbedingt mein Regisseur, aber ich weiß, dass in dem Song ein kurzer, aber prägnanter Schlagzeug Akzent vorkommt – und zwar jetzt gleich direkt vorm Beginn des Refrains. Also folge ich meinem eigenen Befehl: „Kopf an Arm und Daumen: Abbiegen – Fahrtrichtung verändern – Richtung Schlagzeug –Einsatz ... zügig." Also ändere ich eigenmächtig und zielgenau meine vom Chef verlangte Kursrichtung „Piano" hin zum viel weiter rechtsstehenden Schlagzeug. Branss bemerkt das sofort und reagiert laut:

„Bist Du irre? Pit, ich meinte Piano – du sollst zum Piano ... Was machst du denn?"

In diesem Augenblick beginnt das Schlagzeug-Solo und ich bin genau pünktlich zum Einsatz nah auf dem Schlagzeug gelandet und zufrieden, dass das Timing meiner Zoombewegung so schön geklappt hat. Ich fühle mich so, als hätte ich in der 90. Minute einen Elfmeter verwandelt und sehe vermutlich zufrieden aus, aber das kann ER ja nicht sehen. Branss O-Ton: *„Geeeeniaaal – Pit, dett will ick sehn! Der Junge ist genial."*

Meine Kamerakollegen rechts und links neben mir hören das ja alles mit und schütteln ihre Köpfe. Das war das „Zuckerbrot". Es folgt die „Peitsche" : Pferde kennen solche Methoden. Ich aber lerne diese das erste Mal kennen. Sie stören mich nicht entscheidend. Man gewöhnt sich an (fast) alles. Denn in der Pause des Konzertes treffe ich Regisseur Branss auf dem Garderobengang.

„Pit, wenn Du weiter so eigenmächtige Sachen machst, sage ick wieder Weyrich zu dir." Und dann sehr

ruhig und enorm pädagogisch: *„Du sollst det machen, was ick Dir sage. Verstanden?"* Kurze Pause ... *„Aber mit dem Schlagzeug – det war jut."*

Wie gut, dass sowas keiner (außer dem TV-Team) mitkriegt!Natürlich habe ich mir überlegt, was wohl passiert wäre, hätte ich mich geirrt und das Schlagzeugsolo wäre erst eine Strophe später gewesen. Hätte – wäre – war aber nicht.

Wahrscheinlich wäre ich dann doch Bundestrainer oder Präsident des HSV geworden.

Ich mache weiter so. Meine Kamera bewege ich auch zukünftig so, wie ich Musik empfinde – und

det is jut so.

„Heißt da unten einer Weyrich?"

Meine Arbeit mit Regisseur Rainer Werner Fassbinder ist aus verschiedenen Gründen auch prägend für meine Zukunft.

In Saarbrücken nehmen wir Ende 1973 das Stück

„Nora oder Ein Puppenheim"

fürs Fernsehen auf.

Das ist ursprünglich ein Theaterstück von Henrik Ibsen. Der Titel beschreibt die Einsamkeit der Nora Helmer, die sich als Ehefrau eingeschlossen wie in einem „goldenen Käfig" fühlt, aus dem sie sich aber befreit und Mann und Kinder verlässt.

Dramatische Geschichte.

Und das sind die Schauspieler:

Margit Carstensen (Nora), Joachim Hansen (Torvald), Barbara Valentin (Frau Linde), Ulli Lommel (Krogstad), Klaus Löwitsch (Dr. Rank).

Ich habe das Glück, den Kino-Mann Fassbinder in einer für ihn ungewohnten Rolle als Fernsehspiel-Regisseur kennenzulernen und soll einer von vier Kameramännern für ihn sein.

Wir liefern ihm zwei Wochen lang in Saarbrücken die Bilder, die er für seine Inszenierung verlangt.

Dieser exzentrische Regisseur arbeitet damals zum ersten Mal mit den sogenannten E-Kameras.

Diese Kameras liefern ihre Bilder über Kabel an den Regieraum und werden mit magnetischen Bandmaschinen (MAZ) in separaten Technikräumen aufgenommen.

„Zu Hause" ist Fassbinder ja eigentlich in der Kinowelt. Und da dreht er zu seiner Zeit mit 16 mm oder 35 mm Filmkameras. Szene für Szene – immer wiederholt – aus verschiedenen Blickrichtungen.

Am ersten Drehtag bittet er uns um Geduld und Nachsicht, weil die Methode, sein Stück mit den E-Kameras zu inszenieren, für ihn ungewohnt sei. Ich bin gespannt und voller Neugierde.

Schon am ersten Tag wird klar: Seine Art zu arbeiten ist komplett anders als die der anderen Regisseure, die ich bis dahin erleben durfte.

Bis spät in die Nacht probt er mit seinen Schauspielern im seinem Saarbrücker Hotel unermüdlich jede einzelne Szene und die Dialoge. Am Tag darauf stellt er dann mit den Schauspielern diese Szenen in der Studio-Dekoration zunächst wieder ohne Kameras, ohne Licht und Technik.

Er will dabei ganz allein sein mit seinen Schauspielern. Mir gefällt das nicht, weil ich viel intensiver mitdenken könnte, wenn ich gleich miterleben könnte, was da passiert. Trotzdem gehorchen wir und warten artig vor dem Studio – manchmal stundenlang. Dann werden wir sehr plötzlich gebeten, unsere Kameras „zügig zu besetzen" und bekommen die eben geprobten Sequenzen vorgespielt. Dabei rennt der kleine emsige Mann ständig von einer Kamera zur anderen, um vermeintlich in diesem Moment zu entscheiden, wie er sich die optische Auflösung vorstellt. Aber das täuscht. Ich glaube, er hat den Film schon komplett vor seinem inneren Auge. Er sagt nicht viel. Wenn er im kleinen Monitor meiner Kamera seine Schauspieler sieht und dabei ganz nah bei mir steht, erinnere ich mich, dass in seinen Kleidern der Gestank von unzähligen täglichen Zigaretten hing.

Seine Regieanweisungen stehen auf keinem Papier, in keinem Drehbuch. Seine Inszenierung in der Dekoration existiert fertig in seinem Kopf. Und jetzt kämpft er mit uns um jedes Bild und jedes kleinste Detail, das die gespielten Szenen verstärken sollen. Die Arbeitsmethode dieses unruhigen Energiebündels ist für mich irgendwie spannend, aber nicht unsympathisch. Ich glaube zu verstehen, was er will. Ich versuche nicht nur zu liefern, sondern lebe mich in das Stück und die intensive Kreativität dieses besessenen Künstlers hinein. Ich habe zum ersten Mal die Erkenntnis, dass das Zusammenspiel von Regie, Kamera und den Protagonisten eine Grundvoraussetzung für ein gutes Endergebnis ist.

Zwei, drei Proben - Licht einrichten - Nachschminken - Aufnahme. Das geht alles sehr schnell. Fassbinder lobt selten, verlangt viel, drängelt heftig und ist den ganzen Drehtag über ungeduldig. Manchmal laut, dann wieder melancholisch und sehr verzweifelt, wenn sich nicht alles so zusammenfügt, wie er es sich vorstellt. Im nächsten Moment wirkt er fast zärtlich auf seine Darsteller und auf uns an den Kameras ein, um unmittelbar im Anschluss – plötzlich grummelnd – das Studio zu verlassen. Keiner weiß, in welcher Gemütslage er gerade ist, wenn er morgens das Studio betritt. Er, glaube ich, auch nicht.

Ich fühle mich frisch geduscht und für den Tag bereit. Er wirkt oft, als hätte er keine Pause zum Schlafen verschwendet. Ich glaube, dieser Mann arbeitet ohne Unterbrechung!

Manchmal ist er plötzlich verschwunden. Alle erstarren.

Jeder fragt sich selbst, ob und was man falsch gemacht haben könnte. Was hat ihm nicht gepasst? Aber dann kommt meistens schnell die Erlösung. Ein paar Züge Nikotin vor dem Studio und schon geht es – irgendwie besser gelaunt – weiter. Die Szenen sind beeindruckend und die Darsteller fühlen, dass dieser Regisseur alles aus ihnen – aber auch aus uns – herausholen will. Genie und Wahnsinn. Hier erlebe ich es live!

Am dritten Produktionstag bitte ich ihn vorsichtig, ob ich nicht schon bei den Stellproben mit den Schauspielern zusehen darf. Ich hätte es dann viel leichter, ihm kreativ und zügig bei den Kameraproben „seine" Bilder anzubieten.

Meine Teamkollegen schütteln über mich den Kopf. Es fallen Worte wie „Streber" oder „Arschkriecher". Der soll doch sagen, was er haben will, meinen sie.

Und schon „stehe ich zwischen den Stühlen". Aber mir ist das egal. Dann bin ich eben der Streber im Team. Ich freue mich natürlich, dass er am nächsten Tag zu mir kommt, auf meine Bitte eingeht und mir erlaubt, direkt bei seinen Proben mit den Schauspielern dabei zu sein. So verfolge ich fortan täglich seine komplette Arbeit und kann dadurch tatsächlich viel besser nachvollziehen, was er erreichen will. Meinen Kollegen ist das egal. Die bleiben lieber vor dem Studio in Wartestellung, bis sie gebeten werden an ihre Kameras zu gehen. Das führt allerdings sehr schnell dazu, dass er viele Szenen nur noch mit mir und mit meiner Kamera filmen möchte, was ihn auch sehr viel näher an seine – vom Kino gewohnte – „Ein-Kamera-Arbeit" bringt.

Plötzlich mache ich „Kino fürs Fernsehen" statt mit einer Filmkamera eben mit meiner E-Kamera. Ich fühle mich gefordert und gebraucht.

Es folgen Tage voller Spannung und neuer Eindrücke. Aber ich erlebe durchaus auch menschlich fragwürdige Situationen, in denen er wenig einfühlsam und mit gnadenloser Härte seine Schauspieler zur Höchstleistung bringen will. Alle sehen, wie vor allem die weiblichen Darsteller unter den plötzlichen verbalen Ausbrüchen und grenzwertigen Stimmungsschwankungen des Regisseurs leiden. *„Lass ihn – er braucht das"*, sagt die Schauspielerin Irm Hermann mal zu mir. *„Das gehört zu ihm und seinem kreativen Wahnsinn."*

Mich hat er mit Respekt behandelt, aber mir auch gleichzeitig deutlich zu verstehen gegeben, wann ich besser meine Klappe halten soll. Ich hab's verstanden.

Aber warum kann ein künstlerisch so genialer Typ nicht immer würdevoll mit allen Menschen im Studio umgehen? Natürlich sind Regisseure – schon Kraft Amtes – in einer dominierenden Machtposition. Es ist nur die Frage, ob man das auch ausüben muss. Mir gefällt das jedenfalls nicht.

In einer Szene versperrt eine große dunkle Kommode den Durchgang für eine Schauspielerin. Barbara Valentin soll schnell den Raum durchqueren und bleibt an dem Möbelstück hängen. *„Raus mit dem Teil – sofort!"*, herrscht er die Requisiteurin an, als hätte sie mit der Kommode absichtlich den Weg versperren wollen. Ich will schlichten und mache ihn darauf aufmerksam, dass dieses Möbelstück in der vorhergegangenen Szene mitten im Bild war und das – so hatte ich es gelernt – bildlichen „Anschluss" haben müsse. Logisch für mich.

Mein Regisseur befiehlt aber: *„Kommode raus – ich will nicht diskutieren!"*

Ich staune. Alle staunen – und keiner versteht es. Seinen begleitenden Satz habe ich allerdings nie mehr vergessen. Wörtlich sagte er:

„Wer auf diese Scheißkommode da achtet, der versteht mein Stück sowieso nicht! Die Leute sollen sich auf die Schauspieler konzentrieren und nicht auf Möbelstücke oder diesen Anschluss-Quatsch aus der Filmhochschule ..."

Rumms ... Das war jetzt mal was Neues. Kommt in keiner Ausbildung, in keinem Studium vor! So kann man es sehen, muss man aber nicht!

Dass sich dieser Fassbinder in keiner Sekunde seiner Arbeit von irgendwelchen filmischen Gesetzen beeinflussen lassen will, gefällt mir allerdings. Auch diese damals für mich neue Art Fernsehaufnahmen zu leiten, hat mich beeinflusst.

Ich erkenne, dass ich mir von jedem neuen Regisseur das, was mich von der jeweiligen Arbeitsmethode am meisten beeindruckt hat, sehr genau merke.

So arbeite ich also zwei Wochen lang sehr eng mit ihm und seinem Team zusammen. Es läuft wunderbar, macht viel Spaß und ich „wachse" voller Stolz ungefähr auf doppelte Größe. Bis zu einem Morgen kurz vor Ende der Produktion.

Rainer W. Fassbinder ist bereits im Regieraum. Wir stehen kurz vor der Aufnahme einer Szene. Alle sind bereit. Ich höre in meinem Kopfhörer das Telefon im Regieraum klingeln. Kurz darauf erscheint Fassbinder auf der Brücke oben über dem Studio und fragt laut und ungeduldig runter ins Studio:

„Heißt da unten einer Weyrich?" Ich erstarre. Das kann doch nicht wahr sein! Ich arbeite seit zwei Wochen Seite an Seite mit diesem Mann, weiß genau wie er riecht und versuche zu verstehen, wie er sich sein Stück vorstellt. Ganze zwei Wochen lang! Und der weiß nicht, wie ich heiße – wer ich bin?

Ich antworte ihm trotzdem cool: *„Ja, ich."*

Er antwortet noch cooler:

„Ach, Du bist das. Dein Auto versperrt irgend 'ne Einfahrt. Achtung – wir nehmen auf!"

Ich müsste ja wenigstens entsetzt sein, aber ich komme nicht weit mit dem Gefühl, denn ich habe zu viel zu tun.

Ich hatte ja tagelang miterlebt, dass seine Art jemanden zu loben sich darin äußert, die Person nicht anzuschreien. Aber wer erlebt das schon gerne, dass „der Chef" einen nicht mal kennt, obwohl man sich große Mühe gibt, ihm gute Arbeit zu abzuliefern.

Meine volle Konzentration auf die Dreharbeiten bei dieser Produktion lässt es einfach nicht zu, dass meine Eitelkeit meine Stimmung dominiert.

Nachträglich betrachtet, ist dieser Moment aber unglaublich wichtig für meinen weiteren Weg in dieser Branche. Niemand hat das Recht andere respektlos zu behandeln – egal in welcher Position er sich befindet!

Auch ein Rainer Werner Fassbinder brauchte andere Menschen, die für ihn und seinen Film arbeiteten. Er wusste das.

Aber die Gefühlswelten der Mitarbeiter und Schauspieler haben ihn nicht wirklich interessiert. Und eigene „Gefühle zu zeigen",das habe ich bei ihm in den zwei Wochen nicht erlebt.

Umso erstaunlicher ist für mich rückblickend, wie gekonnt er große Gefühle in den einzelnen Szenen mit seinen Darstellern inszeniert hat, um sie für seinen Fernsehfilm einzufangen. Das konnte er definitiv besser als viele seiner Kollegen! Ich war beeindruckt und verwirrt.

Die Begegnung mit diesem besonderen Regisseur sollte sich kurze Zeit später wiederholen. Er drehte das Stück „Bremer Freiheit" wieder in Saarbrücken und auch wieder mit mir als Kameramann. Er hat sich immerhin an mich erinnert, denn er soll bei der Produktion im Vorfeld gesagt haben:

„Ich will diesen Kameramann mit dem Bart wiederhaben, der schon die NORA gemacht hat."

Ich habe Glück, denn außer mir hat, glaube ich, kein anderer Kameramann beim Saarländischen Fernsehen zu der Zeit einen Bart gehabt.

Also war ich wieder dabei. Und ich gestehe, dass ich – trotz erneut enormen Stressmomenten – wieder sehr gerne für diesen Rainer Werner Fassbinder gearbeitet habe.

Denn ich erinnere mich auch heute noch ganz klar an meine Gedanken damals.

Sollte ich mal die Chance bekommen, selbst Regie zu führen, dann werde ich mit Sicherheit fair mit meinen Mitarbeitern umgehen.

Die neuen Dreharbeiten liefen exakt wieder so ab wie beim ersten Mal. Er hatte sich nicht verändert. Ich auch nicht.

Ich fühle aber auch gerade durch diese Begegnung einen Wunsch stärker werden.

Noch ist er nicht greifbar, aber es schleicht sich etwas an ...

Ich liebe die Arbeit an der Kamera, aber vielleicht ist es ja auch ganz spannend, wenn ich mal irgendwann selbst Regie machen könnte. Irgendwann.

Aber das ist noch nicht jetzt.

Doris wird „Alexandra“

Talente gibt es weder im Supermarktregal noch bei Amazon. Menschen mit außergewöhnlichen Begabungen musste man auch damals schon suchen. Wenn man das Glück hatte, auf jemanden zu treffen, dann brauchte man das richtige Händchen, um auch andere davon zu überzeugen, dass es sich lohnt, mit ihnen zu arbeiten. Schließlich kostet das alles ja auch richtig Geld. Jeder im Showgeschäft weiß nicht erst seit 1965, dass man mit erfolgreichen Sängerinnen und Sängern viel Geld verdienen kann.

Besonders in der leichten Unterhaltung stehen viele kleine und große „Gelddruckmaschinen" herum. Wenn ein paar Dinge zur richtigen Zeit am richtigen Ort zusammenpassen, fließt Geld – nicht immer in die richtige Richtung, aber es fließt.

Aber niemand – selbst ein so genialer Musiker und Komponist wie der Orchester-Chef Bert Kaempfert – konnte garantieren, dass Erfolg und Karriere eine logische Folge von Talent war und ist.

Man muss sich nur mal vorstellen, dass dieser Musikproduzent und Komponist von Welterfolgen wie Elvis Presley (Wooden Heart), Al Martino (Spanish Eyes) und Frank Sinatra (Strangers In The Night) 1961 eine junge Band nach Hause schickte, weil er der Meinung war, dass sie mit ihrer Musik niemals Karriere machen würden.

Ein paar Wochen später wurden genau diese Jungs – The Beatles – zu Stars, weil ein gewisser George Martin und ein junger Schallplattenverkäufer namens Brian Epstein in England an genau diese Talente geglaubt hatten.

Mein Vater, der Musikproduzent Fred Weyrich, glaubte 1965 an ein junges Talent. Eine junge Sängerin aus Litauen an der russischen Grenze stellte sich als „Doris Nefedov" vor. Sie sang im heimischen Wohnzimmer ein paar russische Lieder vor und spielte dazu als Begleitung auf ihrer Gitarre.

Was auch mir sofort gefiel, war ihre wunderschöne, tiefe Stimme. Wenn einem solche Eigenschaften in die Wiege gelegt werden, wird man heute umgehend zu Castingshows von mindestens drei TV-Sendern eingeladen. Da sitzt dann eine Jury aus sogenannten „Fachleuten" und man muss sich, beispielsweise von einem Dieter Bohlen, beleidigen lassen. Und als wäre es geplant: Maximal jeder Fünfte wird dann auch mal gelobt und „großzügig" zu Recalls eingeladen, um spätestens dann wieder in sein früheres Leben zurückgeschickt zu werden.

Die Sieger erhalten sehr zügig „Knebelverträge", die „werdende Stars" zu Vielem verpflichten und ihnen gleichzeitig quasi nichts erlauben.

Manager, die noch keine sind, bieten sich an.

Sonstige Berater tauchen urplötzlich auf – wie Würmer, wenn's regnet. Sogenannte „Experten" rechnen sich Erfolgschancen, Jahresumsätze und Nettogewinnspannen aus, noch bevor sie einen Ton der neuproduzierten Musik gehört haben.

Das junge Talent muss einfach nur das machen, was die „erfahrenen Macher" von ihm verlangen.

Denn *die* wissen ja schließlich, wie Erfolg geht – die *Kontrollettis* der Musikbranche. So ist das heute. 1965 ist das zwar schon erkennbar, aber noch ganz anders.

Mein Vater ist natürlich ein höchst anständiger Mensch und erklärt mir euphorisch, dass er mit diesem „Juwel" namens Doris – so hieß ja die junge Sängerin – direkt eine komplette Langspielplatte plane und dass sie „die Entdeckung seines Lebens" sei. Mir ist klar, dass er nicht meine Mutter damit meinte.

In den 60er Jahren war es noch nicht üblich, einen Künstler direkt mit einem ganzen Album zu „starten" : Erst einmal mit einem schön kommerziellen Single-Liedchen „antesten".

Normalerweise gab es damals dann lange Diskussionen, welches von insgesamt zwei Liedern, die für eine Single nötig sind, auf die sogenannte A-Seite und welches auf die B-Seite kommen sollte. Ich habe das nie verstanden. Wenn man doch etwas Neues produziert, wie kann man dann von vornherein das Signal geben, dass die eine Seite nicht so gut ist wie die andere. Das war sogar am Anfang bei den Beatles so. Aber die haben schnell gemerkt, dass die jeweilige B-Seite genauso wertvoll sein kann wie die A-Seite.

Und so wurden zum Beispiel die Songs „We Can Work It Out" und „Day Tripper" erstmals in der Popmusik als „Doppel-A-Seite" veröffentlicht und das wiederholte sich dann bei „Strawberry Fields Forever" und „Penny Lane". Alle vier wurden Welterfolge!

Blöd ist mein Vater nicht, denn er argumentierte überzeugend, dass man diese Frau unbedingt gleich am Anfang mit ihrer ganzen Vielfalt präsentieren müsse. Ein Lied reiche dafür nicht aus. Ok, vielleicht hatte er ja recht. Aber damals meinte er auch, dass wir noch einen originellen Namen für diese Doris bräuchten. Ihr richtiger Name ist Doris Nefedov. Damit könne man in Deutschland keine Karriere machen.

Ja, so hat man damals ernsthaft argumentiert! Das irritierte mich. Was sollte das für eine Rolle spielen?

Kurz und prägnant solle der Name sein. Vielleicht ganz ohne Nachnamen, so wie Heino, Heintje, Gitte, oder Engelbert? Das war zu der Zeit „in". Mir war das vollkommen egal, erinnere ich mich. Aber vielleicht war Papa ja auch seiner Zeit voraus?

Lady Gagas Eltern haben ihre Tochter auch nicht unter ihrem Künstlernamen gekannt, denn sie kam als „Stefani Joanne Angelina Germanotta" auf die Welt.

Nena heißt eigentlich Gabriele Susanne Kerner.

Und Andrea Berg hätte natürlich unter ihrem richtigen Namen, Andrea Zellen, nie im Leben Karriere gemacht ... Was für ein Quatsch!

Dann schon wenigstens lustig wie 30 Jahre später, als Karrieren entstanden mit Namen wie

- „Fettes Brot",
- „Die Toten Hosen",
- „Einstürzende Neubauten",
- „Unheilig" oder
- „Glasperlenspiel" und „Rosenstolz".

Doris solle also anders heißen. Ich erinnere mich an abenteuerliche Vorschläge und vermute, dass es leichter ist, einen Namen für ein Baby zu finden als für eine Künstlerin.

Ihr kleiner Sohn aus der Ehe mit einem Russen heißt übrigens Alexander. Als dieser Name fiel, waren sich sofort alle einig. Sie beschlossen:

Doris heißt jetzt *„Alexandra"*.

Die erste gemeinsame LP von Alexandra und Producer Fred Weyrich wurde ein großer Erfolg. Der „Zigeunerjunge" raste durch Deutschland:

Zigeunerjunge, Zigeunerjunge,
er spielte am Feuer Gitarre.
Tam ta ta tam tam ta tam tam ta tam
und ich sah sein Gesicht,
aber er sah mich nicht.

Ich glaube, unter dieser Titelzeile würde in der heutigen Zeit das Lied nicht mehr veröffentlicht werden dürfen, obwohl es sich inhaltlich ja mit dem Thema Rassismus auseinandersetzt. Hans Blum ist der Texter und Komponist dieses Liedes.

Es geht darum, dass Menschen - aus den Völkern der Sinti und Roma - die Stadt besuchen und ein Kind eine Faszination hierfür entwickelt. Dem Kind wird allerdings verboten, mit ihnen Kontakt aufzunehmen. Genau dieser Inhalt hat die junge Sängerin Alexandra damals begeistert und sie wollte das Lied unbedingt singen!

Was damals ein schönes Lied war, in dem mit dem Begriff „Zigeuner" eine sogenannte Randgruppe, die Roma und Sinti, ohne jeden rassistischen Gedanken karikiert werden, wäre heute undenkbar.

Einen Zigeuner, einen Neger, einen Indianer gibt es heute nicht mehr in unserem Sprachgebrauch. Und das finde ich auch richtig so. Auch wenn niemand die Absicht hatte, eine vermeintliche Randgruppe von Menschen mit einem Sammelbegriff zu verletzen.

> *„Gerechte Sprache alleine mag zwar keine gerechte Welt schaffen. Aber durch gerechte Sprache können wir zeigen, dass wir eine gerechte Welt wollen."* [1]

Bei Alexandra sprach man von der „deutschen Entdeckung des Jahrzehnts".

1) KjG Theater Oberhausen Kommentar der *Dramaturgin Michaela*

Ich verfolgte Alexandras Karriere, ohne die von John Lennon und Paul McCartney aus den Augen zu verlieren.

Ich erzähle das hier alles so ausführlich, weil diese junge Frau in meinem Leben eine zwar nur kurze, aber sehr wichtige Rolle spielen sollte.

Ich bin ja 1966 noch ganz am Anfang meiner beruflichen Laufbahn. Heimlich verfolge ich von der Beleuchterbrücke des Studios die Aufzeichnungen der Gilbert-Bécaud-Shows „Monsieur 100.000 Volt", in denen weltbekannte Stars auftreten. Live-Musik vom Feinsten!

Die junge Alexandra war dort eine der wenigen deutschen Interpreten, die in einer Folge als *Neuer Stern an Deutschlands Schlagerhimmel* dabei sein durfte.

Link: youtu.be/C6ckw3c5_Fg

Alexandra Auftritt in der
Gilbert Bécaud-Show SR 1966

Sie musste sich mit ihrem Lied, das sie live mit dem Orchester von Bécaud sang, keineswegs verstecken. Die Presse überschlug sich mit „Super-Kritiken". Das Album war sofort erfolgreich. In Alexandras Lied „Sehnsucht" beschreibt mein Vater als Texter die Landschaft und das Leben der Taiga

Die endlosen Steppen und die tiefen Wälder
Die wie graue Schatten oft vor mir ersteh'n,
Neblige Flüsse, taubedeckte Felder
Alles möcht' ich einmal, einmal wiederseh'n

Sehnsucht heißt das alte Lied der Taiga
Das schon damals meine Mutter sang
Sehnsucht lag im Spiel der Balalaika
Wenn sie abends vor dem Haus erklang

Ich staunte, denn „Autor-Papa" ist in seinem Leben definitiv nie in Russland gewesen, hatte zu der Zeit auch kein Internet und somit auch keine Google Suchmaschine mit Wikipedia und anderen „Alleswissern" ...

Wie haben die das bloß alles ohne diese Hilfsmittel gemacht?

Ich hole das gerade mal nach und finde über die Taiga folgendes:

> *„Die russische, insbesondere die sibirische Taiga gilt als monoton, uninteressant, mückenverseucht, ökologisch wenig wertvoll."* [2]

Mein Vater jedoch malte mit seinen Worten über diese eigentlich trostlose Weite des Landes ein wunderschönes, melancholisches Bild. Um diese Begabung beneide ich meinen Daddy. Vielleicht hatte er das ja auch einfach nur geträumt.

Link: youtu.be/_NB448iZxvM
„Sehnsucht"
Alexandra SR

2) Wikipedia - Tundra und Taiga

Und dann kommt damals ein besonderer Moment, der wichtiger für mich werden sollte, als er sich im ersten Moment angefühlt hat.

Es geschieht in Saarbrücken auf einem kurzen Spaziergang mit Alexandra vom Parkplatz ins Fernsehstudio. 250 Meter sind wir allein und brauchen fast eine halbe Stunde für den Weg ...

Sie erzählt mir:

„Pit, dieser Beruf ist nicht nur schön und nicht immer leicht für mich. Alle reden auf mich ein. Jeder hat einen Tipp oder insistiert, wie ich mich verhalten soll. Ich muss so oft das machen, was ich überhaupt nicht will. Die wollen bestimmen, was ich anziehe und wie ich mich zu benehmen habe.

Sie wollen die Länge meiner Haare festlegen und raten mir, was ich sagen soll in Interviews – als wäre ich blöd. Und alles unter dem Motto: Wir wissen, was für dich gut ist."

Ich erinnere mich, wie leidenschaftlich sie mir von den Aufnahmen des Liedes „Sehnsucht" erzählt, das sie in den Berliner Hansa Studios mit meinem Vater produziert hatte.

„Stell dir vor Pit, ich wollte „Sehnsucht" gar nicht singen. Das ist eine schreckliche Schnulze. Das ist überhaupt nicht mein Stil. Ich dachte nur noch: „Abhauen!" Dein Vater redete auf mich ein. Beschwörend wollte er mir klar machen, was für einen Erfolg ich mit diesem Lied haben würde. Ich mag deinen Vater. Und vielleicht hatte er ja recht. Aber in diesem Moment wollte ich nur weg.

Ich bin raus in den Berliner Regen, wollte auch nicht mehr zurück ins Studio. Ich ging direkt an der deprimierenden Berliner Mauer entlang, die 50 Meter neben dem Hansastudio war. Noch etwas, was unendlich traurig macht."

Aber der Regen hat ihre Abneigung offensichtlich für einen Moment aufgeweicht. Sie sei vollkommen durchnässt zurück ins Studio gelaufen, sprudelt es weiter aus ihr raus.

„Wütend habe ich dann das Lied gesungen – nur ein einziges Mal. Dann habe ich mich versteckt und geweint. Bin ich undankbar?"

Ich glaube ihr jedes Wort und bin von dieser Geschichte sehr bewegt. Ich merke auch, wie gut ihr das getan hat, es mir zu erzählen. Denn wenn solch eine Aussage an die Presse gerät, hat man keine Freude.

Dabei kann ich ihre Verzweiflung damals noch gar nicht richtig verstehen. Auch ich denke zwar zwischendurch, dass sie doch über den so schnellen Erfolg dankbar sein könnte.

Ich erinnere mich aber auch an erste Zweifel, die in mir hochkommen. Denn ich konnte ja nicht übersehen, wie einige der einflussreichen Branchenvertreter mit „ihren" Künstlern umgegangen sind.

Die sollen gefälligst gut aussehen, schön singen und möglichst genau das machen, was man ihnen sagt. Und dankbar sollen sie sein, dass man so viel Geld und Zeit in sie investiert. Ich weiß noch genau, dass mir so manche Situation sehr suspekt vorkam. Aber immer sind es nur kurze Momente gewesen, dann bin ich wieder mittendrin in diesem Rausch der Shows und des Applauses.

Man muss ja selbst nicht so werden wie die und schließlich sind ja auch nicht alle so. Damit habe ich mich beruhigt.

Ist man denn als Künstler undankbar, wenn man kritisch ist, wenn man sich wehrt? Wenn man eine eigene Meinung hat und sie auch vertritt? Augen zu und Geld her – ist das der einzige Weg?

Schließlich halten die Künstler vor den Kameras ihren Kopf hin. Nicht die Berater, Produzenten, Regisseure und Besserwisser. Kritiker und alle anderen hinter diesen Künstlern sieht man nicht. Die tauchen in der Presse und im Fernsehen nicht auf. Halt!

Sie tauchen doch auf – unübersehbar – und zwar genau dann, wenn Erfolg gefeiert wird. Wenn goldene Schallplatten verliehen werden, sind auch plötzlich die auf den Pressebildern zu sehen, die das ja alles „schon immer gewusst haben".

Alexandra hatte eine andere Vorstellung von Musik und Erfolg als mancher Plattenboss, Produzent und vielleicht sogar die Öffentlichkeit.

Mir gefällt das. Und ihre Haltung beeinflusst mich in den kommenden Jahren – vielleicht sogar für immer. Ich verstehe ihre Unzufriedenheit, denn bei diesen Gedanken wirkte sie auf mich sehr traurig.

Über meinen Vater, ihren „Entdecker" und Produzenten, sprach sie trotzdem nur in den höchsten Tönen und wünschte mir, dass ich seine humorvolle, faire Art, mit Menschen umzugehen, hoffentlich geerbt habe.

Nachdenklich machende Momente in dieser für mich damals noch „paradiesischen" Welt der leichten Unterhaltung. Eine Branche voller Spaß, Glanz, Ruhm und Verrücktheiten. Es sollen nicht die letzten Gedanken dieser Art sein. Ich weiß noch, wie dieser Spaziergang endete.

„Bleib bloß so, wie du bist und lass dich nicht verbiegen."

Das sagte ein damals 19-jähriger „Kamera-Assi" zu einer sechs Jahre älteren Alexandra.

Es sollte meine letzte Begegnung mit ihr gewesen sein.

Am 1. August 1969 kommt ein damaliger Freund und Mitarbeiter des Saarländischen Rundfunks zu mir und sagt ganz unterkühlt und nüchtern:

„Hast du schon gehört? Alexandra ist tot. Autounfall."

Ich kann das nicht glauben, aber in den Nachrichten gibt es die Bestätigung.

Auf dem Weg in den Urlaub nach Sylt wurde die junge Sängerin aus dem Leben gerissen. Ihre Mutter, die mit in dem Unfallauto saß, starb ebenfalls. Der Sohn Alexander überlebte.

Eine Nachricht, ein Moment, den ich nie vergessen werde. Das ist nicht real – das ist ein schlechter Scherz – das ist ein Schock. Ich bin traurig und fürchte eine kleine Ewigkeit lang, dass mein Vater das nicht verkraftet. Alexandra betrachtete er als „sein berufliches Lebenswerk” und ich weiß, dass er sie wie eine Tochter ins Herz geschlossen hatte.

Heute haben sich mein damaliger Eindruck, meine Gedanken über diese Frau und Künstlerin verfestigt, weil ich ähnliches, was ich damals zum ersten Mal durch die Situation von Alexandra mitbekommen hatte, im Laufe der Jahre immer wieder erlebt habe.

Ich glaube, dass diese sensible, selbstkritische Frau mit all ihrer festen und entschlossenen, aber manchmal auch fast dickköpfigen Lebenseinstellung, heute keine gute Zeit erleben könnte, wenn sie diesen Beruf überhaupt noch ausüben würde.

Wenn man sie weiter gedrängt hätte, ausschließlich kommerziell zu denken und zu handeln, ihr Repertoire den vermeintlichen Publikumswünschen oder dem zweifelhaften Geschmack von Managern und Plattenbossen anzupassen, oder wenn man von ihr noch intensiver verlangt hätte, Lieder zu singen, zu deren Inhalt sie nicht hundertprozentig stehen kann, dann hätte sie früher oder später aufgegeben – vermutlich alles hingeschmissen. Da bin ich mir sicher.

Sie war eine, die sich gewehrt hat. Sie wollte „ihr Ding” machen und sie wollte „ihre Lieder” liebhaben. Vom Lied „Mein Freund der Baum”, das sie selbst geschrieben hatte, weiß ich es - *siehe unten das Video.*

Mit dem Risiko, alles zu verlieren, wollte sie trotzdem ihre Gefühle ausdrücken und sich durchsetzen –

aus Überzeugung. Sie hat allen – auch den " Chefs" – ihre Meinung gesagt.

In meinen 55 Berufsjahren habe ich in manchen Situationen an sie gedacht, weil ihre Haltung mich beeindruckt hat. Heute bin ich mir sicher, dass sie mit diesem Mut, Rückgrat zu zeigen, häufig Tränen trocknen musste – und zwar ihre eigenen. Keine sentimentalen Tränen, sondern Tränen der Ohnmacht.

Sie hatte mit ihren selbst geschriebenen Liedern, die man ihr dann doch erlaubte, den Publikumsgeschmack getroffen. Die „Plattenfirmen-Sheriffs", die zunächst genau gewusst haben wollten, wo es langgeht, lenkten ein.

Ein erstes Mal erlebe ich, wie sich Fahnen mit dem Wind drehen. Alexandra hat gewonnen, wenn auch viel zu kurz.

Link: youtu.be/ZWOz6NcAVOk
„Mein Freund der Baum"
Regie: Truck Branss 1968

Nun sitzt sie irgendwo in sicherlich allerbester Gesellschaft, genießt kleine und große Abende im Kreis mit Hildegard Knef oder Grethe Weiser, Jacques Brel, Gilbert Bécaud und Udo Jürgens. Ich glaube, ihr geht es gut.

Was ist das Ziel in diesem Spiel,
das der Natur seit je gefiel?

Wie wird man Regisseur?

Immer und immer wieder höre ich bis heute diese Frage. Und nie kann ich sie wirklich befriedigend beantworten. Meine Standardantwort glaubt mir sowieso keiner. Das sehe ich in den staunenden Gesichtern, wenn ich sage:

„Es gibt keinen festgelegten Weg, den man sich einrichten kann, um dieses Ziel zu erreichen."

Aber die Antwort stimmt. Ich habe gerade mal zum Test bei Google dieselbe Frage eingegeben und das hier gefunden:

„Einen klassischen Ausbildungsweg zum Regisseur gibt es nicht. Die meisten Berufsanwärter schaffen aber den Einstieg über ein Regie-Studium an einer Hochschule oder arbeiten zunächst in der Regieassistenz."[3]

Das geht noch weiter und ehrlich gesagt, finde ich das, was ich da lese, jetzt im Jahr 2022 – nach immerhin 45 Jahren Arbeit als Regisseur – fast beschämend. Ich zitiere:

„Um Regie zu führen, braucht man keine besondere Ausbildung. Es gibt sehr viele Regisseure, die ohne entsprechendes Studium oder entsprechende Ausbildung erfolgreich geworden sind. Der Beruf des Regisseurs un-

terliegt keinem staatlichen Schutz oder irgendwelchen Regeln (im Gegensatz zu Ärzten, Anwälten usw.).“ [3]

Und das hier finde ich noch erstaunlicher:

„Viele junge Filmemacher und deren Eltern sind überzeugt, man müsse nur die richtige Filmschule auswählen. Zuerst die Aufnahmeprüfungen bestehen und die Ausbildung absolvieren. Dann kommt die Arbeit automatisch. Das ist falsch! Nicht nur darum, weil Regisseur werden kein Beruf ist. Filmregisseur ist eine Berufung.“ [4]

Wow – das ist mir in all den Jahren nie bewusst geworden, denn ich selbst habe mir (vielleicht zum Glück) diese Frage nicht ein einziges Mal gestellt. Ich habe das einfach gemacht. Ok – ich hatte also 45 jahrelang keinen Beruf (!), sondern war nur berufen dazu ...

Ok, es ging ja auch nicht ganz so schnell, aber trotzdem recht zügig.1974: Deutschland wird in München Fußballweltmeister und ich in Saarbrücken Regieassistent.

Die Möglichkeit bekomme ich, weil ich als Kameramann bei meinen Regisseuren manchmal durchblicken lasse, dass mich dieser Richtungswechsel reizen würde. Und einige von ihnen, die mich seit Jahren durch meine Kameraarbeit kennen, bestärken mich

3) Picmention Video & Filmproduktion GmbH © 2020
4) Quelle: Zachery Zelluloid – Er war in der Unterhaltungsindustrie tätig, schreibt unter einem Pseudonym, weil er weder vertragliche Schweigepflichten verletzen noch das wirtschaftliche Fortkommen der Berufsgattung „Anwalt" fördern oder Freunde brüskieren will. Sein richtiger Name ist der Redaktion bekannt.

sogar in diesem – noch gar nicht konkreten – „Richtungswechsel-Wunsch". Und wie schon 1966 beim Einstieg in die Branche habe ich ein zweites Mal Glück.

Zunächst bietet mir der arrivierte Show Regisseur Dieter Wendrich an, ihn als Assistent bei einigen seiner Produktionen zu begleiten. Ich nehme das gerne an. Und ich habe keinerlei Ängste, dass ich das nicht schaffen würde. Ich hatte ja in den acht Jahren als Kameramann in den Studios jede Menge Gelegenheiten zu beobachten, was meine „neue Aufgabe" sein wird. Nach ein paar Sendungen kam es dann Schlag auf Schlag.

Zunächst ist es Ekkehard Böhmer, der im internen Regisseurs-Ranking in Deutschland ganz klar Platz eins einnahm und der mich einige Male zu seinem „Assi" machte. Ein absoluter Fachmann, der seine Sendungen mit rauem Charme und klarer Sprache leitete. Da wurde es auch schon mal etwas lauter, wenn es im Team allzu locker zuging.

Regisseur Ewald Burike bietet mir ebenfalls die Chance an, bei ihm zu arbeiten. Ich bin ihm bis heute dankbar für dieses „Sprungbrett".

Ewald leitete zu dieser Zeit als ZDF-Regisseur die Formate

- „Jazz im ZDF",
- „ZDF-Liedercircus",
- „Das ist ihr Leben" und die
- „ZDF-Starparade".

Das waren – ohne Ausnahme – sehr erfolgreiche Produktionen. Reichlich Arbeit also für einen einzelnen Regisseur.

Das ZDF mit Hauptsitz in Mainz wird in den 70er Jahren eindeutig zum „Unterhaltungssender Nr. 1" in Deutschland.

Peter Alexander hat dort ebenso seine eigenen Shows wie Peter Frankenfeld oder Anneliese Rothenberger. Wim Thoelke flirtet mit seinem Köter Wum und seinem „dümmlich-niedlichen" Elefanten Wendelin und Hans Rosenthal „hüpft sich" vor lauter Freude durch gefühlte 1000 Folgen von „Dalli Dalli".

Und ich musste keinen besonderen Einstieg in meine neue Aufgabe vorbereiten, denn ich wurde ja auch schon häufig als Kameramann in genau diesen Sendungen eingesetzt.

Also Ärmel hoch! Ein neuer Schritt kann ja nicht schaden, dann bleibt das alles auch spannend.

Es gibt zu der Zeit aber auch Stimmen, die mich warnen:

„Du machst doch einen Schritt zurück. Als Kameramann bist du etabliert und hast ein sicheres Einkommen."

Stimmt – es arbeitet und lebt sich sehr angenehm. Aber das sind keine Kriterien, die mich auf Dauer glücklich machen würden. Ich bin einfach zu neugierig. (Da liegt ja auch das Wort „gierig" drin, aber es geht mir nicht ums Geld!).

Mir ist aber auch sehr klar: Mit diesem Schritt bin ich wieder Assistent oder, wenn man es positiv sieht, in einer neuen Ausbildungsphase.

Ich habe ab sofort mehr Arbeit mit den Sendungen und verdiene weniger Geld. Komisch eigentlich ...

Heute – gute 45 Jahre später – vermute ich, dass fast jeder zweite Kameramann mal mit der Idee flirtet, irgendwann mal Regie führen zu können, egal ob sie „Männlein" oder „Weiblein" sind. Und einige könnten das sicher auch. Glücklicherweise machen nicht alle davon Gebrauch.

Wenn ich ehrlich bin, muss ich zugeben: Ich wusste damals noch nicht, worauf es beim Regieführen wirklich ankommt.

Ich fühle mich aber sofort wohl in meinem neuen Bereich.

Ich wechsle ja auch nur den Platz im Abspann ...

Denkste. Mir wird sehr schnell klar, was ich alles nicht weiß.

Die Leidenschaft, mit der ich mich in diesem Metier bewege, ändert sich überhaupt nicht, denn: Ich bin jetzt nicht mehr einer von fünf oder mehr gleichgestellten Kameramännern, sondern der Regieassistent.

Und den Rest – die spontanen Glücksmomente, die wir alle, zum Beispiel nach einer gelungenen Live-Sendung, genießen -- muss ich ja auch als Assistent nicht vermissen.

Und die vielen kleinen Erlebnisse, die verrückten Momente mit der Musik und den Künstlern, werden auch nicht weniger. Ganz im Gegenteil. Es kommen immer neue Eindrücke - auch technisches „Know How" hinzu.

Genau genommen erlebe ich vieles was ich schon kannte wieder - allerdings von einer anderen Seite. Beispielsweise ist es mir als Kameramann ziemlich egal gewesen, ob ein Interpret synchron singt. Für mich an der Kamera waren mir nur die, oder besser gesagt, meine Bilder wichtig.

Diese „neue" Zeit bleibt mir aber auch als extrem spannend und turbulent in Erinnerung. Einige sehr skurrile Situationen vergesse ich nie mehr.

Während einer Live-Sendung der ZDF-*Starparade* liege ich tatsächlich dem spanischen Weltstar Julio Iglesias zu Füßen.

Nicht, weil ich ihn so verehren würde, sondern weil ich ihm auf Wunsch meines Regisseurs vier Texttafeln vor die Nase halten soll, auf denen er den für ihn schwierigen deutschen Text vom Lied „Kein Addio, kein Goodbye" ablesen kann.

Zusätzlich habe ich ihm noch einen kleinen Zettel auf die Treppe gelegt, auf dem auch noch Teile des „höchst anspruchsvollen Textes" stehen. Doppelte Sicherheit also. Die Kamera zeigt ihn meistens nah. Er sitzt betont lässig auf einer Treppe. Ich liege mit meinen Texttafeln, im Fernsehen natürlich nicht zu sehen und ungefähr zwei Meter entfernt, direkt unter der Kameraoptik vor seinen Füssen.

Es geht um diese Textpassage, die er sich einfach nicht merken kann:

Eines Tages siehst Du's ein
Und liebst mich von ganz allein.

Denn so einer bin ich nicht,
Der wenig hält und viel verspricht,
Da kannst du ganz sicher sein.

Ich würde mir sowas auch nicht merken können – oder wollen!

Link: https://youtu.be/qZRsFkXFppo

Julio Iglesias -
Kein Addio, kein Goodbye 1976

Wir werden übrigens auch immer wieder gefragt, warum die meisten Künstler in so vielen Musiksendungen nicht live singen, sondern nur zum Vollplayback-Versionen der Lieder ihre Lippen bewegen.

Backstage klärt auf ...

Der wahre Grund ist in den meisten Sendungen, dass wir bei den kurzen Probenzeiten niemals den Sound und die Mischung von Musik und Stimme so perfekt abliefern könnten, wie es die Künstler von ihren Original-Studio-Produktionen gewohnt sind. Die Probenzeiten sind heute extrem kurz. Viele Künstler sind auch sehr dankbar, dass sie das „technisch perfekte" Playback nutzen können. Aber es gibt auch Interpreten, die immer live zu einer fertigen Musik singen wollen. Das nennen wir dann Halbplayback. Und das ist das, was man auch anstreben sollte.

Ich finde live viel spannender, selbst wenn es nicht immer der Tonstudio-Qualität entspricht.

Der Regieassistent – was hat der noch für Aufgaben, außer verzweifelt festzustellen, dass ein Julio Iglesias seine Texttafeln ignoriert? Wie die Berufsbezeichnung schon sagt, ist er der „verlängerte Arm" des Regisseurs. Das ist ein bisschen wie in der Küche. Einer kocht und die anderen machen sauber oder helfen, damit das Essen gelingt.

Jeder Regisseur, den ich erleben durfte, ist in seiner Art anders. Keinen gibt es zweimal. Bei einigen von ihnen wird die Kreativität gefordert, bei anderen bin ich der „Mülleimer" für alles, was sich Mitarbeiter oder Künstler nicht trauen, dem Chef direkt zu sagen! Andere lassen deutlich erkennen, dass ich mich ausschließlich um administrative Dinge kümmern soll, und mich um Himmels Willen aus dem Denkprozess ihres anspruchsvollen Bereichs raushalten soll. Es ist allerdings kein Hindernis, wenn sich der „Assi" in Sprache und Umgang mit anderen Beteiligten einer Produktion dem Arbeitsstil seines Chefs annähern kann.

Sollte der Regisseur allerdings Choleriker sein, ist Anpassung nicht zwingend nötig! Manchmal ist man als „Assi" auch das „Sprachrohr" seines Chefs, der sich damit so manch eine unangenehme Situation bequem vom Hals schaffen kann.

„Geh doch mal in die Garderobe, Pit, und sage dem Carpendale, er soll nicht auch noch in schwarzen Klamotten kommen – wir sind doch keine Trauerveranstaltung."

Da kann es schon passieren, dass „Howie" antwortet:

„Sag das doch dem Kaiser oder dem Maffay – die tragen doch auch alle schwarz."

Die „Arschkarte" habe ich öfter gezogen, aber ich habe das dann auf meine Art und mit übertriebener „Charme-Offensive" versucht zu lösen. Ist manchmal ganz gut gelungen ...

Der „Assi" des Regisseurs ist heute eher ein Organisator, der als eine Art Libero auf alles achtet. Er versucht, dass Proben, Sendungen oder Aufzeichnungen auch tatsächlich so ablaufen, wie es vorgesehen ist. Die heutigen „Assis" arbeiten enger mit der Produktion und den Aufnahmeleitern zusammen und dann natürlich auch mit ihrem Regisseur.

Vielleicht hatte ich das damals schon geahnt, denn immer häufiger schiele ich bei Liveshows rüber zu den „ehemaligen Kamerakollegen", die konzentriert ihre Arbeit machen. Was war das doch für ein schöner Job – Kameramann. Vielleicht sollte ich zurück ... Nein.

Der Zufall und die immer zahlreicher werdenden Shows – nicht nur im ZDF – wollen aber, dass ich in meinem Kopf schon wieder einen Wechsel in einen anderen Aufgabenbereich beschließe.

Wie schon Jahre zuvor schleicht er sich wieder an: Der Wunsch selbst Regie zu führen. Und schon wieder ist da jemand im richtigen Moment am richtigen Ort.

Der ZDF-Redakteur Reinhard Knieper, verantwortlich u.a. für das Format „Jazz im ZDF" findet meinen

Wunsch nicht schlecht und gibt mir 1977 – ich bin gerade mal 28 Jahre alt – die Chance, meine erste Regie zu führen.

Ich spüre Vertrauen und ergreife – angstfrei –

meine nächste Chance.

„Regie Pit Weyrich" – das klingt ja nicht schlecht

Thad Jones & Mel Lewis, zwei absolute Jazz-Weltstars, geben ein Konzert im Münchner Domicile.

Das war das - in der Jazz-Szene international anerkannte - Jazzlokal auf der Leopoldstraße. Von 1965 bis 1981 waren in dem kleinen Theater die größten Jazz-Legenden zu Gast. Und an solch einem Ort erlebe ich 1977 meine Regie-Premiere.

Ich darf dieses Konzert mit der Bigband zum ersten Mal verantwortlich fürs ZDF in Fernsehbilder umsetzen. Ein wunderbares Erlebnis!

Es fühlte sich ein bisschen so an wie der erste Schultag.

Mit jeder Menge Vorfreude und skeptischen Gedanken, was das mit einem so machen wird, bin ich aufgeregt nach München gefahren. Ein neues Terrain, eine neue Verantwortung. Elf Jahre hatte ich bis dahin Fernseherfahrung gemacht, aber es fühlte sich alles komplett neu an.

Am meisten habe ich mich zunächst mal darüber gefreut, dass mich alle Mitarbeiter – und besonders meine „ehemaligen" Kamera-Kollegen – vom ersten

Moment an mit Herzlichkeit und totaler Akzeptanz in meiner neuen Rolle empfangen haben. Das ist nicht immer so und keineswegs selbstverständlich.

Der Startschuss war gefallen. Vom ersten Tag an fühlte ich:

Das ist nun wirklich mein Ding!

Und dann ging es Schlag auf Schlag. Ich hatte unglaublich viel Energie, weil mir alles Spaß machte. Das „Bildermachen" war ja nicht neu für mich.

Auch die Musik nahm immer schon eine große Bedeutung in meinem Leben ein. Einfach beides zusammenwerfen und fertig ist der Regisseur! Tja, wenn das so einfach wäre ...

Da sind ja schließlich noch die vielen Menschen hinter und vor den Kameras. Die erwarten einen Regisseur, der weiß, was er will. Der mit klarer Sprache allen – fachlich kompetent – erklären kann, wie die Sendung auszusehen hat. Heute staune ich darüber, wie ich das einfach so gemacht habe. Ich war damals erst Ende 20 und musste bei Sendungen – wie zum Beispiel ein Jahr später beim ZDF-Liedercircus – eben nicht nur fertige Konzerte abfilmen.

Trotzdem lag plötzlich eine andere Verantwortung in meiner Arbeit. Von einem Tag auf den anderen machten alle Mitarbeiter das, was ich mir von ihnen vorher gewünscht hatte. Auch das, was nicht unbedingt richtig war.

Aber es kann auch nicht so verkehrt gewesen sein, denn nach der gelungenen Premiere im Jazzkeller hatte das ZDF einen weiteren Regisseur. Und sie schenkten mir noch im gleichen Jahr 1977 eine neue Herausforderung. Sie heißt:

ZDF-Liedercircus.

Diese anspruchsvolle Musikshow mit den weiblichen und männlichen Liedermachern, den „Chansonniers" aus aller Welt, verlangte besonders einfühlsamen Umgang – insbesondere mit den sensiblen Künstlern, die schon in vielen anderen Ländern von anderen Regisseuren „bedient" wurden.

Mir war es erstaunlich egal, ob zum Beispiel eine Juliette Gréco, die wunderbare Dalida oder der österreichische Burgschauspieler Michael Heltau, der diese Sendungen moderierte, plötzlich vor mir standen, und auf meine Regievorschläge reagieren sollten.

Mir ist nicht sofort bewusst geworden, dass sie ja alle jahrelange Bühnen- und Fernseherfahrung hatten. Und ich stand doch noch ganz am Anfang!

Es fühlte sich schon komisch an, als „Frischling" den Ton angeben zu müssen – na, ich korrigiere mich ... zu dürfen!

Natürlich zahlte es sich jetzt aus, dass ich Jahre zuvor in meiner „Kameramann-Zeit" die anderen Show-Regisseure und auch solche großartigen Künstler bei ihrer Arbeit erleben konnte. Das war ja quasi eine weitere Ausbildung oder Lehrzeit parallele zur Ausübung des Berufs als Kameramann gewesen. Ich habe also auch das Handwerk „Regie" nicht an irgendeiner Akademie gelernt, sondern konnte mir zehn Jahre lang an den unterschiedlichsten Drehorten und Studios als Kameramann und Regieassistent bei anderen abgucken, wie es geht.

Das ist nicht der schlechteste Weg gewesen – jedenfalls nicht zur damaligen Zeit in den 60er und 70er Jahren.

Trotzdem kann man Selbstbewusstsein nicht wirklich erlernen. Aber das ist eigentlich DIE Grundvoraussetzung für das Regieführen.

Ich erinnere mich ganz genau, dass ich als Regisseur von Beginn an immer um einen eigenen Arbeitsstil gekämpft habe. Die einzelnen Sendungen, für die ich die Verantwortung bekam, sollten gefälligst so aussehen, wie ich es mir vorgestellt habe! Und vielleicht habe ich ja auch zufällig einen vernünftigen und richtigen Umgangston mit Team und Künstlern getroffen.

Genügend Negativbeispiele konnte ich ja auch nicht komplett vergessen haben.

„Das müsste doch alles auch mit respektvollem Umgang funktionieren", hatte ich mir oft gedacht. Das Glück blieb mir treu.

Meine Art mit Menschen umzugehen, gemischt mit künstlerischen Ideen und 'ner Portion Sturheit, alles was in meinem Kopf entstand, auch durchzusetzen, mögen Gründe dafür gewesen sein, warum sich das sehr leicht angefühlt hat.

Und dann kam glücklicherweise auch noch etwas Entscheidendes dazu, auf das ich am Anfang überhaupt keinen Einfluss hatte. Ich wurde von verantwortlichen

Redakteuren und Producern als Regisseur eingesetzt, die hinter mir standen und die mir auch deutlich gezeigt haben, dass sie meine Vorstellungen voll unterstützen. Das ist so wichtig und heute leider sehr (!) selten geworden.

Das ist ein bisschen wie im Fußball:

Der Verein kauft einen Trainer ein, dem man das Vertrauen schenkt und mit dem man Siege feiern will. Der wiederum gibt seine Vorstellungen an seine Spieler weiter, die das umsetzen, was er sich ausdenkt. Wenn er respektiert wird, hat er leichtes Spiel.

Der Sender mit seinen Redakteuren sucht sich einen Regisseur, von dem man sich erfolgreiche Sendungen erhofft.

Seine „Spieler" sind die Kameraleute, die Techniker, die Licht- und Tonkollegen und die vielen Menschen hinter den Kulissen. Und wenn Trainer oder Regisseur ihre „Mannschaft" nicht erreichen, dann wird das nichts mit dem Erfolg! Klingt einfach, oder? Aber so einfach ist das auch!

Aber in meinem Fall passte noch etwas perfekt: Das Image der Sendungen, bei denen ich dann Regie führen durfte, war überdurchschnittlich hoch:

- Jazz im ZDF,
- Chansons im „Liedercircus",
- Talks in „Das ist ihr Leben" und
- Spiel in „1, 2 oder 3".

Das waren alles Sendungen, die man unter „gehobenes Niveau" einordnete und mit denen sogar die Kritiker respektvoll umgingen. Ein unbezahlbarer Vorteil – und quasi eine „carte blanche" – für mich.

Ich stehe kerzengerade mitten in der Fernsehlandschaft, freue mich über jede Anfrage von Produzenten oder Fernsehsendern und merke, dass sich das alles richtig anfühlt. Ich erinnere mich heute sehr gerne an diese intensive Zeit voller Herausforderungen und an viele Sprünge ins manchmal sehr kalte Wasser.

Und ganz wichtig war für mich immer die Leichtigkeit und der Humor.

Wir bauen keine Flugzeuge und forschen nicht nach Impfstoffen, die Leben retten. Wir operieren nicht an offenen Herzen. Wir unterhalten nur und das möglichst handwerklich gut. Und bei den Unterhaltern gilt:

Lachen ist nicht verboten!

Otto – find ich gut

Überraschend war für mich, dass die Wasser, in die ich springen musste, nur im ersten Moment wirklich kalt waren. Kaum war ich gesprungen, fühlte es sich angenehm – ja sogar vertraut – an.

Wie unterschiedlich die damaligen Regieaufgaben waren, zeigt dieses unvergessliche Beispiel:

„Pit, hast Du Lust die nächste Otto-Show zu machen?"

Was für eine Frage! Nie habe ich schneller „ja" gesagt als damals im Jahr 1983.

Nun treffe ich also auf eine Persönlichkeit, die sich auf anderem Parkett bewegt. Und ihn kennt wirklich jedes Kind. Es ist Otto. Und diesen Otto kennt jeder. Komiker – Musiker – Comiczeichner – und Regisseur! Drei Monate älter als ich – geboren in Emden. Otto Waalkes.

Ist er tatsächlich der ewig gutgelaunte Lausbub? Ein Typ, der nur Blödsinn im Kopf hat? Ich erfahre sehr schnell, was eine seiner großen Begabungen ist: Nichts – aber auch wirklich gar nichts – ernst zu nehmen außer seine eigene Arbeit!

Warum kann man das nicht einfach so stehen lassen? Wieso vermutet man bei solchen Menschen wie

Otto ein zweites „Ich" ? Der ist doch bestimmt höchst sensibel, empfindlich, verletzbar. Na klar, so sind doch die meisten Künstler. Aber wenn man an Comedians denkt, die andere so wunderbar unterhalten und zum Lachen bringen können, dann vermutet man doch, dass da noch etwas sein muss. Eine „andere Seite" also. Irgendwas, was überhaupt nicht zu dem passt, was er auf der Bühne macht.

Kein Mensch kann ununterbrochen „lustig" sein.

Wie viele Geschichten und Lieder gibt es über „Clowns", hinter deren Maske sich ernste oder gar traurige, depressive Schicksale verbergen sollen. Sicher gibt es die auch wirklich.

Ich habe genau diese Gedanken gehabt, bevor ich Otto das erste Mal traf. Otto selbst würde sich jetzt totlachen, wenn ich ihn auch nur annähernd in diese Problemkategorie einordnen würde. Tu ich aber nicht. Denn alles, was ich mit Otto erlebt habe, ist zwar lange her, aber in der Erinnerung trotzdem immer noch sehr amüsant.

Beeindruckt und ein bisschen überrascht hat mich seine unglaubliche Professionalität – sowohl auf der Bühne als auch davor oder dahinter. Ich erzähle jetzt auch gleich von zwei Ottos, denn es gibt in seinem Umfeld tatsächlich noch einen Otto. Seinen Freund und Manager Hans Otto Mertens kann man nicht unerwähnt lassen, wenn man mit Otto Waalkes zu tun hat.

Das geht 1983 schon damit los, dass Hans Otto mich zunächst anruft, bevor ich mit Otto Waalkes nach Siegen zur ZDF-Produktion fahre. Das ist kein normales Gespräch. Das ist eher ein Interview ohne Kameras. Er will wissen, wie ich so arbeite und ob ich als Regisseur auch Wünsche und Vorschläge akzeptieren kann. Schnell merke ich, dass nicht Hans Otto wissen will, wie ich ticke, sondern dass es sein „Chef" – der andere Otto – ist, der ihn „geschickt" hat.

„Weißt Du, Otto hat viele Ideen und will die auch direkt verwirklichen – er bringt sich eben gerne mit ein ...", schickt Hans Otto fast entschuldigend hinterher. Dieses „er bringt sich gerne mit ein" ist für mich eine freundliche, aber höchst verdächtige Formulierung für etwas anderes. Ich denke spontan: „Der braucht doch keinen Regisseur – das macht er doch locker selber. Aber der Reihe nach.

Ich versichere Hans Otto glaubwürdig, dass ich überhaupt kein Problem damit habe, Vorschläge von Otto anzunehmen und auf seine Wünsche einzugehen. Immerhin ist sein Bühnenprogramm ja auch allein von ihm konzipiert worden.

Mein Prinzip als Regisseur ist: Zunächst mal bin ich „Dienstleister", wenn ich Dinge fürs Fernsehen umsetze, die ansonsten komplett vom jeweiligen Protagonisten entworfen und gestaltet werden. Jeder Künstler auf der Bühne hält dann auch noch zusätzlich seinen eigenen Kopf hin, wenn er sein Stück präsentiert. Klar, wenn er dabei auch zu 100 Prozent sein Ding durchziehen will. Weil nicht alle Regisseure das so akzeptieren, sind viele Künstler skeptisch gegenüber diesen „Fernsehleuten".

Ich reise also gespannt nach Siegen und treffe mich mit Otto und Hans Otto direkt auf der Bühne der Siegerlandhalle zur Lagebesprechung.

„Du bist also der große Pit Weyrich, den ganz Deutschland kennt", werde ich zur Begrüßung von Otto verarscht. Ich kontere: *„Dann musst Du der Otto sein, der in ganz Deutschland gekannt werden möchte ..."*

Mit diesem Satz war das Eis gebrochen. Ich gebe aber zu, dass ich mich selbst über den spontanen Konter erschrocken habe.

Otto erzählt mir dann sofort – gestenreich in ungefähr drei Minuten – sein gesamtes Programm. Er rennt dabei auf der noch leeren Bühne hin und her, als würde das bereits alles aufgezeichnet werden. Ganz genau so, wie man Otto halt so kennt. Ich überlege kurz, wie ich die nächsten zwei Tage nervlich überleben soll, da taucht schon das erste Problem auf.

Bei seiner eindrucksvollen Demonstration eines Programmteils, in dem er später mit einer Primaballerina ein Pas de deux tanzen will, rutscht Otto auf dem Parkettboden der Bühne aus. Er wollte den Tanz der Primaballerina beschreiben, die eine Szene aus Schwanensee schön und graziös tanzen soll. Dann erscheint Otto als Tanzpartner, der alles „versaut".

Jede Bewegung von Otto ist dabei absichtlich übertrieben, ungeschickt und verkehrt. Die verunsicherte Ballerina, die Otto bei dieser ersten Vorführung gleich selbst mitspielt, macht ihre Sache perfekt, aber nichts geht da zusammen. Diese Demonstration ist sehr witzig und ich denke: „Wozu braucht der noch die Ballerina?"

„Scheiße, die Bühne ist viel zu glatt", schimpft Otto. *„Das müssen wir abschleifen lassen"*, und hängt – typisch Otto – ganz beiläufig noch dran: *„Hat Pit auch gesagt ..."*

Ich erinnere mich genau: Ich hatte noch nicht mal mit dem Kopf genickt! Ich kapiere die Sprache der „Doppel-Ottos" sehr schnell. Die sind eingespielt! Die sind ein Team. Hans Otto ahnt indes aber Schlimmes:

„Otto sei vernünftig", und schickt mit vorwurfsvollem Blick in meine Richtung hinterher: " *Wir können doch nicht diese ganze Bühne abschleifen lassen. Die schicken uns 'ne wahnsinnige Rechnung. Das ist Parkett."*

„Höchstens Laminat", ergänzt Otto. Und dann weiter mit einem schelmischen Engelsgesicht:

„Das ist mir egal. Wenn ich auf die Schnauze fliege ist das ja noch gut, aber die Tänzerin doch nicht! Die tanzt auf Spitze! Hol mal einer 'ne Cola – nein, besser gleich 'nen ganzen Kasten." Das geht Otto alles zu langsam. Er rennt raus. Ich habe keine Ahnung, was Otto vorhat, aber Hans Otto schöpft Verdacht: *„Pit, das müssen wir verhindern. Bitte hilf mir."*

Sekunden später weiß ich, was wir hätten verhindern sollen, denn Otto kommt mit zwei Flaschen Cola zurück und gießt eine der beiden Flaschen vor unseren Augen auf den ganzen Stolz der Siegerlandhalle –

den Parkettboden. Schön gleichmäßig und gut verteilt. Hans Otto grinst, aber ich sehe ihm seine Unruhe an.

Ich stehe zwischen Otto, Hans Otto und ein paar seiner Mitarbeiter auf der Bühne.

„Otto 1" grinst zufrieden: *„Siehst du? Alles ok, alter Trick aus meiner Zeit beim Ballett ... Die Bühne ist jetzt schön stumpf. Und wenn die stänkern, frag doch mal, was die Halle kostet. Glaubst du, dass die viel wollen für die Bude?"*

Ich befinde mich im Zustand des „Schock-Staunens" und lache mich innerlich kaputt. Das ist alles urkomisch. Und alles, wirklich alles könnte man senden – mit größtem Erfolg! Live und ungeschnitten. Denn dieser Otto ist immer Otto – 25 Stunden am Tag.

Es soll nicht das Einzige bleiben, was Otto an dem Tag „kaufen will".

Ich merke mir den „Cola-Trick" und versuche ihn im Laufe der nächsten Jahre immer mal wieder vorzuschlagen, wenn's irgendwo rutschig wird. Immer mit dem Zusatz:

„Das kenne ich aus meiner Zeit beim Ballett."

Mit dem dezenten Unterschied: Mir glaubt das keiner!

Jetzt aber freue ich mich auf die Otto-Show, denn ich merke: Da sind Menschen bei der Arbeit, vor denen ich großen Respekt habe. Locker, humorvoll, aber mit unglaublicher Präzision wird jede Szene geprobt und später vor einem Live-Publikum aufgezeichnet. Künstler, Management und ZDF-Regisseur – wir verstehen uns blendend. Seine Sorge, ob ich denn auch Vorschläge für die Umsetzung seines Programms annehmen würde, erweist sich als unbegründet. Es ist sogar manchmal umgekehrt. Er findet die beiden Vorschläge, die ich ihm machen darf, sehr schön und baut einen davon in sein neues Opening ein. Der Rest des Zweistundenprogramms, also ungefähr 118 Minuten – inklusive des Konzepts für die komplette optische Umsetzung –, ist allein von ihm, von Otto Waalkes.

Am ersten Abend gibt es ein gemeinsames Abendessen beim Italiener. Ich erlebe zum ersten Mal live, mit welchen – nicht immer angenehmen – Begleiterscheinungen das Privatleben eines so bekannten Komikers so abläuft. In der hintersten Ecke des Lokals spüren andere Gäste des Lokals den Komiker auf.

Sekunden vergehen und schon stehen sie neben unserem Tisch: *„Ey Otto, komm doch mal kurz rüber an unseren Tisch."* Mir schießt es durch den Kopf, ob zu diesem Otto wohl schon jemals einer „Herr Waalkes" gesagt hat oder ihm wenigstens ein respektvolles „Sie" entgegengebracht hat? Vermutlich nicht! Er ist er immer der Kumpel – der Otto.

„Darf ich nicht", sagt Otto ernst. *" Das erlaubt mein Manager nicht. Der sitzt dahinten."* Damit wimmelt man einen Otto-Fan aber nicht ab. Ich höre, wie die zwei Jungs nun mit Hans Otto verhandeln wollen und gehen zu ihm rüber. Es sei doch nur für zwei Minuten und er solle doch bloß einen kleinen Witz erzählen.

„Wir sind extra aus Bonn gekommen. Das glaubt uns keiner zu Hause."

Nun greift das perfekte Zusammenspiel zweier langjähriger Kumpels in vollem Umfang. Hans Otto zu den Aufdringlichen:

„Also Männer, ich kann Otto doch nichts vorschreiben. Da müsst ihr ihn schon selbst fragen. Der schmeißt mich raus, wenn ich ihn dazu überreden will."

Die zwei merken nichts, beraten sich kurz und kehren für einen neuen Anlauf zum Tisch des „Original-Ottos" zurück. Nur ist der nicht mehr da. Es ist niemandem aufgefallen – Otto ist weg. Ich finde das genial und amüsiere mich köstlich.

Ungefähr 10 Minuten später kommt Hans Otto an meinen Tisch: *„Hast Du 'ne Ahnung, wo Otto ist?"*

Ich erinnere mich ganz genau an meine Antwort: *„Nee, ich dachte, das ist so ein Trick von Euch, aufdringliche Fans abzuschütteln."* Hans Otto beginnt sich Sorgen zu machen. 15 Minuten später kommt ein Roadie von Ottos Crew ins Lokal und erzählt laut folgende Story:

„Stellt Euch vor: Otto steht bei so einer Imbissbude neben der Halle. Er isst Currywurst und hat viel Spaß mit dem Besitzer. Die spielen Karten an einem Stehtisch. Sieht aus wie Poker ... Ich glaube, der kauft dem heute noch den kompletten Wagen mit allen Würsten ab."

Hans Otto ist aufgestanden, fragt hektisch, wo diese Imbissbude stehe, und rennt aus dem Lokal. Es wird nicht das erste Mal gewesen sein, dass Hans Otto kleine oder größere Katastrophen seines Künstlers Otto verhindern musste. Leider habe ich nie erfahren, wem dieser Imbisswagen am nächsten Tag gehört hat. Aber ich habe gemerkt, dass das „Otto-Sein" noch anstrengender sein kann als das Franz-Beckenbauer- oder Thomas-Gottschalk-Sein.

Promis dieser Kategorie sind „Freiwild" für die Menschen, von denen sie verehrt werden. Jedenfalls glauben viele, das Recht zu haben, ihre Stars als solches zu sehen.

Unsere ... Sorry ... Seine Show läuft perfekt ab. Die Siegener sind begeistert und unsere Produktion kann man heute noch als Video kaufen. Ein paar Klassiker von Ottos Programm sind damals absolute Premiere. Wie gut diese Späße sind, zeigt deren Unvergänglichkeit. Heute wie damals amüsiert man sich unverändert darüber.

Ein paar Jahre später treffe ich Otto auf dem Flughafen in Frankfurt wieder. Er fragt mich (!), ob ich mich noch an die Zusammenarbeit in Siegen erinnern könne. Klar kann ich das!

Aber ich wundere mich, dass er sich an mich erinnert. Er erzählt mir auf den 200 Metern Fußweg vom Abfluggate A1 bis A 8 den kompletten Inhalt seines neu geplanten Kinofilms. Er weiß auch schon, dass in der Mitte des Filmes ein Kamerakran an einem Leuchtturm hochfahren wird. *„Schade, dass Du nicht mitmachst"*, lacht er mir zu, während er in der Fluggastbrücke verschwindet. Ich höre noch, wie er zum Bodenpersonal sagt:

„Ist der Pilot schon da – und ist er nüchtern? Ich kann zur Not auch selbst fliegen ..."

Ich werde diese Produktion nie mehr vergessen, denn ich weiß diese Lockerheit, gepaart mit Humor, sehr zu schätzen, insbesondere wenn dies alles noch mit Disziplin und einem unermüdlichem Arbeitseinsatz verbunden ist. Eine sehr gute Mischung. Die Erfolge des Otto Waalkes sprechen für sich. Und so etwas beeindruckt mich schon sehr und einiges davon bleibt dann zwangsläufig auch bei mir hängen.

Ach so, ja – hätte es fast vergessen ... Im Abspann dieses Specials von und mit Otto stand unter anderem: Regie: Pit Weyrich. Das bezieht sich in diesem Fall aber wirklich auf die reine Bildregie, also die Gestaltung der fertigen Bühnenshow, die selbstverständlich Ottos „alleiniges Werk" war und heute noch ist. Er ist wirklich einmalig! Und es bleibt dabei:

Otto – find ich gut ...

Link: https://youtu.be/hoT0SWPzgzI

Hilfe, Otto kommt – 1983

Es gibt für mich aber auch die „andere Regie", bei der von mir die komplette Inszenierung erwartet wird – inklusive selbst geschriebenem Drehbuch. Das ist nicht zwangsläufig eine Art „Mehr-Wert-Regiearbeit", aber die Verantwortung ist natürlich größer. Wenn man dann noch das Ganze selbst produziert, dann ist man komplett schuld – an Erfolg oder Misserfolg.

Auch das durfte ich erleben. Und es war ein grandioses Erlebnis mit einer der erfolgreichsten Musikgruppen der frühen 80er Jahre: Mit Boney M. und mit ihrem „verrückt-genialen" Produzenten Frank Farian. Und wir „drehen" auf Jamaika sogar auch

am James Bond-Motiv.

Helikopter ohne Türen

1983 – ich lebe in Saarbrücken und reise von dort wirklich in „alle Welt", um mit „ein paar Minuten TV-Unterhaltung" wieder nach Hause zu kommen.

Ich bin nach wie vor freiberuflich unterwegs, also angewiesen auf stabile Gesundheit und das Wohlwollen der Menschen, die mich als Regisseur haben wollen. Ich reise gerne und fühle mich nirgendwo fremd. Ehrlich gesagt, mache ich mir kaum Gedanken über das, was neben dem turbulentem Berufsalltag noch so alles im Leben passiert. Dafür ist irgendwie kein Platz. Trotzdem wehre ich mich energisch, wenn man mich als „Workaholic" bezeichnet.

Logisch, denn „mein zu Hause ist meine Arbeit", die ich eher als Hobby ansehe. Und ich sage das heute, weil ich das in der ganzen Zeit nie anders empfunden habe.

Die verrücktesten Dreharbeiten meiner Fernsehlaufbahn sollten an einer Location (früher nannte man das noch Motiv) stattfinden, an der man normalerweise als Urlauber mit Sonne und Traumstränden verwöhnt wird. Und das kam so:

Ich erinnere mich an den Anruf von Frank Farian – Gründer und Produzent der Gruppe Boney M. – im Februar 1981.

„Hallo Pit – ich will mit Boney M. mein neues Album verfilmen. Jedes Lied einzeln. Der Drehort wird Dir gefallen – wir drehen auf Jamaika. Machst Du mit?"

Mir schießt augenblicklich mal wieder pures Adrenalin durch den Körper. Trotzdem reagiere ich unnatürlich cool: *„Klar Frank – kann ich mir vorstellen"*, antworte ich am Telefon und merke, ich habe einen erhöhten Puls. Fast beiläufig fügt er hinzu, dass er sich mit dem ZDF schon einig ist:

„Die sind einverstanden, dass wir das gemeinsam machen und kündigen großzügig an, sie wollen dieses Werk dann auch senden. Kann ich auf Dich zählen?"

Klar mache ich mit! Ich wäre ja vollkommen bekloppt, wenn ich nicht sofort „ja" sagen würde. Da Frank Farian auch zu den Menschen gehört, die am liebsten alles selbst machen, hat er sich für dieses Projekt keinen etablierten Produzenten ausgesucht, der ihm dann vorschreibt, wie der Film gedreht wird, sondern mich. Produzent, Regisseur und Autor in Personalunion. Pit ist nett. Pit ist musikalisch. Ich verabrede mich zu einem ersten Gespräch und zum Anhören der noch nicht fertigen Musiktitel, um die es gehen soll in seinem Studio im kleinen saarländischen Ort Spiesen-Elversberg.

Ich brauche 20 Minuten von Saarbrücken, dann stehe ich neben einem BMW vor seinem Studio. „M 1" lese ich beiläufig am Heck des Autos.

Hier in diesem Studio im Saarland sind alle Hits entstanden, die es in die Charts der ganzen Welt geschafft haben:

Rivers of Babylon, Ma Baker, Daddy Cool, Sunny, Brown Girl in the Ring, El Lute und viele mehr.

Frank hatte die Mitglieder der Gruppe einzeln nacheinander verpflichtet. 1976 machte er aus drei Damen und einem Mann eine Gruppe und nannte sie *Boney M.*

Alles, was er mit ihnen produzierte, wurde erfolgreich.

Liz Mitchell, Marcia Barrett, Miazie Williams, und Bobby Farell – das sind *Boney M.*

Frank begrüßt mich im Mantel: *„Kommst Du mit, Pit? Ich habe das Auto heute Mittag erst bekommen – will mal 'ne Runde drehen. 250 PS – Wahnsinns-Karre! Ich erzähle Dir unterwegs, was ich vorhabe!"*

Ich war schon als Kind ängstlich, wenn ich im Opel meines Vaters saß und wir mit 130 km/h in drei Tagen von Hamburg an den Gardasee in den Urlaub gefahren sind.

„Klar, ich komm mit, aber fahr nicht so schnell, Frank." Er lächelt mich an: *„Nicht schnell – geht nicht."*

Ich mach's kurz. Wir fahren moderat bis zur A 6 nach St. Ingbert. Dann aber zeigen Frank und sein „Baby" auf der Autobahn, was sie können. Ich habe Angst und schaue besser nicht auf den Tacho. Aber ich sehe trotzdem, dass die Nadel bei knapp 200 km/h ist. Wir überholen auch einen Wagen der Straßenwacht mit „gelbem Blaulicht". (Gibt es sowas?) Ach Blödsinn! Wir überholen nicht – wir fliegen an ihm vorbei.

Frank geht erschrocken – aber für mich sehr erleichternd – vom Gas: *„Pit, dreh Dich mal um. Kann* *es sein, dass das ein Streuwagen war?" „Sieht so aus, Frank"*, sage ich. *„Oh, dann haben die Recht gehabt. Es soll nämlich glatt werden heute Nacht"*, meint Frank.

Wir fahren „vorsichtig" mit 130 km/h (genau wie mein Vater damals mit dem Opel) zurück in sein Studio. Wenn ich heute daran zurückdenke, wird mir bewusst, was ich alles verpasst hätte von 1981 bis heute. Ein halbes Leben gespickt mit tollen Erlebnissen!

Auf der Fahrt erzählt mir Frank fast nebenbei, was er mit seiner neuen Musik und *Boney M.* vorhat:

„Wir drehen 13 schöne „Bilder" mit den neuen Songs. Jedes Lied an einem anderen Motiv auf der Karibikinsel. Am Schluss geben Boney M. dann als Stargäste eines Musikfestivals ein Konzert im Stadion von Montego Bay." „Wow, klingt verdammt gut", denke ich.

Jamaika spielt seit Gründung der Gruppe *Boney M.* für Frank eine zentrale Rolle. Hier sind nicht nur die Sängerinnen Marcia und Liz geboren. Hier hat sich der clevere Farian musikalische „Traditionals" des Landes „ausgeliehen" und sie mit seiner Bearbeitung und seiner „musikalischen Handschrift" zu Welterfolgen gemacht:

„Rivers of Babylon" – quasi Volksmusik aus Jamaika mit Textpassagen aus dem Alten Testament.

„Brown Girl in the Ring" – das singen einheimische Kinder in Jamaikas Schulen zwischen Kingston und Montego Bay.

Zu Welterfolgen werden sie aber erst durch die modernen Arrangements von Frank und die bemerkenswert fröhlichen Auftritte der Gruppe.

Unsere Dreharbeiten sollen schon im kommenden August starten. Deswegen drängelt Frank schon bei diesem ersten Treffen: *„Kannst Du mal sagen, was das alles kostet?"*

Was soll man darauf antworten? In dieser Zeit, in der Musikvideos total „in" sind, höre ich diese „naive" Frage oft:

„Was kostet ein Video?"

Man muss sich mal vorstellen, was ein Autoverkäufer antwortet, wenn man ihn fragt: *„Was kostet ein Auto?"* Die Antwort kann ja nur sein: *„Es kommt drauf an. Was soll es denn kosten?"* Also frage ich Frank auch: *„Was soll es denn kosten?"*

Er ist Profi und merkt natürlich sofort, dass ich spontan von diesem geplanten Projekt begeistert bin. Wir kennen uns durch viele Begegnungen bei Fernsehsendungen, in denen er mit *Boney M.* zu Gast war. Fast alle großen Hits hatte ich bereits in TV-Shows als Regisseur mit großer Begeisterung umgesetzt.

Ich kenne Frank aber auch als ungeduldigen Mann, dem nichts schnell genug geht, und der generell das durchsetzt, was er sich vorstellt. Andererseits ist er für alles Außergewöhnliche, Unkonventionelle aufgeschlossen. Er weiß auch (und das ist wirklich sehr angenehm): Qualität hat ihren Preis. Eine Tatsache, die leider auch schon damals von vielen Auftraggebern ignoriert wurde. Also verabrede ich mit ihm eine normale Reihenfolge. Ich schreibe ein Konzept.

Wenn's ihm dann gefällt, rechne ich aus, was die Realisation in etwa kosten wird. Er ist einverstanden und fügt – typisch Frank – hinzu: *„Das muss aber alles schnell gehen. Ich muss die Reisen planen."*

Meine Vorfreude auf diese Arbeit hat ganz besonders mit den vier Menschen zu tun, die allen als *Boney M.* bekannt sind. Egal wo, es ist immer eine Freude gewesen, mit ihnen zu arbeiten. Sie sind (fast) immer gut gelaunt, humorvoll und extrem präsent auf dem Bildschirm. Ihre Performance ist international. Die Frauen sehen wunderbar aus und präsentieren die verrücktesten Kostüme wie Supermodels. Dazu kommen Bobby Farells Bühnentänze, die sogar Mitglieder eines Fernsehballetts ins Staunen versetzen. Dankbar für jeden Show-Regisseur, denn alles, was sich da vor der Kamera perfekt bewegt, ist schon mal mehr als in Ordnung. Da fehlt dann nur noch unser Teil der Arbeit: Die Umsetzung.

Wolfgang Penk – Unterhaltungschef des ZDF – freut sich, dass ich das Projekt realisieren möchte, bittet mich aber gleichzeitig im Interesse des Senders um eine besondere Umsetzung: *„Bitte lass Dir irgendwas einfallen, Pit. Ich brauche keine Werbesendung für die neue Platte von Boney M. Die Zuschauer wollen auch die älteren bekannten Hits der Gruppe sehen und nicht nur zwölf neue Songs, die noch kein Mensch kennt. Ansonsten wünsche ich Euch viel Glück. Aber denk dran – keine Video-Clip Show!"* Ich lege auf.

Ja, damals hat man noch aufgelegt ... Den Hörer auf eine Art Gabel. Erst dann war das Gespräch wirklich beendet ...

Meine erste Euphorie hat eine Vollbremsung erfahren.

Genau das, was sich Frank Farian so sehr wünscht, sein neues Album mit großartigen Aufnahmen zu verfilmen, will das ZDF auf keinen Fall haben. Da Frank aber der Executive Producer ist, hat seine Vorstellung Gewicht. Zack – schon sitze ich zwischen den Stühlen. Ich schiebe diese ein bisschen hin und her und schreibe das Drehbuch.

Die Songs – einige sind zu dem Zeitpunkt nur als Rough-Mix vorhanden – sind internationale Popmusik vom Feinsten. Eine Rohmischung von Frank Farian klingt meistens schon besser als viele Endversionen anderer Produzenten. So, und was mache ich jetzt optisch daraus?

Ich erinnere mich an die beiden Filme der Beatles der 60er Jahre. In *A Hard Day's Night* und besonders in *Help* wird die Musik von Lennon/McCartney witzig und wirkungsvoll mit relativ sinnlosen, aber lustigen Geschichten bebildert.

So ähnlich will ich das auch machen. Ich erfinde eine kleine Geschichte, in der alle *Boneys* zwischen den einzelnen Songs kleine individuelle Rollen spielen. Die Mini-Story sieht vor, dass auf der Reise das große „M" – vom Dekorationshintergrund des *Boney M.*-Logos – verloren geht. Ein durchgeknallter Manager – gespielt vom Schauspieler Heinz Werner Kraehkamp – soll in spielerischen, irrealen Szenen, in denen er versucht ein neues riesiges *M* auf Jamaika zu organisieren, das ganze auflockern. Ich erhoffe mir davon, dass ich mit der Realisation dieser Story die Wünsche beider „Chefs" unter einen Hut bringen kann.

Unser Drehort, die Karibikinsel Jamaika, bietet traumhafte Motive.

Die Mitglieder von *Boney M.* möchte ich dort mitten in den Dunn's River-Falls, einem malerischen Wasserfall, tanzen und singen lassen. Sie sollen Krokodile „füttern" – am Original-Drehort des James Bond Films *Live and Let Die* – und wir werden die Sonne der Karibik so einfangen, dass die Zuschauer am nächsten Tag ins Reisebüro gehen und einen Jamaika-Urlaub buchen.

Im Film werden alle Songs ihres neuen Albums zu hören sein. Und weil der ZDF-Chef darum gebeten hat, baue ich noch ein paar ältere Songs von *Boney M.* ein. Das sind die Hits „Rivers of Babylon" oder „Brown Girl in the Ring". Heute kann ich darüber schmunzeln, denn die „Story" ist im Prinzip ziemlich banal, eignet sich aber perfekt dafür, um alle Songs unterzubringen.

Als wir im August dann mit der Gruppe, dem Schauspieler, dem Team und den Begleitern nach Jamaika aufbrechen, weiß ich genau an welchen Plätzen wir unsere Dreharbeiten machen wollen, denn ich hatte schon eine Reise in die Karibik für die Motivsuche – zusammen mit dem Kameramann – hinter mir.

Ich bin stolz, dass es mir gelungen ist, den Filmpreisträger Gérard Vandenberg zu überreden, diese Show als Kameramann mit mir zu drehen.

Ich wollte damals so arbeiten, als drehten wir einen Kinofilm „auf 16 mm". Das ist aufwendig, nicht gerade zeitsparend, aber allein schon nach technischem Standard wirklich ein Unterschied zum herkömmlichen Dreh einer Show. Kino sieht halt immer anders aus, auch wenn der Film „nur" im Fernsehen läuft.

Da ich das erste Mal auch selbst produzieren soll, höre ich auf den dringenden Rat von Freunden und gründe zur Sicherheit ganz schnell eine eigene Firma.

Die P.I.T.-Film GmbH wird in Saarbrücken ins Handelsregister eingetragen. Das „bH" (die beschränkte Haftung) schützt mich vor „persönlichem Verlust", sollte irgendetwas passieren, wofür ich haften müsste.

Das ist nun schon die dritte Berufssparte innerhalb des Fernsehens nach Kameramann und Regie, in die ich mich einfach hineinstürze. Rückblickend war das schon etwas verrückt. Aber auch vor der Aufgabe des Produzenten hatte ich weder Angst noch Bedenken.

Meine Freunde und Kollegen staunten, denn ich hatte ja keine Erfahrung, wie das Produzieren geht. Auch hier galt für mich wieder: Wer nicht wagt, der gewinnt auch nicht. Ich weiß, wie Regie geht. Ich weiß, wie der fertige Film aussehen soll und ich kenne ein paar erfahrene Kollegen, die ich für die Fachbereiche Produktionsleitung/Aufnahmeleitung engagiere.

Was soll denn da noch schiefgehen?

Und was ich damals nicht vorhersehen konnte, habe ich dann im Schnellverfahren gelernt oder, besser gesagt, lernen müssen.

Produzent eines Films zu sein und gleichzeitig Regisseur – das verträgt sich nicht besonders gut. Wenn dem Regisseur Pit einfällt, dass die acht extra engagierten Ruder-Komparsen in einem großen Boot für einen kurzen Zwischenschnitt möglichst alle Ruderer rote Hemden anhaben sollen, weil's dann schöner aussieht, dann muss Produzent Weyrich das genehmigen, weil diese gekauft werden müssen. Sie wissen, was ich meine? So einige Luxus-Extras in diesem Film hätte ein anderer Produzent niemals genehmigt. Ich schon ... Vielleicht weil ich den Regisseur ja mochte ...

Was ich auch nicht wusste war, wie es sich auf der Insel Jamaika arbeiten lässt. Immerhin konnten wir nicht das komplette – für die Produktion benötigte – Personal aus Deutschland mitbringen. Ich bekam aber sehr schnell Nachhilfe.

Menschen aus der Karibik sind eine ganz eigene „Spezies". Ich erinnere mich an pure Lebensfreude. Die ganze Insel ist „Musik". Sogar in den Slums stehen vor kargen Zelten und Blechbehausungen riesige Lautsprecherboxen. Armut und Kummer werden weggetanzt und weggeraucht.

Wummernde Bässe vertreiben Sorgen und versetzen „Tanzgierige" in einen endlosen Rausch. Die Sounds des Volkes sind Reggae und Ska. Und das rund um die Uhr. Es wird gefeiert an jeder Ecke. Und wenn gefeiert wird, ruht die Arbeit.

Also ruht die Arbeit recht häufig. Große helle Rauchschwaden nebeln Kummer und Hunger von morgens bis abends mit süßlichem Duft ein. Ich erinnere mich, dass ich einmal Alarm schlage, weil ich glaube, dass es im Führerhaus unseres „Lightning-Trucks" brennen würde. Aber es sind nur die Nebelschwaden von unseren jamaikanischen Beleuchtern, die sich noch vor Dienstbeginn die Grundstimmung etwas verbessern wollen. Ist so eine „Tüte" mal geraucht, verbessert sich augenblicklich die Chance, dass die braungebrannten Jungs ein bisschen zügiger arbeiten. Ansonsten gilt auf ganz Jamaika: Ganz cool bleiben – wir brauchen keine Hektik. Es wird gelacht, gekichert und der ehrgeizige deutsche Regisseur, der sich dem Freud und Leid der Drogen nicht hingeben kann und will, versteht nicht immer, was da so in den Köpfen und Blutbahnen vor sich geht. Aber wir gewöhnen uns daran, denn es ist für die Menschen dort vollkommen normal, ab und zu die Leistung der eigenen Lungen zu testen.

Etwas nervig ist allerdings, dass man an wirklich jeder Ecke dieses Zeug aufdringlich angeboten bekommt: *„Ey man, you need some Ganja?"* Weitergehen und lächeln. Das hilft. Aber an der nächsten Ecke steht wieder einer.

Unsere vier Darsteller sind in meinem Film nicht nur die Sänger der Gruppe *Boney M.* Sie haben auch kleine Szenen mit Text und sind voller Vorfreude auf ihre Premiere als „Schauspieler". Liz und Marcia sind ja auf Jamaika geboren und haben bei diesem Film „Heimspiel". Bobby Farell kommt aus Aruba und Maizie ist auf der Karibikinsel Montserrat geboren. Sie mögen sich – die Vier, obwohl sie sehr unterschiedlich sind. Maizie braucht für die kleinsten Korrekturen an ihrem süßen Gesicht länger als eine ausgewachsene Katze für die Morgenreinigung ihres gesamten Fells.

Außerdem hat sie hunderte kleiner Perlen ins Haar geflochten. Wehe, wenn eine nicht richtig sitzt! Das dauert!

Marcia kämpft morgens manchmal noch den Abend aus dem Körper, wird aber tagsüber mit jeder Stunde hübscher, besser gelaunt und fröhlicher. Liz – „die Stimme von Boney M." – ist mit Ehemann Thomas und einem neugeborenen Baby unterwegs. Beide sind verliebt in ihr neues Glück. Keine Sekunde wollen sie es aus den Augen lassen. Ach ja, da ist dann noch Bobby, der immer, wenn wir eine Szene drehen wollen, noch schnell ganz wichtige andere Dinge erledigen möchte. Ich würde ihm gerne diesen praktischen Chip einpflanzen lassen, mit dem man auch Hunde und Katzen wiederfindet, wenn sie sich verlaufen haben. Es ist erstaunlich, wie schnell der Kerl plötzlich verschwunden ist und genauso unerwartet wieder auftaucht. Ich mag Bobby. Frank Farian hat kein Geheimnis daraus gemacht, dass Bobby seinen Platz nur als Tänzer und Typ in der Gruppe hat – nicht als Sänger.

Die Männerstimmen in den Songs hat Frank alle selbst gesungen und Bobby synchronisiert das bei öffentlichen Auftritten und TV-Aufnahmen. Und das macht er perfekt. Ich kann mich an keine Szene erinnern, bei der er nicht exakt synchron mit seiner „geliehenen Stimme" war. Ich befürchtete vor der Reise noch, dass er darunter leiden würde, „nur Tänzer" zu sein. Auf Jamaika merke ich aber, dass ich mich geirrt habe. Er ist ein Unikum – ein Typ, ohne den die Musik zwar die Gleiche wäre, bei den Auftritten aber eine Besonderheit fehlen würde. Außerdem ist seine Anwesenheit bei den Dreharbeiten Gold wert. Mit Charme und Witz kommentiert er die kleinen Macken seiner weiblichen Kolleginnen. Es scheint, als haben die Vier eine geheime Abmachung. Ein kleines internes „Spielchen" wiederholt sich kontinuierlich: Wer zu einem Termin, sei es die Abfahrt zum Set oder ein geplantes gemeinsames Frühstück, zuerst am Treffpunkt bereitsteht, der hat verloren.

Ich habe mehrfach am Lift im Erdgeschoss gewartet und sehr „lustige Situationen" erlebt. Ein Beispiel:

9:00 Uhr

Abfahrt zum Set geplant. Eine Uhrzeit, die allein schon einen Affront für die Gruppe darstellt.

8:58 Uhr

Die Fahrstuhltür öffnet sich. Maizie schaut kurz raus, kommt aber nicht ganz aus dem Fahrstuhl heraus. Sie registriert, dass sie die Erste ist und fährt wieder nach oben.

8:59 Uhr

Die Lifttür geht wieder auf. Liz samt Ehemann Thomas fragen: *„Pit, wo sind die anderen?"*

Da ich nur weiß, dass Frau Williams wieder nach oben gefahren ist, bekomme ich die Information, dass ich die Familie Mitchell/Pemberton auf dem Zimmer erreichen könne, wenn alle anderen bereit zum Abfahren sind.

9:10 Uhr

Bobby stürzt aus dem Fahrstuhl: *„Sorry Pit, ich bin late – wo sind die Weiber?"* Ich zeige nach oben. Er versteht und geht erstmal „Frühstücken". (Eine zügige Marlboro oder irgendwas aus Jamaika.)

Tatsächliche Abfahrt ist dann nicht selten ein halbes Stündchen später als geplant! Täglich wiederholt sich dieses Schauspiel mit modifiziertem Ablauf. Nur Marcia ist konsequent die Letzte!

Ich fühle Sympathie für diese relaxte Lebensform, weil das alles gutgelaunt und spielerisch rüberkommt. Lachen ist bei mir auch bei anstrengender Arbeit nicht verboten! Die dauerhaft große Hitze mit hoher Luftfeuchtigkeit lässt keine „deutsche Hektik" zu. Will ich etwa so ein strenger Perfektionist sein, der Tempo und Gründlichkeit als Schild um den Hals trägt? Nein!

Ich beschließe: Morgen bin ich mal der Letzte, der im Auto sitzt.

Ich schaffe es nicht.

Dramatisch sind diese Verspätungen allerdings für unsere Dreharbeiten. Unser Kameramann versucht verzweifelt jeden Tag aufs Neue, den Drehbeginn noch früher anzusetzen. Denn ab ca. 11:00 Uhr vormittags ist für ihn erst einmal Drehschluss – bis gegen 15 Uhr. Der Grund wird mir klar, als mir Gerhard am zweiten Tag gegen 11:00 Uhr zeigt, wo die Sonne steht. Ich habe es nie wieder so extrem erlebt. Die Sonne – unsere Lichtquelle für Filmaufnahmen am Tag – steht schon gegen 11:30 Uhr kerzengerade über unseren Köpfen. Also im Zenit. Licht für die ohnehin sehr dunklen Köpfe der Darsteller sollte aber wenigstens leicht schräg auf die Künstler fallen, damit sie überhaupt zu erkennen sind. Die riesigen goldenen Folienblenden zum Umlenken des Sonnenlichts verwandeln unseren Drehort in einen wirklich „groß anmutenden Kino-Dreh". Aber sie sind praktisch ohne Wirkung. Ich mach's mal kurz: Die tägliche „Netto-Drehzeit" für unseren Film beschränkt sich auf zweimal drei Stunden, die wir aber selten schaffen.

Trotzdem gelingen uns herrliche Aufnahmen. Für das Lied „We Kill the World" habe ich ein abgebranntes Moorgebiet gefunden. Es wirkt mystisch durch den schwarzen Schlammboden und die toten Pflanzenreste, die noch aus dem Wasser ragen. Ich lasse vier Meter lange, blau gestrichene Bretter mitten in diese Landschaft legen, und zwar so, dass sie zusammengesetzt aus der Vogelperspektive ein großes „M" erkennen lassen. An den Enden jedes Brettes steht je ein Mitglied der Gruppe. So soll es sein.

Schicke Idee für die Umsetzung dieses Songs, finde ich auch heute noch. Es gibt aber zwei Probleme: Wie kommen die Damen und Bobby zu den Brettern, ohne sich durch das schlammige Wasser kämpfen und ihre tollen weißen Kostüme beschmutzen zu müssen?

Und wie machen wir die von mir gewünschten Aufnahmen aus der Vogelperspektive? Für alles muss es eine Lösung geben. „Geht nicht – gibt es nicht".

Unsere Helfer aus Jamaika bieten für das erste Problem an, die Frauen einzeln die zwanzig Meter über das Wasser zu tragen, damit sie sich an ihre eingerichtete Ecke des „Bretter-M" stellen können. Es dauert 20 Minuten (!), bis wir eine „TRAGE-DISPOSITION" entworfen haben, denn nicht jeder Helfer will irgendeine Frau tragen. Wiederum will sich jede Frau ihren „Träger" selbst aussuchen.

Cliff – aus Jamaika – trägt Maizie schon mal rüber, denn Cliff flirtet seit dem ersten Drehtag mit ihr. Bobby will sich gar nicht tragen lassen: *„Ich kann das allein."* Nur in Unterhose bekleidet und mit seiner Hose über dem Arm geht er durchs knöcheltiefe Wasser zu seiner Ecke auf dem „M-Brett". Das bringt Maizie restlos aus der Fassung. Ein Lachflash überfällt sie minutenlang, weil Bobby wie ein Storch läuft. Wenn Mädels sich so freuen, dann müssen sie kurz danach Pipi. Kaum stehen alle bereit, schreit Maizie wie erwartet: *„Ich muss mal!"* Drehpause.

Cliff, der jamaikanische Helfer, freut sich, denn er darf Maizie wieder übers Wasser zurücktragen – einmal hin und noch einmal zurück. Ihm gefällt das und Maizie genießt es auch, glaube ich. Marcia legt sich auf eines dieser schmalen Bretter und ruht sich aus. Bobby schüttelt den Kopf und fragt, ob jemand mal 'ne Zigarette „rübershuttlen" kann. Es fühlt sich so an, als hätte hier niemand etwas im Griff. Stimmt aber nicht.

Kameramann Gerhard schaut besorgt auf die Uhr: *„Gleich ist es wieder zu spät. Das Licht geht weg, Pit."*

Ich hatte ja an anderer Stelle hier schon erklärt, dass ich kein Choleriker bin und auch anders ein Mindestmaß an Autorität erreiche. Also bleibe ich ruhig und amüsiere mich über diese verrückten Abläufe bei unseren Dreharbeiten.

Ich nutze jetzt die Gelegenheit, unser zweites Problem zu beschreiben: Die erhoffte Vogelperspektive. (Aufnahmen von hoch oben.)

Die erreicht man bei Filmdreharbeiten, indem man mit der Kamera auf einen Turm geht oder einen großen Steiger mietet. So möchte ich die ganze Wirkung dieses abgebrannten Feldes einfangen, weil ich glaube, dass die ausgesuchte Location perfekt zum kritischen Text dieses Umweltsongs passt.

We kill the world – kill the world
We surely do – in peace we do
We kill the world – kill the world
'cause we don't know what we are doing
We kill it – One by one ...

Eine Hebebühne oder einen Steiger gibt es nur in Kingston und der ist zu teuer, meint Weyrich, der Produzent.

Drohnen sind noch nicht erfunden. Daher schlägt Regisseur Pit vor, mit einem Helikopter über das Feld zu fliegen, von dem aus Kamera und Kameramann die Aufnahmen machen sollen. Im Prinzip nichts Besonderes. Aber wir sind nicht in Köln oder Los Angeles – wir sind auf Jamaika.

Das, was da bestellt wird, nennt sich auch auf Jamaika „Helikopter".

Das, was kommt, ist eher eine „Attrappe mit Rotorblättern". Es klingt aber nach „Heli" und es fliegt sogar, macht angenehm kühlen Wind und noch mehr Staub und es kann auch landen. Das ist aber alles.

Kameramann Vandenberg und sein „Assi" haben Bedenken und fragen ernsthaft, ob ich ausreichend versichert sei.

Ach ja, ich bin ja auch Produzent, fällt mir ein. Aber ich hatte ja 'ne GmbH gegründet, beruhige ich mich.

Mein Produktionsleiter telefoniert mit einem Kollegen aus Deutschland, aber der schläft um diese Zeit schon. Frank Farian, der bei allen Dreharbeiten mit an den Sets ist, befiehlt:

„Drehen – sofort – ich trage das Risiko." Kameramann Gérard schlägt vor, dass ich doch mitfliegen solle. - Ich schlage vor, dass ich nicht mitfliegen solle. Blitzartig fällt mir eine Begründung ein: *„Ich muss von hier „unten" das Playback mit der Musik von „We Kill the World" abrufen, weil nur ich den Einsatz für diese Szene kenne. Deswegen kann ich „leider" nicht mitfliegen."*

Ich bin der Regisseur, also glaubt man mir. Praktisch finde ich das. Eigentlich glaubt man Regisseuren kraft Amtes nicht immer alles, aber 'ne ganze Menge.

Der Pilot beteuert glaubhaft, dass er die „Beifliegertür" in Kingston beim Abflug vergessen habe, denn er fliege oft ohne Tür, da das bei diesen tropischen Temperaturen angenehmer sei. Also ich für meinen Teil schwitze lieber, als in Jamaika aus einem Helikopter zu fallen. Aber ich hatte ja schon entschieden, beim „Bodenpersonal" zu bleiben.

Maizie ist zurück vom Klo. Cliff trägt sie schön langsam auf ihre Position und setzt sie zärtlich ab. Liz steht wieder an ihrer Ecke auf dem blauen Brett und Kameramann Gérard steigt mit seinem „Assi" skeptisch in den Hubschrauber. Hoffentlich halten die Gurte ... Marcia wird vom inzwischen leicht angesäuerten Bobby angeschrien und auf diese Weise unsanft geweckt. Bobby braucht eben ab und zu eine Prise Tabak für seine Ausgeglichenheit. Keiner hat bis zu diesem Moment die geplante Szene so richtig lieb.

So geht das beim Film. Filmen heißt Geduld haben. Unendliche Wartezeiten machen müde. Und auf Knopfdruck geht es dann alles sehr schnell. Es erfordert von allen höchste Konzentration. Keiner will derjenige sein, der Fehler macht und die Wiederholung der Szene verursacht.

Jetzt wird es spannend. Alle außer den vier Darstellern verstecken sich unter Büschen am Rande des Feldes. Ich gebe über ein Megafon mein Lieblingskommando:

„Achtung – und Action!" (Das sagen die in Hollywood auch!) Das ist für jeden Regisseur eine innere Bestätigung seiner Wichtigkeit. In diesem Augenblick hören definitiv alle auf ihn!

So ein Helikoptereinsatz bei Dreharbeiten ist immer eine Herausforderung. Das Maß an Gefühl, mit dem der Pilot seine Maschine lenkt, hat auch Einfluss auf die Kameraführung. Logisch! Wackelt der Heli, wackelt auch das Bild. Acht Mal (!) nehmen Pilot und Kameramann Vandenberg Anlauf. Acht Mal singen die „tapferen Vier" ihren Titel durch. Und plötzlich lieben alle diese Szene! Bei den letzten beiden Flügen sieht Maizie da unten etwas unglücklich aus. Sie muss schon wieder. Ich weiß aber, dass man ihr leicht verkrampftes Gesicht von oben aus der Vogelperspektive nicht erkennen kann. *„Halte durch Darling – wir sind gleich fertig!"* „Darling" – das hört sie gerne und hält durch.

Dann beende ich den Dreh dieser Sequenz mit dem typischen Satz aller Regisseure: „Danke, das wars."

Von unten sieht das alles nach Abenteuer aus. Wir haben Glück: Das Wetter ist gut, der Wind milde und bei den Vorführungen des Rohmaterials Tage später sind wir begeistert. Das schafft Vertrauen und Energie für weitere Anstrengungen.

Link: https://youtu.be/621D2Vw11xg

We kill the world - Boney M.
Jamaica-Film 1983

Wir haben immer mehr Spaß beim Dreh dieses Filmes. Ich genieße und weiß schon damals, dass solche Dreharbeiten leider eher Seltenheitswert haben. Heute weiß ich sogar: Das war einmalig!

Herausforderungen verbinden Menschen. Ich merke auf Jamaika mehr als bei Showproduktionen in Deutschland, dass der eine nicht ohne den anderen kann. Wir fühlen das alle. Team und Künstler wachsen irgendwie zusammen. Plötzlich verbringen wir auch Abende gemeinsam.

Aber in unserem Team werden auch langsam die Anstrengungen der Dreharbeiten sichtbar, denn wir haben selten Temperaturen unter 33 Grad. So schön dieses Klima hier auch ist, alle verlieren Pfunde. Aber wir gewinnen traumhafte Eindrücke auf dieser wunderschönen Insel.

Frank fliegt kurz nach Deutschland, weil ein Playbacktitel noch nicht ganz fertig ist. Zwei Tage später kommt er zurück. Im Gepäck hat er eine Tonband-Kopie des Songs.

Erstaunlich naiv sitzt dieser Erfolgsproduzent dann am Drehort an einem mobilen Bandgerät, mit dem wir die Playbacks abspielen, und schneidet mit einer Nagelschere (!) an dem Band herum.

„Der Song ist zu lang. Ich nehme mal zwei Wiederholungen raus".

Plötzlich und sehr spontan fragt Frank in die Runde: *„Habt ihr 'ne Ahnung, wo man hier Gold umtauschen kann? Ich brauche Bargeld. Heute Abend lade ich Euch alle ein."*

Ich vermute, dass ich mich verhört habe. „*Wie? Du hast Gold dabei? Richtiges Gold?*" Frank vollkommen unschuldig: „*Ja ich hatte keine Zeit mehr zur Bank zu gehen. Ich habe 'nen kleinen Klumpen eingepackt. Wie steht denn der Kurs – weiß das jemand?*" Also ich bin mir sicher, dass keiner weiß, wie hoch der Goldpreis hier auf Jamaika gerade ist. Aber alle – wirklich alle – im Team wissen, dass es strengstens verboten ist, unangemeldetes Gold auf der Insel einzuführen. Wir können uns gar nicht beruhigen, aber es stimmt. Frank hatte – total naiv – ein paar Gramm Gold am Stück in der Jackentasche mit nach Jamaika gebracht. Er verschlimmert die Situation, indem er sagt, dass er „das Zeug" dann eben wieder mit nach Hause nehmen würde, wenn das hier alles verboten sei. Er wollte doch dem Land nichts Böses. In den Zollbestimmungen stand damals eindeutig: Ein- und Ausfuhr von Gold oder Silber ist unter Strafe strengstens verboten.

So ist er, der Frank Farian. Ein Mann, der genau weiß, wie Erfolg geht, der mit Musik treffsichere Hits kreiert und der doch mit kleinen Dingen des Lebens Probleme kriegen kann. Ein meist sehr liebenswerter Kauz mit ganz eigenem Humor. Ein schwer reicher Produzent und ein Mann, der immer seinen Kopf durchsetzt. So kenne ich Frank Farian, den Erfinder von *Boney M.*

Er überlässt nichts dem Zufall. Er kümmert sich nicht nur um die Musik, sondern auch um Verträge, Kostüme, Make-up und Layouts der LP-Cover. Genauer: Er kümmert sich um alles!

Eine „Einmannfabrik" für Erfolgsmusik mit vielen willigen Helfern.

Ich schreibe hier wirklich gerne über solche charismatischen Menschen, denn sie machen unser Leben spannend. Und außerdem kann man sich ganz bequem die positiven Eigenschaften für das eigene Leben herauspicken und sie als Leitfaden für sich einsetzen.

Unser Jamaika-Dreh hat noch viele unvergessliche Momente. Abschluss und Höhepunkt unserer Dreharbeiten ist die Begegnung mit Rita Marley in den Tuff Gong Studios in Kingston. Das ist die Witwe der verstorbenen Reggae-Legende Bob Marley. Es wird ein beeindruckender Moment in meinem Fernsehleben.

Ich betrete ehrfürchtig das Haus der Musiklegende, die zwei Jahre zuvor viel zu früh im Alter von 36 Jahren in Miami gestorben war. Hier wurde Musikgeschichte geschrieben. Die ganze Welt kennt die Mega-Erfolge von Bob Marley. Ich stehe an dem Ort, wo die Lieder „I Shot the Sheriff" – „One Love" – „No Woman No Cry" oder " Stir it up" u.v.a. ihre Geburtsstunde hatten.

Wir nehmen ein kurzes Interview mit der überaus herzlichen Witwe Rita Marley auf. Geduldig und ohne Zeitdruck lässt sie uns ins Tonstudio mit unserer Kamera. Die noch kleinen Kinder Ziggy und Damian sind dort gerade bei einer Recording-Session in voller Aktion. Name der Band: *The Melody Makers*. Unvergesslich!

Acht Jahre später erinnere ich mich übrigens an diesen Namen und beschließe, meine 1989 geborene Tochter „Melody" zu nennen.

Auch diese Filmarbeiten haben eine „letzte Klappe" und eine „Familie auf Zeit" verabschiedet sich in alle „Lebensrichtungen".

Das ist immer wieder bewegend. Ich weiß, ich wiederhole mich.

Es hört auch nach vielen Jahren Arbeit in dieser Branche nicht auf. Es sind für mich die schönsten Momente, wenn wir für eine zeitlich begrenzte Aufgabe mit Team und Darstellern zusammenwachsen und wenn wir mit wirklich vereinten Kräften und individuellem Knowhow immer wieder aufs Neue kleine und große und manchmal sogar einzigartige „Werke" entstehen lassen. In solchen Momenten liebe ich diesen Beruf besonders.

Der fertige Film *Boney M. - Ein Sound geht um die Welt* lief mit hervorragender Quote im ZDF.

Monate später führe ich noch einmal Regie bei einem wunderschönen *Boney M.*-Studio-Special mit den Songs vom Album „Ten Thousand Lightyears" beim Bayerischen Rundfunk.Es gelingt mir damit die vielleicht beste Fernsehshow meiner Laufbahn. Ich glaube, unsere Bilder und die Umsetzungen der Lieder mit unseren Fernsehkameras sind wirklich speziell.

Boney M. ist längst in die Musikgeschichte eingegangen mit den vielen Hits und Millionen verkauften Platten.

Das muss man schließlich erst einmal schaffen.[5]

Ich denke gerne zurück an eine wunderschöne Jamaika-Zeit und an die Menschen, die maßgeblich an diesem Erfolg beteiligt waren. Auf der Homepage von Frank Farian finde ich heute einen sehr ernüchternden Satz, der mich schmunzeln lässt:

„Das Phantomprojekt Boney M.", so der Spiegel, *„erwies sich als der potenteste Wirtschaftsfaktor der deutschen Musikindustrie, dem niemand internationale Chancen eingeräumt hatte."*

Für mich ist in den 80er Jahren nach damals schon 15 Jahren Fernseharbeit klar, dass die Show-Specials mit den verschiedenen Solisten oder Gruppen zu meinen erlebten Highlights zählen. Natürlich rangieren auch die Live-Übertragungen ganz weit oben, aber wenn ich mich mit Solo-Projekten befasse, wie *Boney M.*, oder mit Konzerten von Udo Jürgens, Peter Maffay oder Udo Lindenberg, dann bin ich noch näher an dem jeweiligen Künstler dran. Ich beschäftige mich dann zwangsläufig mit dem kompletten Repertoire der Interpreten. Das ist viel intensiver, als für eine Live-Show nur ein oder zwei Stücke zu inszenieren.

5) Boney M. hatte 38 Top-Ten Hits in den Jahren 1975 bis 1988, davon 15-mal die Nr. 1 Platzierung in Deutschland,
22 Top-Ten Hits in England, davon fünf Nr. 1 Platzierungen.
Drei Titel von Boney M. zieren die ewige Bestsellerliste in England:
Platz 1: Band Aid, Do They Know It's Christmas
Platz 2: Paul McCartney, Mull of Kintyre
Platz 3: Boney M., Mary's Boy Child

Jede Begegnung mit Künstlern ist anders. Mir ist es egal, ob sich ein Weltstar ankündigt, oder ein Nachwuchstalent das erste Mal vor unseren Kameras steht.

Aber ich gebe zu, dass es schon spannend ist, auch die „ganz Großen" dieser Szene erleben zu können. Und seltsamerweise lösen die dann oft eine ganz besondere Spannung und Nervosität bei vielen Fernsehmachern aus.

Kaum zu glauben, was hinter den Kameras so abgeht ...

Achtung V.I.P.'s

Wenn sich Weltstars ankündigen, mit denen wir bei einer Produktion zusammentreffen, ist das für alle – auch wenn sie schon lange dabei sind – immer etwas Besonderes. Es sind nicht allein die großen Namen, die ganze Teams in den Modus „Ausnahmezustand" versetzen. Warum? Auch mir ist sehr wohl bewusst, dass Künstler mit internationalem Erfolg – und daher großen Namen – in vielen Ländern dieser Welt im Fernsehen auftreten. Sie erleben also die Arbeitsweise unterschiedlichster Studios, Regisseure und Teams. Wenn so ein „Weitgereister" zu uns kommt, wollen wir sie natürlich auch mit unserer optimalen Leistung beeindrucken! Insgeheim möchte auch ich, dass die nach Hause fahren und überall erzählen, wie wunderbar, wie einmalig es bei uns war.

Vielleicht mache auch ich mir ja unbewusst sogar noch intensiver Gedanken, wie ich mit ihnen umgehe, als üblich. Wie kann ich ihre Kunst so imposant ins Fernsehen transportieren, dass unsere Umsetzung ihnen in Erinnerung bleibt? Auch den Mitarbeitern der Organisation merkt man sofort an, wenn ein Rod Stewart, ein Tom Jones, Cher oder Take That angekündigt sind. Die besten Garderoben werden besonders sorgfältig hergerichtet. Der beste Parkplatz wird reserviert und es herrscht automatisch eine gewisse Spannung im sonst normalen Tagesablauf.

Da ich bei großen Hallenproduktionen von Anfang bis Ende eines Tages fast durchgehend in der Halle bin, merke ich die Veränderung sofort. Ich bin noch nie darüber informiert worden, wenn ein Roland Kaiser, eine Mary Roos oder die Gruppe „Pur" im Backstagebereich angekommen ist. Nicht, dass die musikalisch weniger wert seien, aber die gehören zur „Familie". Die kennt man – sie sind ja „Stammgäste".

Ich habe aber auch erlebt, dass aufgeregte Aufnahmeleiter plötzlich neben mir standen und so bedeutend wichtige Informationen loswerden wollten wie:

„Pit, der Barry Manilow ist gerade beim Pförtner durch!"

Meine Antwort: *„Das ist schön für ihn."* Solche Antworten werden dann als arrogant verstanden. Schließlich ist er ja ein internationaler Star ...

Die Büros hinter den Kulissen sind plötzlich leergefegt. Alle, auch erfahrene Fernsehleute, die schon jahrelang dabei sind, wollen sie sehen – diese Stars. So nah wie möglich.

Es ist selbstverständlich, dass wir Fernsehleute in unserem Arbeitseifer keine Unterschiede machen wollen, egal ob wir einem Newcomer oder einem Weltstar unsere Leistung anbieten. Aber ich gebe zu, dass es schon etwas Besonderes ist, wenn da plötzlich Namen auf der Besetzungsliste auftauchen, die in der ganzen Welt an der Spitze stehen.

Freunde und Bekannte schüren das, denn sie sind alle ganz besonders neugierig, wenn sie erfahren, dass ich auch mit solchen Superstars zu tun habe:

„Pit, sag doch mal, wie ist denn die Juliette Gréco so?"

„Ich werd verrückt! Der Elton John ist bei Dir in der Sendung?! Bringst Du mir ein Autogramm mit?"

„Sag mal ehrlich, hat Tina Turner wirklich keine Schönheitskorrekturen an sich machen lassen?"

„Wie? Du kennst Gilbert Bécaud?"

Ich antworte dann gerne ausweichend, denn erstens würde ich auch dann keine Interna verraten, wenn ich es könnte, und zweitens haben Regisseure auch sowas wie 'ne freiwillige Schweigepflicht. Das ist Ehrensache. Nein, es ist eher so, dass ich diese Promis mit ganz normalen Augen sehe.

Mir fällt natürlich auch auf, wenn jemand besonders fröhlich ist, wie die großartige Tina Turner, oder wenn man jemandem besser aus dem Weg gehen sollte, wie den Bodyguards von Elton John. Aber ich kann auch bezeugen, dass die meisten der „ganz Großen" relativ normal sind. Relativ ... Denn wer ist in diesen extrovertierten Berufen schon ganz normal?

Aber viele der internationalen Stars sind „pflegeleichter" als der Ruf, der ihnen vorauseilt. Und wenn wirklich Probleme auftauchen, sind selten die Künstler selbst die Auslöser, sondern ihr direktes Umfeld. Manager oder Vertreter der Plattenfirmen, Promotion-Figuren und Familienmitglieder der Stars – sie alle wollen „ihre Helden" beschützen und bekommen Geld dafür. Auch ein begleitender Ehemann einer Künstlerin kann uns ganz schön viel Kraft kosten! Ehefrauen von männlichen Stars beherrschen das allerdings auch.

Überall tauchen Menschen auf, die glauben im Schatten der Promis besondere Rechte oder Aufgaben zu haben. So manches Mal hätte ich genau die gerne zum „Gassi gehen" überredet oder schlicht aus dem Studio geschmissen, damit wir in Ruhe arbeiten können. Habe ich aber nie, vielleicht weil mein Sternzeichen Waage ist. Waagen sind harmoniesüchtig, sagt man. Ok, ich mag keinen Streit. Ich gebe es zu!

Das Problem ist allerdings, dass kein Mensch vollkommen konfliktfrei Regie führen kann. Regisseur auf der einen und Künstler auf der anderen Seite – jeder hat klare Vorstellungen von dem, was sie mit so einem Auftritt erreichen wollen. Aber noch klarer wissen beide, was sie NICHT WOLLEN. Das friedlich zu koordinieren ist manchmal schon eine Herausforderung, aber selten unlösbar. Es funktioniert auch nur dann, wenn gegenseitiger Respekt im Vordergrund steht. Aber Respekt hat nichts mit Angst zu tun!

Wenn so ein „Show-Schwergewicht" das Studio betritt, geschieht das meistens mit einem Tross sehr ernst und wichtig aussehender Begleiter. Erwachsene Mitarbeiter erstarren vor Ehrfurcht. Jetzt bloß nichts falsch machen! Aber genau das können Künstler überhaupt nicht leiden. Die spüren das wie Hunde. Wer Angst hat, wird gebissen. Wer Angst hat, kann keine gute Arbeit abliefern. Mit Angst bist Du „fremdgesteuert". Angst ist kein guter Regisseur.

Weil wir gerade davon sprechen, ergibt sich eine schöne Gelegenheit, von ein paar Begegnungen zu erzählen, die ich mit nationalen und internationalen Stars erleben konnte und um die mich viele „normale" Menschen beneidet haben.

Manchmal übertrafen sie alle Erwartungen und manchmal wurden diese auch enttäuscht.

Aber langweilig war niemand!

Wenn Promis kochen

„Kommst Du mit dem Auto, oder sollen wir Dich abholen?", fragt mich Ulli, der Produktionsleiter von der Firma Teletime-München. „Ich komme mit Auto – wie immer", antworte ich schnell. „Das hab ich befürchtet, aber ich bin nicht sicher, ob Du da rein fahren darfst. Die sind mega vorsichtig", beeilt er sich hinzuzufügen.

Kein Wunder, schmunzele ich vor mich hin, denn schließlich ist die Einfahrt zu meinem Dienstort in Berlin eine sehr exklusive Adresse, und 6 Jahre zuvor ziemlich unerlaubt benutzt worden. Die gesamte Weltpresse berichtete damals über einen Eindringling ins „Weiße Haus" der Bundesrepublik – ins Schloss Bellevue, dem Wohn- und Amtssitz des Bundespräsidenten.

Am 25. April 1991 wurde genau dort Königin Beatrix der Niederlande zu einem offiziellen Besuch erwartet. „Sie" kam auch, aber etwas anders, als vermutet. Eine halbe Stunde zu früh fuhr wie selbstverständlich eine schwarze Limousine durch das sehr gut bewachte Tor, relativ ungehindert –direkt vors Schloss. Die Angestellten sprangen zur hinteren Tür des Autos, öffneten, und sahen erstaunt eine deutlich verjüngte Königin. Blau-schwarzes Samt-Kostüm und blaues Hütchen – alles etwas zu groß.

Wer schon mal im Pulverfass-Cabaret in Hamburg eine Travestie-Show gesehen hat, der hatte sofort eine Assoziation, denn auch bei der Gestalt, die da in Berlin aus dem Auto stieg, konnte man den „geflügelten Reim" anwenden: „Ob Mann oder Frau – man weiß es nie genau."

Die heimlich von einem Team der Sendung „Total Normal" von Radio Bremen, und gleichzeitig durch die für den Staatsbesuch aus Holland anwesenden TV-Kameras offiziell mitgefilmte Situation, wird von da an hundertfach wiederholt, und bringt die Nationen noch heute zum Lachen. Dieser Ausschnitt ist Fernsehgeschichte geworden.

Das hochoffizielle Korps der Security Abteilung der Bundesrepublik machte das allerdings sehr nervös und führte umgehend dazu, dass beispielsweise so ein harmloser TV-Regisseur wie ich Jahre später nicht mehr so locker durch die Kontrollen gelassen werden.

Multitalent und Komiker Hape Kerkeling ist schuld, denn er hatte sich den Spaß erlaubt und keiner konnte diese tollkühne Idee verhindern. In einem schicken Kostüm als Hollands Obermutti verkleidet, spielte er dem gesamten Protokoll einen unglaublichen Streich. Er fragte die Offiziellen sogar, wann's denn endlich lecker Mittagessen gäbe, wurde erkannt und „vom Hofe gejagt".

Lieber Hape, Du hast für diese wirklich unglaublich freche und witzige Aktion alle Preise des Jahres 1991 verdient, für Idee und Ausführung! Ein grandioser Klassiker der Fernsehgeschichte. Ich war leider nicht dabei.

Lecker Mittagessen gibt es Jahre später an gleicher Stelle. Und zwar täglich 2 Wochen lang 1997. Köchin ist Christiane Herzog, Gattin des siebten Bundespräsidenten der Bundesrepublik Roman Herzog.

Titel der 15-teiligen Sendereihe:

„Zu Gast bei Christiane Herzog"

Prominente Gäste wie Thomas Gottschalk, Michael Schumacher oder Harald Juhnke ziehen sich Schürzen an und bereiten solide Hausmannskost zu – von Fleischpflanzerln bis zum Schweinebraten. Ich kann mich nicht erinnern, dass dort etwas Vegetarisches – oder gar Veganes zubereitet wurde. Sendeplatz ist die ARD.

Aber erst einmal verbringen wir unvergessliche Tage im Schloss Bellevue und werden bei Ein- und Ausfahrt skeptisch, aber freundlich vom mindestens verdoppelten Wachpersonal durchgewunken. In einem Seitentrakt des u-förmigen Bauwerkes liegt im ersten Stock die private Küche der Eheleute Herzog. Direkt neben den privaten Wohnräumen des Staatsoberhauptes. Klein, bescheiden, aber nicht ungemütlich eingerichtet, gibt es in dieser Küche alles, was man braucht um zu Kochen. Mehr hätte auch nicht reingepasst. Es fehlt nämlich etwas Wesentliches für die Herstellung einer

Kochsendereihe – Platz! Bei meinem ersten Besuch bin ich entsetzt, auf welch engem Raum wir dort arbeiten sollen. Ich dachte, im Schloss ist alles groß ... Aber was sich zunächst nach Handicap anfühlt, wird dann zu einem wirklichen Plus. Es ist kein Fernsehstudio, kein üppig ausgestatteter Koch-Tempel, sondern so wie zu Hause. Bei Mutti in der Küche. Wir werden auch genauso empfangen wie bei Mutti privat. Von Mutti Herzog.

Bei allem Respekt, der erste Eindruck bestätigt sich in den Produktionswochen und darüber hinaus in meiner Erinnerung. Die sympathische Frau Herzog empfängt tagelang – mit stets guter Laune, Charme und Höflichkeit – nicht nur unser Fernsehteam, sondern auch jeweils einen prominenten Gast für jede Folge. Locker und wie selbstverständlich, plaudert sie während des Kochvorganges mit Günther Jauch, Barbara Wussow, Tatort Kommissaren, Spitzensportlern und Schlagerlegenden.

Sie wirkt auf mich beruhigend, ausgeglichen und scheint ihr Leben total im Griff zu haben.

Fast rührend anzusehen sind die kurzen Begegnungen mit ihrem Roman, mit dem sie seit 1958 verheiratet ist. Er wirkt in seinen eigenen vier Wänden eher scheu und taucht auch nur sehr selten auf während unsrer Dreharbeiten. Ich hoffe, es liegt nicht an uns ...

Aber es entstehen herrliche heitere Situationen, und meistens sehr leckere Gerichte, die auch Königin Beatrix oder Hape Kerkeling lecker geschmeckt hätten. Ich merke schon am ersten Tag, dass diese Arbeit so richtig Spaß macht. Und so ganz nebenbei, lerne ich trotz Regie-Arbeit, ein paar Kochgeheimnisse, die ich nie mehr vergessen werde. Aber ein Kochbuch schreibe ich erst, wenn mir nichts anderes mehr einfällt – da esse ich lieber die „nachgekochten" Rezepte von anderen. Es gibt in diesen Wochen aber auch noch andere sehr beeindruckende Erlebnisse im Schloss Bellevue.

Wir drehen natürlich nicht ununterbrochen, denn es entstehen immer wieder logische Pausen an diesen Drehtagen. Nach jedem Kochvorgang wird das Ergebnis auch von Christiane Herzog und Ihrem Gast im herrschaftlichen Schloss, dort aber im privaten Speisezimmer probiert. Die offiziellen Speisesäle für Staatsempfänge sind 50 Meter entfernt im Haupttrakt des Gebäudes.

Während wir mit zwei Kameras, mehr oder weniger diskret beim Essen zuschauen, muss die Küche wieder aufgeräumt und für den nächsten Kochgang vorbereitet werden. Jede Hausfrau/-mann weiß, was das bedeutet. Wenn Angestellte der Präsidentenfamilie für Ordnung sorgen, dann haben wir Pause. Ich gehe dann meistens nach unten, wo wir uns im vorderen, von der Straße und dem Sicherheitsdienst einsehbaren Teil des Schlosses frei bewegen dürfen. Ausnahme ist ein Mittwoch am Mittag, an dem ich gebeten werde, auf keinen Fall nach draußen zu gehen.

Ein immer lauter werdendes Geräusch erklärt dieses Verbot. Auf dem plötzlich klein erscheinenden Platz vor dem Schloss landet mit viel Lärm und Wind ein großer Helikopter der Bundeswehr. Ich kann ihn nicht nur hören, sondern trotz Tarnfarbe auch sehen und kann vom Küchenfenster aus beobachten, wie der Präsident leicht gebückt vom Hauseingang zur Maschine läuft und schnell einsteigt. Es vergehen keine 30 Sekunden und schon hebt das Teil mit noch größerem Lärm wieder ab und verschwindet am regnerischen Berliner Himmel. Ich erfahre vom Dienstpersonal unter „strengster Vertraulichkeit", dass der Staatschef mal eben „nach Warschau geht". Genauso drücken sie sich aus. Er geht nach Warschau.

Morgen sei er wieder da. Wie unkompliziert das alles abläuft, beeindruckt mich, aber kurz kommt mir der Gedanke, dass es mein gutes Recht ist, das zu beobachten, weil auch ich diesen Vorgang mitfinanziert habe, denn ich zahle ja artig meine Steuern.

Aber dann bemerke ich etwas, was mich bis heute begeistert. Als ich nach dem Start der Maschine wieder rausgehen darf, sehe ich, dass die große Deutschland-Fahne auf dem Dach des Schloss Bellevue eingezogen wird. Nicht auf halbmast, weil die Gattin vielleicht traurig ist, dass der Mann schon wieder verreisen muss, sondern ganz und gar nach unten. Fahne weg! Ich denke an große Wäsche oder so was. Aber am nächsten Tag erfahre ich den wahren Grund. Als der Helikopter den Präsidenten nämlich auf dem gleichen Platz, in genau der gleichen Geschwindigkeit wieder „abliefert", wird die Fahne auf dem Dach wieder hochgezogen.

Ich frage Frau Herzog nach dem Grund dieser Aktion. Geduldig lächelnd erklärt sie mir, dass die gehisste Flagge auf dem Dach anzeigt, dass der Präsident zu Hause ist. Wenn nur der Mast zu sehen ist, befindet sich Roman auf Reisen.

Ich bin stolz, denn ich kenne mich jetzt aus in Deutschland. Ich überlege, wo ich eine kleinere Ausgabe einer Fahne bei mir zu Hause anbringe, um auf die gleiche Weise anzuzeigen, dass ich schon wieder irgendwo gebraucht werde, oder dass ich eben mal zu Hause bin. Noch heute geht mein Blick beim Vorbeifahren am Schloss Bellevue sofort hoch zum Fahnenmast.

Ich denke aber auch immer wieder an die herrlichen Szenen, die wir beim Kochen mit den Promis erleben. Harald Juhnke soll einen Apfel ausstechen, weil Frau Herzog ihm beibringen möchte, wie er sich in einen ganz speziellen Bratapfel verwandelt. Dieses Unglück des humorvollen Entertainers muss man gesehen haben, denn beschreiben kann ich nicht, wie sehr dieser Apfel leiden muss.

Günther Jauch hat auch eindeutig andere – größere Begabungen, als die – sich in der Küche nützlich zu machen. Ich lerne, dass eine konsequente und gute Vorbereitung der Zutaten und das rechtzeitige Bereitstellen jedes Gewürzes unumgänglich ist, um stressfrei kochen zu können. Das wäre auch keine schlechte Idee für die Zubereitung von Fernsehsendungen, denke ich. Christiane Herzog weiß offensichtlich in jeder Minute, was sie tut, denn sie hatte eine hauswirtschaftliche Ausbildung genossen.

Fleisch oder Fisch, Gemüse, Gewürze und Zutaten werden nach erstklassigen Rezepten, zum großen Teil aus den überlieferten Aufzeichnungen ihres Elternhauses, von ihr zu sehr gut schmeckenden Gerichten verarbeitet. Ok – für meinen robusten Geschmack ist das alles etwas zu harmlos. Ich liebe die asiatische Küche mit scharfen Gewürzen, viel Knoblauch und kurzen Garzeiten. Frau Herzog kocht so, dass Kinder, Erwachsene und eben auch Bundespräsidenten nach dem Essen noch mit anderen Menschen, sogar auf kurze Distanz – geruchsneutral – sprechen können. In diesem Zusammenhang gelingt es mir in einer Warte-Stunde Frau Herzog eine Frage zu stellen, die mich seit dem Betreten des Schlosses brennend interessiert. Wie verhält man sich als Staatsgast in den anderen Ländern – bei offiziellen Banketten und persönlichen Einladungen? Muss man da etwa alles essen, was einem vorgesetzt wird?

Wir kennen das doch aus unserem eigenen „kleinen" Bereich, wenn man bei Einladungen, auch noch meistens sehr stolz, etwas vorgesetzt bekommt, was man gar nicht gerne isst.

Ich bin offensichtlich nicht der Erste, der ihr diese Frage stellt und es beruhigt mich, dass meine Wissbegierde doch nicht so blöd zu sein scheint, wie ich es bei der Formulierung vermute.

Zunächst beruhigt sie mich, denn vor jedem dieser Besuche kümmern sich ganze Abordnungen darum, was die Gäste aus den anderen Ländern bevorzugen, oder was sie gar nicht essen mögen. Aber sie sagt auch gleichzeitig, dass es für einen Veganer schon eine Herausforderung wäre, häufige Staatsbankette zu ertragen. Es passiert immer wieder, ergänzt sie geduldig, dass Gastgeber fremdländischer Küchen ihre Spezialitäten präsentieren möchten. Auch zu hochoffiziellen Anlässen. Da muss man dann halt mit Geschick und Charme versuchen, das „Ungenießbare" dezent abzulehnen. Ganz offen und deutlich, versichert sie glaubwürdig. Es sei ihr schon ein paar Mal passiert, aber in Korea bekommt man eben keine gut bürgerliche Küche wie in Bad Godesberg oder Bad Bellingen. Da sind schon mal Dinge auf dem Teller, deren Herkunft man vielleicht besser nicht erfahren möchte.

Sie wäre oft glücklich, wenn es mal ein Wiener Schnitzel in Nepal gäbe oder einen Eintopf in Rom. Nach dieser Information bin ich sehr froh Fernsehregisseur zu sein, und nicht bei Banketten einen guten Eindruck machen zu müssen. Es macht dieser Frau Herzog offensichtlich Spaß, mit so „normalen" Leuten wie uns zu quatschen. Freiwillig plaudert sie aus dem Präsidenten-Nähkästchen:

Roman, sagt sie, geht auch schon gerne mal auf 'ne Currywurst zum Ku'damm und bringt damit das gesamte Sicherheitspersonal jedes Mal zur Verzweiflung. Ich frage mich, ob die Fahne auf dem Dach auch dann eingerollt wird, wenn Roman sich mal eben an die Wurst reinschieben möchte.

Diese Christiane Herzog macht auf mich in jeder Situation den Eindruck, dass sie gerne „First Lady" ist.

Sie gründet 1986 den Förderverein Mukoviszidose-Hilfe e. V. den sie später in die Christiane Herzog-Stiftung umwandelt und sorgt so für Spenden und Aufmerksamkeit. Für die jährlichen Sommerfeste im Schloss Bellevue ist sie es, die das Programm gestaltet und natürlich auch den kulinarischen Fahrplan bestimmt.

Ich verabschiede mich beeindruckt von dieser großartigen Frau. Ich bin sogar ein bisschen stolz, dass der Bundespräsident sich bei mir persönlich mit unvergesslichen Komplimenten bedankt, obwohl ich glaube, dass zumindest er ganz froh ist, wenn die „Fernsehmeute" seinen Privatbereich wieder ihm und seiner Gattin überlassen. Auf jeden Fall ist diese Begegnung eine ganz Besondere in meinem Leben, und ich koche seitdem so manche Speisen unter Anwendung der kleinen Tricks, die mir Christiane Herzog verraten hat. Ich denke oft an sie – vor allem in der Brat-Apfel-Zeit ...

Christiane Herzog verstarb am 19. Juni 2000 in München.

ABBA kommen nicht

„Freie Fahrt für den Show-Express", schreiben die Zeitungen am 25. September 1980. Eine neue Musikshow wird im ZDF gestartet. Sie wird die Nachfolgesendung der „ZDF-Starparade" sein. Das war eine große Musiksendung im „Zweiten", die von 1968 bis 1980 an Donnerstagabenden von 19:30 Uhr bis 21:00 Uhr bis zu 28 Millionen Zuschauer hatte.

Michael Schanze – ein immer gutgelaunter Sunnyboy – löst mit dem Show-Express den bisherigen Starparadenmoderator Rainer Holbe ab. Und ich habe die Ehre den bisherigen Regisseur Ewald Burike zu „beerben".

Ansonsten bleibt vieles so, wie es die Zuschauer kennen. Lockere Moderationen, hin und wieder ein kurzes Gespräch, Live-Musik von James Last und seinem Orchester und jede Menge Stars aus aller Welt.

Inzwischen hatte sich weltweit ein absoluter Hype um die Gruppe „ABBA" entwickelt. Wir vom Show-Express wollen diese vier Superstars von der ersten Sendung an bei uns begrüßen. Aber das wünschen sich auch weitere 1000 Fernsehanstalten in aller Welt, inklusive des Vatikan-TV. Aber zunächst kommen Mireille Mathieu, Howard Carpendale und Vicky Leandros, die nicht immer so schlecht gelaunt ist, wie sie manchmal aussieht ... Und Gruppen wie Dschinghis Khan oder The Manhattan Transfer. Der Show-Express wird kein Bummelzug und ist sehr beliebt.

Bis zum 27. November 1980 müssen wir aber warten. Dann plötzlich und überraschend verkündet Redakteur Dieter Weber stolz:

„Pit, halte Dich fest: ABBA sind in der nächsten Sendung!"

Es gehen in Monte-Carlo (damaliger Wohnort von Michael Schanze) und in Fischen am Ammersee (da langweile ich mich, wenn ich nicht auf Reisen bin) und beim ZDF in Mainz parallel die Sektkorken hoch. Endlich – ABBA live im Deutschen Fernsehen. Und ich bin dabei! Wenig später und sehr viel leiser erklärt unser Redakteur:

„Das „Büro ABBA" gibt kurzfristig bekannt, dass die Gruppe nicht persönlich nach Hof in die Freiheitshalle kommen kann, sondern live aus Schweden per Satellit zugeschaltet wird. Sie singen drei Lieder und sind bereit für ein kurzes Interview."

Wir sind enttäuscht, haben aber Verständnis für die Gründe der Entscheidung. Wie viele super erfolgreiche Künstler werden auch die Mitglieder von ABBA – ganz besonders die blonde Agnetha und ihre Kinder – von gestörten Fans oder kranken Irren bedroht. Was für ein Wahnsinn. Es sind doch bloß vier Schweden, die nette Lieder singen und niemandem etwas tun. Warum muss Begeisterung für ein Unterhaltungsangebot so eine schreckliche Kehrseite haben? Warum drehen kranke Menschen durch, wenn Weltstars ihrer Begabung nachgehen und nichts anderes wollen, als mit Fans und ihrer Musik zu feiern?

Wie verdammt ernst das zu der Zeit zu nehmen ist, zeigt der tragische Tod von Ex-Beatle John Lennon, der am 8. Dezember 1980 in New York vor dem Dakota Building – seiner privaten Wohnung am Central Park – erschossen wird.

Die vier Schweden entscheiden sich dafür, nur noch dann zu reisen, wenn Sicherheit auf höchstem Niveau gewährleistet werden kann. Und genau das können wir nicht bieten. Dem Publikum an den Fernsehschirmen ist es sicherlich egal, in welcher Stadt ABBA gerade aufgenommen wird, als sie im Show-Express einen sehr fröhlichen Michael Schanze sagen hören:

„Und wir sind stolz, Euch bei uns zu haben – auch auf dieser Entfernung. Hier sind ABBA."

Dann folgen die Hits „Super Trouper" und „The Winner Takes It All". Alles gesendet aus einem Stockholmer Studio.

Link: https://youtu.be/mWgrGNS6RWo

ABBA im ZDF-Show-Express
via Live-Schaltung (Hof/Stockholm 1980)

Nach einem kurzen Interview, in dem Benny verspricht, dass der persönliche Besuch im Show-Express bei der nächsten Gelegenheit nachgeholt werde, verabschieden sich die Vier mit dem Hit „On And On And On". Dieser Auftritt war so intensiv und so umjubelt, dass wir alle – ob im Saal oder im engen Ü-Wagen – das Gefühl hatten, die Gruppe wäre live bei uns gewesen.

Da könnte man ja auf die Idee kommen, dass es vollkommen egal ist, an welchem Ort man einen Auftritt im Fernsehen sehen kann – Hauptsache man kann ihn überhaupt sehen! Aber das wird spätestens widerlegt, als ABBA dann „ein paar Sendungen" später tasächlich live bei uns sind. Und es wird

ein ganz besonderer Abschied.

ABBA kommen doch

Zwei Jahre später – Show-Express am 11.11.1982 in Saarbrücken.

Eigenartig ... Mit schöner Regelmäßigkeit führen mich große Events und Aufgaben immer wieder ausgerechnet nach Saarbrücken. Genau dorthin, wo ich 1966 als Kameraassistent angefangen habe.

Die Sendung aus der Saarlandhalle wird aus mehreren Gründen eine ganz besondere für immer bleiben – und das nicht nur für mich!

Das ZDF hat ohne große Begründung entschieden, dass der Show-Express mit der neunten Folge am 11. November 1982 in Saarbrücken zum letzten Mal gesendet wird. Und zusätzlich kündigt Orchesterchef James Last an, ebenfalls zum letzten Mal mit seinem Orchester bei solch einer Musikshow zu spielen.

Noch viel überraschender ist eine Meldung, die sogar weltweit verkündet wird.

Das Management von ABBA verkündet das offizielle Ende der vier Schweden. Keine weiteren Platten, keine Konzerte mehr und keine Fernsehauftritte ab Ende des Jahres.

Die letzte Single von ABBA „Under Attack" sollte auch das letzte Lied unserer Show sein. Danach soll

James Last mit seinem Orchester dann noch ein letztes Mal zum großen Finale den ABBA-Hit „Thank You For The Music" spielen. Das geht auch mir emotional komplett unter die Haut. Ein unvergesslicher Augenblick in meinem mit Musik durchtränkten Leben.

Man orientiert sich, wenn man wie ich im Showgeschäft arbeitet, natürlich an den erfolgreichsten Künstlern. Gerade die Gruppe ABBA, die mit „Waterloo" 1974 den Grand Prix Eurovision gewonnen hatte, war in den Jahren danach in Europa, Lateinamerika, Japan und Australien mit unzähligen Hits unvorstellbar erfolgreich geworden.

Es wird also ein trauriger, sehr bewegender Abschied für alle Fans nicht nur in Saarbrücken werden.

Abschied nehmen von Künstlern, Mitarbeitern oder auch von unseren TV-Produktionen, bei denen man zeitlich begrenzt zusammenwächst. Das ist ein sehr spezielles Thema – auch für mich.

Monat für Monat, Jahr für Jahr passiert es uns, dass wir „Fernsehschaffenden" zu kleinen vertrauten „Familien" werden.

Denn die Teams, die solche fest etablierten Sendungen machen, bleiben weitgehend gleich. Das Ende einer solchen Zeit des Miteinanders ist oft melancholisch, aber leider genauso unaufhaltsam. In meinen Erinnerungen sind diese Abschiede fest verankert.

Zum Beispiel:

- Das Ende des RTL-Talkformats „Gottschalk Late Night"

- Mein Abschied als Moderator der Sendung „Kaum zu glauben"

- Das (vorerst) letzte Konzert von Howard Carpendale

- Meine (vorerst) letzte Regie

und noch vieles mehr. Ich werde gleich natürlich näher auf die Einzelheiten eingehen.

Jetzt erst einmal zurück zum letzten Show-Express und zurück zum ABBA-Abschied.

In der Vorbereitung zu diesem besonderen „Show-Express" muss ich aufpassen, dass ich die anderen Künstler der Sendung nicht vernachlässige, denn ganz Deutschland und auch wir im Team sprechen nur noch vom bevorstehenden Auftritt der Schweden.

In Musikerkreisen gibt es natürlich auch andere Stimmen. ABBA Songs gelten bei vielen als seichte Tanzmusik mit belanglosen Texten.

Wer cool sein will, hört Deep Purple und Pink Floyd oder behauptet es wenigstens. Mag ja sein, aber wer um Himmels Willen sonst hat denn mit „belanglosen Texten" und „seichten Klängen" derartig viele Hits produziert, die selbst nachfolgende Generationen auch noch 235 Jahre später kennen werden. Und das von Malmö bis nach Shanghai. Also ich schäme mich jedenfalls nicht, dass ich die Musik auch heute noch sehr gerne höre.

Damals allerdings brenne ich geradezu, die Inszenierung der drei geplanten Lieder so wertvoll wie möglich zu gestalten.

„Knowing Me, Knowing You", „The Day Before You Came" und die neue Single " Under Attack" – das sind die drei Songs, an denen ich für die Fernsehsendung zu arbeiten beginne.

Schöne Gelegenheit hier mal schnell einfließen zu lassen, was so ein Regisseur bei Unterhaltungsshows eigentlich zu tun hat.

Ich bekomme vom Redakteur des Senders den Programmablauf, die Musiken als Playbacks und die Informationen über geplante Moderationen mit den Themen der bevorstehenden Show. Mit diesem Päckchen versuche ich mir dann die Gestaltung und Umsetzung einfallen zu lassen, damit der Zuschauer zu Hause in den vollen „Live-Genuss" kommt.

Dekoration, Lichtgestaltung und Effekte will ich so planen und mit den Fachbereichen realisieren, dass sogar andere Regiekollegen zu Hause am Fernsehschirm neidisch werden oder zumindest staunen. Und schließlich soll sich der verantwortliche Unterhaltungschef nicht rechtfertigen müssen, warum er mich zugelassen hat.

Dann muss dieser Regisseur nur noch die Künstler von seinen „genialen Ideen" überzeugen und ein ganzes Team so anständig behandeln, dass es wenigstens ungefähr das tut, was er sich vorgestellt hat.

So einfach geht Fernsehen.

Für den Show-Express mit ABBA und zur Vorbereitung der drei Songs sitze ich Wochen vor dem Ereignis mit unserem Szenenbildner Willy Steinberg bei reichlich gutem Weißwein in seinem Keller in Hilden. Wir entwerfen gemeinsam ein überdimensionales Dekorations-Set speziell für die drei ABBA Lieder. Ja so lief das 1982 noch! Eine sündhaft teure Drehscheibe wird gebaut – mit 16 Metern Durchmesser! In der Mitte hinter dieser Scheibe steht eine halbkreisförmige, fast vier Meter hohe und ebenfalls 16 Meter breite Wand mit den illuminierten riesigen Buchstaben „A-B-B-A".

Die Wand sieht aus, als hätte man genau die Hälfte der Scheibe aufgeschnitten und einfach hochgeklappt. Soweit außer der Größe ja noch nichts Besonderes.

Ich werde mit Redakteur Dieter Weber nach einigem hin und her einig, dass das erste Lied der Gruppe „The Day Before You Came" sein wird, denn dafür habe ich eine Umsetzungsidee.

Viele kennen dieses Lied, das zu gut 80 Prozent aus einem Solo der blonden Agnetha besteht, die zunächst auch allein beginnt. Erst nach über einer Minute steigt Kollegin Anni-Frid quasi als Chor ein. Außerdem hat der Song auch noch ein 35 Sekunden langes Instrumental-Intro, bei dem niemand singt und bei dem auch musikalisch nicht viel passiert.

Eine nicht gerade dankbare Aufgabe für den Regisseur, der beim Intro 35 Sekunden lang im Prinzip nicht viel zeigen kann, weil sich nicht viel ereignet. Ich schlage Willy Steinberg diese Szene vor:

„Das Intro beginnt. Man sieht die leere Bühne mit der halbrunden Wand und den beleuchteten Buchstaben

„A-B-B-A" im Hintergrund – das Ganze ist in sehr viel Bodennebel eingetaucht.

Nach 15 Sekunden fällt diese riesige Wand nach vorne um, wird so zum „neuen Fußboden" und gibt den Blick auf Agnetha frei, die hinter der Klappwand wartet. Langsam soll sie dann von ihrer hinteren Position nach vorne auf die Kamera zugehen und dort zu singen beginnen. Hintergrund jetzt: Vier weitere riesige beleuchtete Buchstaben – zweimal A und zweimal B.

Bei einem bestimmten Musikakzent beginnt die Scheibe sich zu drehen, und der Rest der Gruppe, bis dahin noch nicht sichtbar, dreht sich – (fast) vollautomatisch – ganz langsam nach vorne in die Halle."

Willy ist begeistert, plant und baut.

Was für den Laien vielleicht kompliziert klingt, ist zwar nicht einfach, aber durchaus realistisch.

Als der Architekt diese sehr große Wand das erste Mal in Saarbrücken zur Probe nach vorne kippen lässt, sind alle – sogar er selbst – beeindruckt. Noch viel größere Freude macht mir die Reaktion der vier „ABBAs".

Es bleibt bis heute immer ein spannender Augenblick, wenn ich den Künstlern versuche, das schmackhaft zu machen, was ich mir als Regisseur für ihr jeweiliges Lied ausgedacht habe.

Wenn sie das nicht akzeptieren wollen, wird's schwierig.

Und besonders in diesem Fall rechne ich mit Diskussionen.

Denn nach meiner Version erscheint ja – nach der Ansage von Michael Schanze und dem Start der Musik – erst nach 15 Sekunden zunächst nur die Solistin Agnetha und dann sehr viel später der Rest der weltberühmten Gruppe. Ich höre schon die Kritik von Kollegen:

„Das kannst Du doch nicht machen! Nun sind die endlich mal in der Sendung und dann zeigst du die erst nach einer Minute."

Nix da. Alle – ganz besonders die Jungs Benny und Björn – finden diese Idee sehr originell und wirkungsvoll. Insbesondere die kleine Zusatzidee, dass die drei später Erscheinenden nicht als typische ABBA Formation aufgestellt werden, sondern ganz eng um das Piano herumstehen und Frida sogar auf dem Klavier sitzt, finden alle gut. Es wirkt wie ein zufälliges Familientreffen – allerdings vor einem Millionenpublikum.

Die Arbeit mit den vier Superstars ist einfach, kurz und präzise.

Ich erkläre allen die Szene.

Agnetha, Frida, Benny und Björn hören gespannt zu.

Man kann viel erklären, aber einfacher ist es, es einfach mal zu machen.

1. Probe – Musik ab!

Agnetha tritt artig nach vorne über die Drehscheibe und bleibt, wie verabredet, am Rand der Scheibe stehen. Durch den dichten Bodennebel sieht sie aber nicht, wo sie genau steht. Auf jeden Fall steht sie falsch! Als sich nämlich die Scheibe zu drehen beginnt, um die anderen drei in die Szene zu bringen, fährt Agnetha mit der Scheibe für ein paar Sekunden nach links wieder weg, weil sie nicht vor, sondern noch auf der Drehscheibe steht. Wir brechen lachend ab. Auch Agnetha findet das „very funny" und geht zurück auf den Anfang ihres Auftritts.

2. Probe - Musik wieder ab!

Das Lied beginnt, die Wand fällt um und die hübsche Sängerin geht artig so weit nach vorne, bis sie vor der Scheibe steht. Das klappt! Leider brechen wir ein zweites Mal ab. Die Drehscheibe dreht sich nicht wie geplant, sondern gar nicht!

Agnetha steht wieder lachend am Rand und sagt:

„I guess it becomes a very long solo." Stimmt. Mir ist das aber alles etwas peinlich.

Niemand macht absichtlich Fehler, also hilft es ja auch nicht, wenn man darüber lange diskutiert. Ursache erkennen, korrigieren und weitermachen! Schuldige zu suchen, hält nur auf!

Ich stelle mir aber auch immer vor, dass so etwas mal während der Live-Sendung passiert und nicht nur in der Probe. Tut es aber nicht – oder nur sehr selten (davon erzähle ich im Kapitel „Pannen"). Mein damaliger Regieassistent und Freund Tommi Rogge ahnt jede Panne, bevor sie richtig entstehen kann.

Der Show-Express beginnt pünktlich.

Mein internes „Toi toi toi" fürs Team und mein Standardspruch *„Ich wünsche allen eine gute Reise"* (siehe Kap. 1) eröffnet um 19:30 Uhr die ZDF-Live-Sendung. Der letzte Show-Express läuft.

Uns gelingt in der Sendung alles. Agnetha steht wie geplant vor der Scheibe und singt in ihrer unnachahmlichen Art. Frida, Björn und Benny drehen sich mit der fehlerfrei laufenden Drehscheibe unter großem Jubel ins Bild.

Link: https://youtu.be/m_yvnH_4-M4

Abba - The Day Before You Came
ZDF-Show-Express 1982

Ich glaube, wenn man weiß, was geplant war, und hier jetzt verfolgen kann, wie das Endergebnis aussieht, dann hat solch ein Auftritt eine noch größere Wirkung.

Ich weiß aber auch, was den Laien sonst so interessiert. Wenn ich von meinen Produktionen nach Hause komme, sind die Fragen nicht: „Wie habt ihr denn das gemacht?"

Ich höre dann eher sowas wie: „Sag mal, wie sind denn die ABBAs". Sind die nett – oder arrogant?" Ausnahmsweise verrate ich es hier.

Alle vier waren in Saarbrücken fröhlich, locker und kooperativ. Die beiden Männer, Benny und Björn, kamen nach der Show zu mir, haben sich für die Zusammenarbeit bedankt.

Es war ihr letzter Auftritt in Deutschland und sie werden längst gewusst haben, dass es auch für sie vorbei ist.

Keine weiteren Hits, keine Auftritte mehr. Man hat es ihnen nicht angemerkt.

Es war nicht nur wegen dieses Auftrittes ein unvergesslicher Abend in Saarbrücken, denn wieder einmal müssen auch wir „Fernsehleutchen" Abschied nehmen von einem Sendeformat. Das ist immer Arbeit, die zusammenschweißt. Menschen, Begegnungen und unterschiedlichste Emotionen – vorbei.

Ich denke oft darüber nach, wie solche Stars, die so extrem – auch noch weltweit – im Rampenlicht stehen, damit fertig werden, irgendwann einmal nicht mehr die „Nr. 1" zu sein.

Egal, ob sie sich freiwillig zurückgezogen haben, wie im Fall ABBA, oder eher unfreiwillig, weil vielleicht Erfolge ausbleiben.

Fühlt man dann Wehmut und Trauer oder vielleicht sogar Erleichterung, dass man die eigene „persönliche Freiheit" wiedergefunden hat? Ich weiß es nicht. Vielleicht ist es eine Mischung aus allen Emotionen.

Bei Agnetha mache ich mir keine Sorgen, denn wie eine vom Erfolg verlassene Frau sieht sie nicht aus.

Und die anderen ABBA-Mitglieder machen ebenfalls einen sehr gesunden Eindruck.

Bei Anni-Frid habe ich selbst erleben dürfen, dass sie voller Power und Freude weiterhin als Solistin Musik macht.

Ok, keiner von den Vieren muss bei der Bank um Kredite betteln. Und das ist ja auch was wert!

Agnetha Fältskog, Anni-Frid Lyngstad, Björn Ulvaeus und Benny Andersson, meine tiefe Verneigung vor so viel Genialität – and

„Thank You For The Music".

Aber eine kleine, „crazy story" im Zusammenhang mit dem ABBA-Besuch in Saarbrücken möchte ich noch schnell erzählen. Denn diese unfreiwillig witzigen Situationen sind es gewesen, die mein Berufsleben so wertvoll gemacht haben, weil sie einfach menschlich sind.

Ein paar Tage vor der Live-Sendung des Show-Express passierte folgendes: Das Markenzeichen von ABBA sind die vier Großbuchstaben. Jeder kennt den Schriftzug „ABBA" mit dem spiegelverkehrt stehenden ersten B hinter dem ersten A.

AᗺBA

Genau so haben wir die Anordnung der Buchstaben für ihren Auftritt natürlich auch geplant.

Als ich am ersten Probentag in die Halle komme, spricht mich der saarländische Hallenwart etwas erregt an:

„Saache mol, Pit, hascht des do gesin? Ja fallt denn dir do garnix uff? Die ham do das B falscherum uffgebaut!"

Ich verkneife mir einen Lachausbruch.

„Das gehört so, das ist richtig", erwidere ich und erwarte seine Reaktion.

Jetzt sieht er so aus wie sein Dialekt, den ich für mein Leben gerne höre ...

„Nein ehrlich, das gehört so ...", versuche ich ihn zu überzeugen.

Ich lese in seinem Gesicht, was er in diesem Moment über mich denkt. *„Ei geh fortt. Des gibs doch garnit – das is doch Kappes"*, überschlägt sich seine Stimme ...

Ich weiß aber, was er meint. Denn „Kappes" ist Kohl – im Saarland also Schwachsinn.

„Ich werde es mit ABBA besprechen", grinse ich, damit wir zum Ende kommen. Der Saarländer tut das, was ein Saarländer tut, wenn er was nicht versteht: Er schüttelt den Kopf, geht und dreht ein B um.

Und mir fallen noch viele andere Situationen ein, die man nicht zu ernst nehmen sollte, die aber tatsächlich passiert sind.

Sie hängen mit ein paar „schrägen Vögeln" zusammen, wie ich sie gerne nenne. Manchmal sind sie sogar bunt. Ich zitiere aus einem Spiegelartikel:

> *„Schräge Vögel:*
> *Wer nicht ganz richtig im Kopf ist, bei dem piept es, wie man so schön sagt. Und warum piept es? Weil er einen Vogel hat!"* [6]

6) Bastian Sick in Spiegel – Kultur 14.03.2012

Heute – 40 Jahre später – werden Umsetzungen oft in endlosen Sitzungen mit viel zu vielen Menschen debattiert. „Bedenkenträger", wie ich sie gerne nenne, sitzen hinter jeder zweiten Bürotür. Und leider ist es Tatsache, dass man jede Idee im Vorfeld „killen" kann, wenn man den künstlerischen Vorschlägen nicht traut oder keinen Mut hat, sie auch umzusetzen.

Was beim Publikum wirklich ankommt, kann man nur ahnen. Gewissheit, dass es funktioniert, haben wir alle erst, wenn die Reaktionen veröffentlicht werden. Ein treffsicheres Rezept für Erfolg gibt es also nicht. Aber die „Zutaten" können wir so bereitstellen, dass Erfolg zumindest möglich wird.

Wer das Gegenteil behauptet, lügt. Ich glaube allerdings, dass es in anderen Berufen identische Entwicklungen gibt. Es fühlen sich heute meistens viel zu viele Menschen für die kleinsten Details verantwortlich, für die es ausgebildete Spezialisten gibt.

Ich hänge mich mal noch weiter „aus dem Show-Fenster" und behaupte: Das ist der wichtigste Grund, warum das Fernsehen mit seinen Sendungen heute so kritisiert wird.

Noch nie so sehr wie heute habe ich die Qualität eines uralten Sprichwortes schätzen gelernt, weil es einfach alles an dieser Situation beschreibt:

„Viele Köche verderben den Brei."

Schräge Vögel I + II

Es ist wieder einmal Fernsehgartenzeit im ZDF. Und es ist wieder so ein Probensamstag auf dem Mainzer Lerchenberg.

Der Beginn der Fußball WM 2010 in Südafrika steht kurz bevor.

Wir haben schon den größten Teil der Musiken für die Sendung geprobt. In der Disposition mit den exakt getimten Probenabläufen steht heute der Name „David Hasselhoff". Wieder ein internationaler Star bei uns zu Gast, der den Blutdruck einiger Mitarbeiter erhöht.

Ein paar Eigenschaften des heutigen Gastes kennt auch jeder – allerdings eher aus den Boulevard Blättern – und das nicht nur in unserem Land. Da wird manchmal in menschenunwürdigen Artikeln und mit verachtenden Bildern die Lebenskrise eines Schauspielers aus den USA ausgeschlachtet. „Baywatch" oder „Knight Rider" heißen die Serien der 80er/90er Jahre, in denen der berühmteste Bademeister der Welt, David Hasselhoff mit seinem durchtrainierten Körper eine wirklich gute Figur gemacht hat. Irgendetwas hat ihn dann Ende 2008 wohl umgehauen. Besonders die „privaten" Sender zeigten fürchterliche Bilder dieses Mannes, der in eine Krise geraten war. Ich finde es generell respektlos, mit welch einem Genuss solche Meldungen in den Medien ausgeschlachtet werden. „Weil das Quote bringt", heißt es oft. Und ich werde mich hüten, diesen dramatischen Abschnitt seines Lebens auf Grund von „Gossip News" zu verherrlichen oder zu verurteilen.

Ich habe David nur knackgesund und extrem lebendig erlebt.

Eine dieser Begegnungen ist im Prinzip gar keine Begegnung. Dennoch spielt sie eine Rolle für das Treffen im Fernsehgarten Jahre später.

Rückblick ...

1989 fällt bekanntlich eine menschenverachtende Einrichtung – die Berliner Mauer. Ost und West können sich in die Arme fallen. Endlich.

Ich moderiere am 31. Dezember zusammen mit Ramona Leiß für das ZDF die große Silvestershow 1989/90 – eine Live-Sendung aus Berlin – 51 Tage nach der Öffnung der Grenzen zwischen Ost- und Westdeutschland und dem damit verbundenen legendären „Mauerfall". Kurz vor dem Jahreswechsel 89/90 tritt ER auf. Oben gegenüber vom Brandenburger Tor steht ER.

Levi's-Jeans 501 und schwarze Lederjacke. Nicht irgendeine Lederjacke. Nein – sie ist bestückt mit über 80 kleinen blinkenden Lämpchen. Ich befürchte Brandgefahr, aber amüsiere mich, denn diese Jacke ist wirklich etwas geschmacksarm und extrem kitschig. Aber sie hat ihre Wirkung. David Hasselhoff singt seinen Jack White Hit „Looking For Freedom". Vorsichtshalber als Vollplayback. Er hatte immer zugegeben, ein besserer Schauspieler als Sänger zu sein.

Link: https://youtu.be/cJ2Sgd9sc0M

ZDF Live Silvestershow 1989

Geschickter Song zur richtigen Zeit.

Über 50.000 Feierwütige am Brandenburger Tor jubeln ihm und seiner Jacke zu, egal ob sie aus dem Ost- oder dem Westteil Berlins kommen, denn das geht ja seit zwei Monaten.

Ich glaube, kein Song – außer der Scorpions Ballade „Wind Of Change" und vielleicht auch noch des Pink Floyd-Projekts

„The Wall" – ist noch mehr mit diesem Jahrhundertereignis „Wiedervereinigung" verbunden als dieses Hasselhoff-Lied.

Kein Wunder also, dass dieser Mann selbst mächtig beeindruckt ist. Bei der After-Show-Party (man nannte das damals noch nicht weniger zutreffend „Abschlussfeier") lerne ich David persönlich kennen. Er umarmt mich wie einen alten Bekannten oder wie den Regisseur, der seine Erfolgsfilme gedreht hatte. Hatte ich aber nicht. David ist an diesem Abend so glücklich, dass er jeden lieb hat, der ihm begegnet. Wir stoßen an mit preiswertem ZDF-After-Show-Rotwein und er sagt: *„Cheers Mister Pete („Pit" gibt es in USA nur als „pit stop" und das ist 'ne Tankstelle) – long live* *the German Unification."* Ich antworte mit perfektem Englisch:

„I hope so, David, and Happy New Year." Das ist alles, was wir uns erzählt haben.

Schnitt!

Gut 28 Jahre (!) später – Mainz-Lerchenberg – Probe für die Live-Sendung „ZDF-Fernsehgarten".

„The Hoff", wie er inzwischen genannt wird, kommt den schrägen Zugang zur Fernsehgartenarena herunter. Ich kann es kaum fassen. Er kommt direkt auf mich zu, umarmt mich wie einen " good old friend" und sagt: *„Hey Pete, how are you?"* Ich spiele die begeisterte Begegnungszeremonie mit: *„Hey David, altes Haus,"* das hab ich nicht wirklich gesagt (oder etwa doch?), *„I'm fine."*

Und dann fragt er mich allen Ernstes, ob ich mich an *„Berlin eightynine"* erinnern kann und sagt tatsächlich folgenden dramatischen Satz:

„Pete, you and I, we pulled down the Berlin wall ... You remember this fantastic night?"

Ich bin sprachlos. Hatte ich mich verhört? Hatte ich 1989 was verpasst? Nicht Michail Gorbatschow, nicht Helmut Kohl oder vielleicht Willy Brandt, noch nicht einmal das entschlossene Auftreten des ostdeutschen Volkes – nein ...

David Hasselhoff und Pit Weyrich haben die Berliner Mauer niedergerissen.

Ich schwöre, David and „Pete" sind komplett nüchtern an diesem Nachmittag in Mainz. Aber er hat es gesagt:

„You and I, we pulled down the Berlin wall."

Ich schaue mich ängstlich um, ob es viele von meinem ZDF-Team gehört haben könnten. Gott sei Dank wundern sich nur ein paar Kameraleute, warum wir so herzlich und vertraut sind. Ich versuche mit blöden Späßchen zu neutralisieren, aber er umarmt mich erneut und klopft mir für unsere „historische Tat" auf die Schulter. Hiiiilfeeee!

So ist er, dieser David Hasselhoff. Er hat die Fähigkeit, totale Begeisterung zu zeigen und mit diesen Schüben, seine Umgebung anzustecken. Der Kerl lässt nicht locker. Soll er doch, denke ich.

Es gibt schlechtere Eigenschaften.

Einem anderen – dieses Mal nationalen – „schrägen Vogel" begegne ich 2007 auch wieder bei einer ZDF-Fernsehgartensendung.

Seitdem es im Fernsehen Unterhaltungssendungen gibt, suchen Agenturen, Plattenfirmen und Manager talentierten Nachwuchs. Früher hießen die Sendungen „Talentschuppen". „Hätten Sie heut' Zeit für uns" oder „Hut ab". Dort machten Künstler wie Michael Schanze, Hape Kerkeling, Mathias Richling oder Ute Lemper ihre ersten Schritte ins Showlicht.

Seit ungefähr 2000 beginnt eine neue Zeitrechnung und ein extrem neuer Anspruch für solche Talente.

Eins der neuen Formate nennt sich trügerisch:

„Deutschland sucht den Superstar" oder einfacher „DSDS".

Das läuft aber sehr anders ab, als die vergleichbaren Events der 60er und 70er Jahre.

Man sucht nicht mehr – man castet. Und gleich am Anfang fallen erst einmal gut 70% aller Hoffnungsträger durch die erste Auswahl.

Wer da „durchkommt", wird gründlich vorbereitet für die nächsten Schritte.

Und wie! Es wird „gestylt" und „gefoltert"! Es wird gedemütigt, verletzt und zwischendurch auch manchmal sogar gelobt. Und das alles von Jurymitgliedern, die es offensichtlich vergessen haben, dass auch sie mal jung und voller Hoffnung waren. Nur ganz wenige dieser Teilnehmer verlassen nach wochenlangem Stress der Vorbereitung dieses Podium als lachende, glückliche Sieger. RTL behauptet zwar, Deutschland suche den Superstar, aber jeder weiß, dass knallhartes Kalkül die Grundlage dafür ist. Und RTL findet in der ersten Staffel sogar einen Alexander Klaws, der noch bis heute eine gute Figur in der Unterhaltung abgibt. Aber schon an die Sieger der folgenden Jahre kann sich heute kaum noch jemand erinnern. Elli, Tobias, Daniel – irgendwie bleiben sie, wenn überhaupt, die „ewigen Talente", die man einmal ein paar Wochen lang durch den großen Strom der Show gezogen hat.

Das sind Raketen, die in den Show-Himmel geschossen werden, aber man hat ihnen keinen Fallschirm zum Landen mitgegeben. Wenn sie zu den glücklichen Gewinnern zählen, hoffen sie auf die große Karriere! Alle! Und wie sieht die Wirklichkeit aus? Wirklich „nachhaltig groß" ist niemand geworden.

Für uns im ZDF-Fernsehgarten haben diese alljährlichen Veranstaltungen einen lohnenden Effekt. Wir erleben seit 2003 regelmäßig den Sieger der jeweiligen DSDS-Staffel live, denn bei uns singen diese Künstler meistens schon eine Woche nach ihrem Erfolg ihren Siegertitel – oft begleitet vom absoluten Hype der sehr jungen Fans. Das hört sich im Publikum bei den Auftritten schon mal ähnlich an wie in den 60er Jahren bei den Beatles oder in den 90ern bei den Back Street Boys. Natürlich werden die jungen Sieger „hautnah" von „Plötzlich-Managern", finster aussehenden Bodyguards aus den Fitness-Studios, Allround-Coaches oder sonstigen Erscheinungen begleitet. Erstaunlich, wie schnell da auf einmal immer ganz viele Helfer und Absahner bereitstehen.

Und dann gewinnt 2007 ein gewisser Mark Medlock den Wettbewerb. Unter dem „Camp-David-Schutzhemd" von Dieter Bohlen entsteht blitzartig ein Album und noch schneller ein Hit, weil fast alles, was Bohlen schreibt und produziert, oben landet. Und das funktioniert auch mit diesem damals 29-jährigen Marc Medlock. Er steht bei uns auf der Tagesdispo.

Das Team wartet gespannt. Was ist das für ein Typ? Ist der wirklich so schräg, wie es in den letzten Wochen in der Presse zu lesen war?

Es ist Probe: Samstagmittag 13:30 Uhr, Mainz-Lerchenberg. Direkt unter dem mir so vertrauten Acryldach im Zentrum des Fernsehgartengeländes treffen sich die Künstler.

Begleitet von drei stabilen Typen kommt ein sehr sympathischer junger Typ auf mich zu. Ich staune, denn Bodyguards haben in meiner Erinnerung eher Weltstars beschützt. Heute bekommt schon ein DSDS-Gewinner solch einen etwas übertriebenen Personenschutz. Aber vielleicht waren es ja nur seine „gut durchtrainierten" Freunde.

Ich schaffe heute – fast dreizehn Jahre später – noch fast wörtlich den Begrüßungsdialog. Bevor ich „guten Tag" oder „herzlich willkommen" sagen kann, fällt dieser Mark über mich her:

„Das ist gut, dass ich Dich treffe. Du bist doch der Regisseur hier, oder?" Mir gelingt ein kurzes Nicken mit vermutlich weit geöffnetem Mund. Marks sehr logische, aber verblüffende Schlussfolgerung: *„Dann hast Du bestimmt auch ein eigenes Scheißhaus ... Ich kann nämlich nicht - da, wo alle hingehen."*

Ich muss lachen, weil ich den Gag zwar etwas rüde finde, aber ich entdecke eine durchaus interessante Variante, aus welchem Blickwinkel man den Status eines TV-Regisseurs auch sehen kann. Ich habe also ein eigenes Klo beim ZDF! Ich fühle mich geehrt, aber muss ihn leider enttäuschen. Ich habe tatsächlich weder eine eigene Kantine noch ein privates VIP-Klo, obwohl ich schon seit Jahren für das ZDF-Regie bei Fernsehshows mache. Sein Gesicht hat was Verzweifeltes. Vermutlich zerstöre ich ihm gerade sein Weltbild. Ich sehe es ihm an:

Er stuft mich augenblicklich herab zu einem kleinen, regionalen Fernsehfuzzi ohne Kompetenz, ohne

Ideen und Einfluss – noch viel schlimmer, ohne eigenes Klo!

Lieber Mark, ich habe mich schnell damit „angefreundet", dass selbst der Intendant und der Fernsehdirektor auf diesem Lerchenberg öffentliche Toiletten benutzen.

Mit sofort wiedererlangter Selbstsicherheit setze ich meine Arbeit fort. Es wird ein prima Auftritt, denn singen kann der Kerl!

Irgendwie hat sich dieses „Supertalent" mit dieser wahren Geschichte in meinen Erinnerungen festgefressen.

Seinen Song bringt er cool rüber. Das Publikum tobt. Aber es tobt immer, weil es immer gut drauf ist. Sei es bei der Gruppe *Santiano* oder bei Andrea Berg, es toben immer alle, obwohl auch diese Künstler – genau wie unsere Moderatorin Andrea Kiewel – die öffentlichen ZDF-Toiletten benutzen.

(Nur unser Fernsehkoch, Armin Roßmeier, ist was Besonders. Der hat wenigstens 'ne eigene Küche auf dem Gelände) aber die gehört zum Programm.

Ich freue mich immer, wenn schräge Vögel durch mein Leben fliegen. Angepasste, vorsichtige Gestalten, die immer darauf bedacht sind, sich stets korrekt zu präsentieren, gibt es genug. Aber solche Leute wie Medlock oder Hasselhoff bleiben mir einfach länger in Erinnerung.

Ein bunter Vogel fällt halt mehr auf.

Kleider machen Leute

Wir vom Fernsehen sind ständig bereit, das, was uns vor die Kamera gerät, so gut wie irgendwie möglich zu präsentieren. Immer aufwendiger werdende Technik, Licht und Dekorationen dienen uns, das, was im Prinzip ganz normal ist, so zu verpacken, dass es „strahlt". Regie führen, das bedeutet auch helfen. Viele, die dort ihre Künste zeigen wollen, brauchen diese Hilfe. Regie heißt aber auch „regieren" – Menschen durch eine bestimmte Aufgabe und Zeit zu führen. Und „regieren" bedeutet leider auch Macht ausüben.

Das kann man locker machen oder auch streng und autoritär. Jeder da vorne – vor dem Rotlicht der Kameras – braucht ein gewisses Maß an Hilfe.

Es muss nicht unbedingt so weit gehen wie bei einem Moderator, der mich vor einem geplanten Gang von A nach B tatsächlich gefragt hat:

„Pit, mit welchem Bein soll ich denn den Gang beginnen? Mit dem linken oder dem rechten?" Er meinte diese Frage ernsthaft. Ich habe ihm nicht geantwortet!

Ein ständiges Thema ist natürlich in jeder Sendung die Kleidung der Protagonisten. Was zieht der Künstler an?

„Kleider machen Leute" hat der Schweizer Dichter Gottfried Keller zu einer der bekanntesten Geschichte der deutschen Literatur gemacht. Jeder kennt das von sich, weil wir in bestimmten Situationen zu bestimmten Kleidungsstücken greifen und uns mit ihnen dann anders fühlen wollen: Im besten Fall sicherer. Oft verändert sich mit der Kleidung auch das Verhalten.

„Heute kommen Oma und Opa. Da zieh Dir mal was Anständiges an!", kennt doch jeder aus seiner Kindheit, oder? Ich bezweifle allerdings, dass ich mich im Anzug auch nur einen Hauch besser benommen habe als in Jeans.

„Heute kommt das Fernsehen. Da ziehe ich mir was Besonderes an ...", das kennt auch jeder, der schon mal vor der Kamera stand. Da muss schon was Besonderes gefunden werden, glauben die meisten. Nur wenige Betroffene können sich diesem ungeschriebenen Gesetz entziehen. Oder sie machen es ganz bewusst und drücken mit dieser Haltung auch etwas aus: *„Schaut her! Ich bin so, wie ich bin. Ich lasse mich nicht verbiegen. Ich mache, was ich will."* Ich habe viel Schreckliches erleben müssen und oft gestaunt, was ein gutes Händchen der Kostümabteilungen in solchen Fällen alles retten kann.

Es gibt aber keinen Menschen in meiner Erinnerung, der mit seiner Kleidung mehr Diskussionen ausgelöst hat als Thomas Gottschalk. Und ich war oft ganz in der Nähe.

Wie sich sein unkonventionelles Leben in der Öffentlichkeit so anfühlt, darf ich jahrelang miterleben.

Keine andere Persönlichkeit habe ich intensiver und häufiger erlebt als diesen Mann aus Kulmbach.

Meine Begegnungen beginnen in den 80er Jahren bei seiner Sendung „Na sowas!" (eine Mischung aus Talk- und Musikshow), Es folgen etlichen ZDF-Gala-Shows wie „Ein Herz für Kinder", Die Preisverleihung „Berolina 86" der Deutschen Phonoakademie - bis in die 90er Jahre mit den täglichen „Gottschalk Late Night" -Sendungen für RTL und enden 1996 mit „Gottschalks Hausparty" bei Sat.1.

Niemals war für mich seine Kleidung ein großes Thema vor den Sendungen, weil er immer das angezogen hat, was ihm gefiel.

Ich habe nie vor Beginn einer Show seine Kleidung gesehen. Aber manchmal erinnere ich mich, dass ich direkt nach dem Opening gedacht habe: *„Mein Gott, was hat er denn heute wieder an?"* Aber nach den Sendungen wurde fast immer darüber geredet - manchmal auch gelästert - in allen Fällen aber „besser gewusst". Diese unverbesserlichen „Kenner jeder Moderichtung" haben manchmal sogar mich als Regisseur für seinen Geschmack verantwortlich gemacht: *„Pit, Du bist doch sein Regisseur. Warum sagst Du da nichts?"* Ich weiß die Antwort:

Weil Kleidung immer Geschmacksache ist! Und in meinen Verträgen steht nichts davon, Menschen ihren Geschmack nehmen zu müssen. Ich sage doch auch niemandem, dass er seine Haare färben oder gleich ganz abschneiden sollte.

Ausgenommen sind szenische Sendungen, wie zum Beispiel Fernsehspiele, in denen man mit der Kleidung der Schauspieler Inhalte, Charaktere oder auch Zeitbezüge unterstützen kann. In der Unterhaltung gibt es kaum einen Grund, jemandem seinen Geschmack zu nehmen, auch wenn er noch so eigenwillig ist ... (Der Geschmack, nicht die Person).

Ich wollte mal in einem Sommer erreichen, dass alle Künstler und auch das komplette Publikum in weißer Kleidung erscheinen. Ich hätte es toll gefunden, aber es hat nie stattgefunden, einfach weil nicht alle von der Wirkung überzeugt waren.

Beim Fernsehen wird keinem anderer Fachbereich als der Abteilung Kostüm/Garderobe so viel „reingequatscht". Jeder, der sich irgendwann einmal selbst ein Kleidungsstück gekauft hat, hat mindestens dabei gezeigt, dass er einen Geschmack hat. Welche Qualität der allerdings hat, ist extremst individuell ...

Um es nett zu formulieren.

Grau und Schwarz sind nicht die Farben des Thomas Gottschalk, vielleicht weil auch sein Gemüt weder schwarz noch grau ist ...

Obwohl wir in über zehn Jahren in Hallen, Studios verschiedener Städte so vieles gemeinsam erlebt haben, er als der Host, der Gastgeber, ich als sein Regisseur, hatten wir einen sehr eleganten, zurückhaltenden Umgang miteinander. Thomas ist keiner, dem man sagen muss, was er vor der Kamera zu tun hat, und ich bin keiner, der das bei solch einem Menschen unbedingt tun möchte.

Ich habe mich als eine Art „unsichtbare Wand" für ihn verstanden, an die er sich anlehnen konnte, ohne ihren Einsturz befürchten zu müssen. Ich war da, um Sicherheit zu geben und bei Fragen eine halbwegs vernünftige Antwort parat zu haben. Ich weiß, dass er das auch gespürt hat. Er hatte in seinem langjährigen Producer Holm Dressler auch einen sehr toleranten, respektvollen Menschen an seiner Seite, der ihn perfekt unterstützt hat.

Ich kann behaupten, dass ich Thomas in seiner öffentlichen Funktion vor der Kamera wirklich sehr gut kannte. Ich habe oft gefühlt, was er im nächsten Moment tun wird, habe kleine Schwächen belächelt, und Stärken und seinen Humor genossen.

Von ein paar Begegnungen kann ich hier mit gutem Gewissen erzählen, denn sie sind bleibende, schöne Erinnerungen.

In seinen beiden Büchern hat er seinen Kapiteln Überschriften gegeben, die wir als Hits der Pop- und Rockmusik kennen. Geniale Idee! Und deswegen erlaube ich mir, sie für mein nächstes Kapitel auszuleihen.

Und weil es auch noch mit Thomas Gottschalk zu tun hat, nenne ich es frei nach The Mamas & The Papas Hit: „California Dreamin'"

Obwohl hier liegen

Traum und Albtraum ganz nah beieinander.

California Dreamin’

Ende der 90er Jahre:

Es ist 10:30 Uhr in Kalifornien, als ich meinen Leasing-Ford sanft über den Pacific Coast Highway von Los Angeles Richtung Norden gleiten lasse. Ich liebe Autofahren in den USA, weil man nicht wie bei uns schnell den Ort wechselt, sondern eher so dahinschwebt und dadurch alles, was einem begegnet, genießen kann. Nicht immer ist das spannend, weil auch lange Zeit gar nichts passiert. Hier ist es aber anders.

Links gleiten die Strände des Pazifiks vorbei, die die Beach Boys zu Liedern wie „Surfin’ USA” oder „Good Vibrations” inspiriert haben. Ich glaube, ihre Musik zu hören, als ich links diese Traumstrände sehe – links, wenn man von Süden nach Norden fährt. Ich habe very „good vibrations”, denn es gefällt mir hier und ich verstehe, warum diese Sounds hier auch hingehören. Eine halbe Stunde brauche ich bis zu einem Exit: Rechts durch einen Wald, unter einer Brücke durch, einen Hügel hinauf, vorbei an Tannen und anderen sehr trockenen Bäumen. *„Dann stehst Du vor einem großen elektrischen Tor und hupst ein paarmal, denn wir haben keine Klingel.”* Klar, ein Gottschalk hat natürlich keine Klingel, auch wenn Erfolg und Popularität rund 7000 Meilen entfernt sind. Aber in Hollywood hat man eben kein Türschild und schon gar keine Klingel. Die Doppeldecker-Touristen-Busse mit den Hollywoodstar-Touren durch Beverly Hills kommen hier allerdings nicht vorbei.

Wir alle kennen das Gebiet rund um Malibu aus den Videos der Popstars, von Britney Spears bis Tom Jones, und natürlich aus den Nachrichten. Jedes Jahr gibt es Meldungen und Bilder von fürchterlichen Waldbränden, die hier in den Hügeln vor L.A. die Häuser der Weltstars und deren ganze Umgebung zerstören.

Wie schön muss die Gegend sein, dass die Superstars trotzdem freiwillig hier zu Hause sind und sich so permanenter Gefahr aussetzen, durch Feuer alles zu verlieren.

Im „Starbucks" an der Ecke trifft man mit etwas Glück Dustin Hoffman oder Mel Gibson. Auch ohne Glück kann man aber den Paparazzi bei der Arbeit zusehen. Sie leben davon, dass sie eine Pamela Anderson beim Einkauf im Supermarkt extrem ungeschminkt erwischen, oder dass sie ein schön scharfes „Zellulitis-Foto" einer Filmdiva schießen können.

Solche Fotos bringen Geld, weil man sie weltweit „verticken" kann, obwohl sie niemand schön findet. Grausamkeit kennt keinen Respekt. So sind die Bräuche in der Nachbarschaft von Thea und Thomas Gottschalk, die hier leben, wenn Thomas nicht gerade „Wetten, dass..?" moderiert, für „Haribo" Werbespots dreht oder bei seiner Bank nach dem Rechten sieht.

Ich stehe vor dem eisernen Tor einer wunderschönen ehemaligen Windmühle, die man eher in den Niederlanden, in Dänemark oder England vermutet. Ein bisschen Märchenwelt, denke ich beim ersten Anblick. Ich hupe kurz und dezent. Ja, man kann dezent hupen. Das ist meine Klingel. Das Tor ist zu. Es bleibt auch geschlossen. Über die Mauer hinweg höre ich die Stimme, die ganz Deutschland kennt. Sie bittet mich etwas verzweifelt um Geduld. Thomas hat den Code für das vollautomatische Tor vergessen, weiß außerdem nicht, ob und wo Schlüssel sind. Und da das Tor nicht wirklich vollautomatisch ist und mich nicht kennt, bleibt es zu. Thomas ist praktisch in den eigenen Mauern gefangen. Ich finde es witzig. Seine Frau Thea ist in Deutschland. Ich grinse vor mich hin. Ein herbeieilender Hausmeister weiß wie's geht und löst diesen Fall.

Ich besuche Thomas, weil wir am nächsten Tag im legendären Beverly Hills Hotel in Los Angeles Aufnahmen zu einem Special „Thomas Gottschalk trifft Andrew Lloyd Webber" beginnen wollen. Musical König Webber im Gespräch mit Deutschlands beliebtestem Moderator.

Sehr stolz zeigt mir Thomas sein Zuhause und ich verstehe sofort, warum er sich hier so gut fühlt. Keiner von uns ahnt, dass 20 Jahre später auch dieser verwirklichte Traum eines Hauses zum Albtraum werden soll.

2018 verschonen wütende Brände auch dieses Grundstück nicht. Gott sei Dank kann Thea sich gerade noch rechtzeitig in Sicherheit bringen, während

Thomas in Deutschland Fernsehen macht. Und auch in dieser Situation tauchen sofort scharfe Fotos auf, die aus Helikoptern geschossen werden. Und auch hier schlägt die Grausamkeit unerbittlich zu: Es gibt mehr Fotos von der Katastrophe als von dem vorher noch so schönen Anwesen.

Besonders tragisch finde ich aus heutiger Sicht, dass Thomas in seinem ersten Buch „Herbstblond" (2015) noch auf seine unnachahmliche Art über den kuriosen Kauf dieses Anwesens erzählt und vier Jahre später – immer noch mit erstaunlicher Gelassenheit – in seinem zweiten Buch „Herbstbunt" dessen Verlust beschreiben muss. Unter dem Kapitel „Fire – The crazy world of Arthur Brown" hat er auf 40 Seiten beschrieben, wie er dieses Unglück aus der Ferne ertragen musste. Und auch hier ist zwar deutlich zu lesen, dass ihn das zwar erheblich berührt hat, er es sich aber – mit dieser schon sehr beneidenswerten Gabe alles in eine Humorebene zu verlagern – selber wohl ertragbar gemacht hat.

Wie es in ihm und seiner Frau wirklich aussieht, wissen nur sie allein. Und das ist typisch für diese Welt in unserer Zeit und nicht nur für die Showbranche. Ich habe jahrelang mit diesem Mann gearbeitet, in der Late Night-Zeit bei RTL sogar täglich, und trotzdem kann ich nicht behaupten, ihn zu kennen. Könnte sein, dass das auch an mir liegt, aber es ist kein Einzelfall.

Selbst mit HD, QLED, OLED, Micro-LED-Auflösung kann man nicht in die Seele eines Menschen schauen, egal wie prominent er ist. Vielleicht ist das auch gut so ...

Ich springe zurück ans Ende der 90er Jahre – zurück nach Hollywood. Ich glaube jeder, der etwas mit Film oder Fernsehen zu tun hat, hat mal den Gedanken:

Wenn man dort arbeiten darf, hat man es geschafft.

Beinahe hätte ich Liz Taylor getroffen ...

Beverly Hills Hotel, Kalifornien, USA. Was für eine Adresse!

Eine Suite im 2. Stock, Drehbeginn 11:00 Uhr morgens, Interview Thomas Gottschalk mit Andrew Lloyd Webber.

Selbst wenn man jahrelang mit prominenten Stars aus vielen Teilen der Welt gearbeitet hat, hat dieses Hotel wirklich seine eigene „Promi-Kategorie" und einen unverkennbaren „VIP-Stallgeruch". In der Eingangshalle vermute ich bei wirklich jedem Menschen, der mir begegnet, dass sie/er ein Superstar sein muss. Wer soll in diesem legendären Hotel denn auch sonst wohnen? Aber entweder erkenne ich diese Stars alle nicht, oder sie sehen hier komplett anders aus. Außer Mr. Webber und Thomas Gottschalk sehe ich niemanden, der mich an einen Blockbuster erinnert. Nur bei einer etwas älteren Frau mit XXL-Sonnenbrille und einem riesigen und sehr schicken roten Umhang, glaube ich, die Filmdiva Liz Taylor zu entdecken. Sie verschwindet im Lift. Ich werde wohl nie erfahren, ob sie es wirklich war! Ich gehe doch nicht zur Rezeption und frage, ob diese Film-Diva hier gerade wohnt.

Unsere TV-Aufnahmen des Interviews auf der altrosa gefärbten Terrasse sind spannend. Ich arbeite zum ersten Mal mit zwei Kamerateams und einem Sound-Director aus Hollywood zusammen. Komisches Gefühl: In der Hochburg des Kinos und der Filmemacher stehe ich ihnen als „German Director" gegenüber und sage den Jungs, was sie tun sollen. Ich merke, dass sie ruhig und konzentriert ihre Kameras vorbereiten. Sie stellen allerdings erheblich mehr Fragen, wie ich mir die Kameraführung vorstelle, als die Kameramänner und -frauen in meiner vertrauten Heimat.

Ich find's toll, denn dort scheint der Regisseur tatsächlich derjenige zu sein, der alleine sagt, wo's langgehen soll.

Fast ein wenig devot setzen sie jeden Wunsch von mir um. In den USA widerspricht man einem „Director" offensichtlich nicht. Ich glaub, da sollte ich bleiben...

Das Gespräch mit dem Komponisten ist locker und heiter, denn Thomas versteht es, eine ganz private Stimmung aufzubauen. Das kann dieser Gottschalk besser als jeder andere. Er geht in solche Interviews eben nicht als knallhart fragender Journalist, der sich seine Fragen von Rechercheuren vorbereiten lässt, diese dann tagelang auswendig lernt und vor lauter Konzentration darauf die Antworten gar nicht mehr richtig registriert.

Leider wirft man aber Thomas genau diese Lockerheit häufig vor. Hier quatschen einfach zwei Männer über Musik, das Show-Geschäft und das Leben. Wie angenehm!

Ich erfahre, dass Sir Andrew Lloyd Webber nur sieben Monate älter ist als ich. Hätte ich nicht gedacht.

Mir entgeht der spannende Moment nicht, als er über die Entstehung seiner Welterfolge spricht. Ich spüre auch bei Thomas Respekt vor diesem wohl erfolgreichsten Musical-Komponisten aller Zeiten. Seine Produktionen werden seit Jahren in ausverkauften Theatern gespielt, und zwar gleichzeitig in mehreren Ländern der Erde mit den unterschiedlichsten Besetzungen. Er ist mit dem Oscar für „You Must Love Me" aus Evita, mit drei Grammys, sieben Tony Awards und einem Golden Globe Award ausgezeichnet worden. 1992 wird er zum Ritter geschlagen und 1997 zum Lord ernannt. Klingt irgendwie altmodisch und unwirklich. Genug Journalismus.

Andrew Lloyd Webber ist freundlich, etwas kleiner als ich, spricht wenig und wenn, dann sehr leise. Ich habe den Eindruck, dass er sich jedes Mal, wenn Thomas ihn mit Zwischenfragen unterbricht, erschreckt. Ein unvergesslicher Moment ist, als er am Klavier kurze Passagen seiner Lieder anspielt, um deutlich zu machen, wie er komponiert und wie sich seine Ideen entwickelt haben. Ich bin alleine schon von der Menge der Welterfolge, die so viele Menschen auf der ganzen Welt kennen und genießen, wirklich beeindruckt.

Da sitzt dieser kleine Supermann mit dem listigen Blick vier Meter vor mir im gleichen Raum und erzählt mal eben, wie ihm die Idee zu „Memory" (Titelsong des Musicals „Cats") gekommen ist. Dabei spielt er ganz kurz das Thema an und erklärt, wie ihm nach der Einleitung die nächste Harmonie oder Passage eingefallen sei. Klingt alles unglaublich einfach.

Er sei stolz auf seinen kleinen damals vierjährigen Sohn, der ausgerechnet die schwierigen Passagen seiner Lieder mitsingen könne, erzählt er mit gütigem Lächeln.

Der Nachmittag mit diesem Interview ist ein ganz großer Moment in meinem Berufsleben und rauscht in meiner persönlichen Hitliste der Erlebnisse ganz klar auf Platz eins. Beim Abbau begegnet mir die Frau, die ich für Liz Taylor halte, ein zweites Mal unten im Foyer. Da sie in Jogginghose und Kopftuch gekleidet ist, erkenne ich natürlich wieder nicht, ob sie es ist. Ich glaube, sie kann es gar nicht gewesen sein, denn ich hatte gehört, dass sie eher „Burton" und Bourbon liebt als den VIP-Trimm-Dich-Pfad rund um das Beverly Hills Hotel. Am nächsten Tag ist der Rückflug nach Deutschland geplant.

Auf diesen endlos langen Flügen hat man genug Zeit, aus dem kleinen Fenster zu sehen, und weil man außer Himmel und Horizont nichts sieht, kreisen Gedanken, die einem unten auf sicherem Boden vermutlich nicht kommen würden.

Ich amüsiere ich mich über ein paar meiner Fantasien. Vermutlich ausgelöst durch den Besuch bei den „Reichen und Schönen", frage ich mich (nicht ganz ernsthaft):

Ab wann ist man eigentlich prominent?

Und ist das alles überhaupt nötig?

Unbezahlbare Bilder

Ich erzähle Thomas, dass ich „beinahe Liz Taylor getroffen habe" und seine Reaktion beschreibt sehr genau das Leben der Promis nicht nur hier in Hollywood:

„Es sind viele Menschen „beinahe Prominent" geworden. Aber eben nur beinahe. Und wenn sie das trotzdem mal eine Zeit lang tatsächlich genießen durften, sind es nicht alle auch geblieben."

Es ist für so manche Schauspieler, Musiker, Autoren eine Frage der Zeit, wann sie Stück für Stück in Vergessenheit geraten. Begabte Künstler gibt es viele. Legenden werden sie erst, wenn sie irgendwo einen Lifetime Award überreicht bekommen haben oder in den Geschichtsbüchern verewigt sind. Und selbst die „ganz Großen" werden irgendwann abgelöst von Jüngeren, die mit neuer Power in diese Welt fliegen.

Erfolg kann man nicht planen. Man kann daran arbeiten. Man kann ihn feiern und in Erinnerung behalten.

Wohl dem, der sich wenigstens für „die Zeit danach" finanziell abgesichert hat.

Mein Hollywood-Erlebnis lässt mich heute noch schmunzeln. Es ist doch schon komisch, dass ein deutscher Show-Regisseur, nur weil er mal in Hollywood ist, an irgendeinem Lift eine ziemlich erwachsene Frau entdeckt und glaubt, einen Weltstar zu treffen. Am Lift im City Parkhaus in Köln könnte man auch einem Donald Trump begegnen und man würde kurz überlegen, ob denn schon wieder Karneval ist.

Was ist das – diese Promi-Neugier? Was ist an diesen News über die Reichen und Schönen, den Trends von Beauty & Lifestyle so interessant? Warum dreht man sich auf der Straße um, wenn einem unerwartet Schauspieler oder Sänger begegnen, die man gestern noch im Kino oder Fernsehen bewundert hat? Nach einem Herzchirurgen dreht sich kein Mensch um - weil man ihn vermutlich nicht erkennt.

Und die, die so etwas den Impfstoff für den Schutz vor Covid 19 entscheidend mitentwickelt haben, die kennen nur ihre Partner, die Kinder und Haustiere und - ich vermute - noch nicht einmal alle Virologen. That's life!

Aber wenn so Virologen, die in der Zeit der Pandemie täglich im Fernsehen ihre Statements abgeben und geduldig alle Interviewfragen beantworten, dann kennt man sie. Dann sind sie bekannt, aber noch lange nicht prominent.

Wenn aber der Bekanntheitsgrad durch öffentliche Auftritte oder Presseberichte zunimmt, kommen sie der Sache schon näher ...

„Promi sein", das kann man nicht lernen – das ist man plötzlich und das hat nicht immer etwas mit Leistung zu tun.

Nachwuchs in Königsfamilien ist prominent – schon vor der Geburt. Und Adel wird vererbt oder gekauft ... Das sagt doch eigentlich schon alles ...

Ich habe in der langen Zeit der Arbeit fürs Fernsehen viele große und kleine Promis getroffen, durfte mit ihnen kreativ arbeiten, habe sie auch schon mal bewundert, selten beneidet, aber sehr oft bedauert. Dieser permanente Druck, dass jeder Schritt beobachtet, jede Äußerung analysiert wird, und jeder Fehler doppelt schwer wiegt, trägt nicht zu einem schöneren Leben bei, selbst wenn es für eine gewisse Zeit fürstlich honoriert wird und aufregende Momente bereithält.

Es gibt viele junge Menschen, die davon träumen eines Tages berühmt zu sein. Die Vorteile kann sich fast jeder ganz gut vorstellen. Die Kehrseite kommt in diesen Träumen nicht vor. Sie ahnt auch kaum jemand. Jede Karriere ist irgendwann einmal zu Ende. Kaum einer stirbt auf der Bühne, aber viele sehr einsam und von sich selbst verlassen.

Komisch, dass mir diese Gedanken gerade nach meinem Besuch in Hollywood kommen, wo alles so „clean" und selbstverständlich wirkt. Auf der anderen Seite empfinde ich das alles dort reichlich übertrieben.

Als wäre es ein Zufall, bin ich – anlässlich des zweiten Teils der Dreharbeiten mit Gottschalk/Webber – noch einmal mit diesen Gedanken an die Vergänglichkeit der Glitzerwelt namens „Kino und Fernsehen" konfrontiert.

Ein paar Wochen später besuchen wir nämlich Mister Musical in London zu weiteren Aufnahmen für die gleiche Sendung. Thomas ist natürlich auch wieder dabei.

Der Redaktion wurde bei der Vorbereitung auf dieses Projekt ein Besuch in einer Galerie in Londons Zentrum angeboten.

Unglaublich, dass wir mit unseren Kameras in diesem Geschäft drehen dürfen. Der Grund ist, dass Mister Webber, der als Kunstexperte bekannt ist, der nicht nur schöne Bilder liebt, sondern auch immer wieder Vermögen in Kunst anlegt. Kein Bild ist hier unter einer fünfstelligen Summe zu erwerben – und zwar in GBP (Pfund). Wir sind beeindruckt von den Werten, obwohl ich keines dieser Bilder in der Wohnung aufhängen würde. Ich oute mich hier gerne, dass ich in der „Kategorie" Kunst ein ahnungsloser Banause bin. Alle Bilder kommen mir in dieser Galerie sehr finster, bedrohlich vor. Schwere goldene Rahmen zeigen, dass ein 6er Fischer-Dübel nicht ausreichen würde, so ein Werk an der Wand festzuhalten. Mister Webber hängt die Bilder vermutlich auch nicht in seiner Wohnung auf. Schon gar nicht selber. Bei dem permanenten Anblick dieser finsteren Werke kann man unmöglich so schöne Musik komponieren, denke ich. Thomas aber schwärmt von einigen dieser finsteren Werke.

Die Londoner Galerie wird mit Ankunft von Andrew Lloyd Webber für die Zeit seines Besuches für andere Besucher von innen geschlossen. Es dürfen höchstens drei Personen gleichzeitig in der Galerie sein. Das kenne ich in Deutschland erst seit 2020, als das gleiche System auch mein Metzger zu bevorzugen begann.

Komisches Gefühl mit Millionen Werten eingesperrt zu sein. Wir sind mit unserem Fernsehteam eine Ausnahme an diesem Tag und warten sehr artig auf den „großen" Sir Andrew Lloyd Webber.

Im Team rätseln wir, wie viel Geld dieser Mann wohl besitzen würde. Ich tippe auf 100 bis 200 Millionen. Andere Schätzungen liegen bei 800 Millionen und auch die Milliarde wird getippt. Wir werden es nie erfahren. Aber vermutlich weiß er es selber nicht. Oder glauben Sie, dass so jemand seinen Kontostand kennt? Egal, wahrscheinlich hat er sowieso 'ne eigene Bank.[7]

Natürlich ist das alles sehr diskret hier in der Galerie. Draußen vor der Tür schlendert fast unsichtbar ein Polizist in Zivil ums Haus herum. Das auffälligste sind seine blank geputzten Schuhe. Unvorstellbar, dass hier die Großen und „wirklich Reichen" dieser Welt vorbeischauen und mal eben in 10 Minuten ein paar hunderttausend Pfund und mehr für ein Bild ausgeben. Na schön, der Rahmen ist natürlich inklusive.

Es wird still. Alle, die gesessen haben, stehen auf. Der „Meister" kommt. Es gibt Menschen, die eine gewisse Aura mitbringen, wenn sie in den Raum kommen. Er gehört dazu.

7) Laut Sunday Times verfügte Andrew Lloyd Webber 2020 über ein Vermögen von 800 Mio. GBP (ca. 900 Mio. Euro) und ist damit – gemeinsam mit Paul McCartney – der wohlhabendste Musiker Großbritanniens.

Während wir zuschauen, wie Andrew Lloyd Webber für unsere Kameras den Besuch bei seinem Galeristen „simuliert", macht sich die Stadt für den Abend fertig. Alleine in fünf Theatern spielen an diesem Abend Musicals von Andrew Lloyd Webber.

„Cats", „Evita", „Phantom der Oper", das Rollschuh-Spektakel „Starlight Express" und „Sunset Boulevard". In genau diese Vorstellung gehen wir am gleichen Abend, weil wir im Anschluss daran noch ein Gespräch mit der Hauptdarstellerin Petula Clark aufnehmen können. Sie spielt die Hauptrolle der alternden Stummfilm-Diva Norma Desmond in „Sunset Boulevard".

Und da ist er wieder – mein Gedanke über die Vergänglichkeit aller Höhepunkte, die einem im Leben so begegnet sind. Wie schnell können selbst Weltstars in Vergessenheit geraten.

Nicht nur diese Rollenfigur, Norma Desmond, glaubt in dem Musical, dass ein Star für immer bleibt. Auch Petula Clark – damals Mitte/Ende 60 – verkörpert nicht nur in diesem Stück diesen nicht aufhaltbaren Lauf des Lebens, denn als Sängerin sind ihre Welterfolge, u.a. „Downtown" oder „This Is My Song", auch schon über 30 Jahre her.

Ich bin sehr dankbar, dass mir mein Beruf solche Einblicke in eine besondere künstlerische Qualität ermöglicht.

Ich fühle, dass da, wo wir in diesen Tagen Fernseharbeit machen, „oben" ist – ganz weit oben! Und wenn ich es richtig deute, dann ist der geadelte Sir Andrew

Lloyd Webber nach wie vor bewegt von seinem eigenen Schaffen. Stolz geht er mit uns durch das alte Londoner Adelphi Theatre, vorbei an „seinen" Plakaten bis zur Garderobe von Petula Clark, wo wir unsere Aufnahmen machen. Keine Ahnung, ob und wie oft dieser Mann seine eigenen Musicals aus der Perspektive des Zuschauers erlebt hat. Vermutlich ist er bei den meisten Premieren anwesend gewesen, aber auch die sind alle schon etliche Jahre her.

Er weiß genau: Seine Werke sind zeitlos, unvergänglich und werden vermutlich noch in 100 Jahren in den Theatern dieser Welt gespielt.

Das gibt es bei den Moderatoren von Live-Sendungen oder Aufzeichnungen natürlich nicht. Sie moderieren einen Abend und dann ist das alles sofort – schon mit dem Abspann – Vergangenheit.

Auch Thomas Gottschalks großartige Erfolge sind nur Momente in einem Künstlerleben. Schöne Momente, von denen ich einige gerne miterlebt habe. Auch er ist noch lange nicht am Ende, obwohl auch sein Show-Finale greifbarer wird. Und leider muss man sich bei eventuellen Misserfolgen berechtigt fragen lassen: Warum hört man nicht einfach auf? Man hat doch alles erreicht.

Haben Sie darauf eine kluge Antwort? Ich nicht!

Ich merke nur, dass es mir weh tut, weil mir klar wird:

Nicht der Herbst kommt, sondern Herbststürme, die welke - und manchmal sogar noch „leichtgrüne" Blätter einfach gnadenlos wegwehen ...

Mach so lange weiter Thomas, wie Du es willst, und verliere bloß nicht den Spass, denn Du kannst Deine manchmal übermütige Leichtigkeit so wunderbar über den Bildschirm zu den Menschen nach Hause übertragen. Daran hat sich nichts geändert.

Du konntest damals nichts für das geniale Format „Wetten, dass..?". Das hat Dein Kollege Frank Elstner erfunden. Aber Du hast es mit Deinen Auftritten über die kleine enge Treppe zu einem noch größeren Vergnügen gemacht.

Und heute bist Du auch nicht verantwortlich für seltsame Unterhaltungssendungen, in denen Du manchmal auftauchst und mit Deiner Art die Sonne scheinen lässt. Denn für mich bist Du auch dort heller als jeder Fernsehscheinwerfer!

P.S.: Ich habe „Herbstblond" und „Herbstbunt" verschlungen. Zwei Bücher – wie ein Gottschalk!

Keep on rockin' all over the world!

„Du kannst das, Pit!"

Wenn heute die großen Shows und Live-Sendungen vor dem Publikum produziert werden, dann beginnt das Programm in den Hallen und Studios schon Minuten vor Beginn der eigentlichen Sendung. Das Publikum wird begrüßt und auf die kommende Show vorbereitet. „Warm-Up" nennen wir das.

Das ist Tradition und ich erlebe das schon ganz am Anfang meiner Fernsehlaufbahn.

Ein ganz junge Dieter Thomas Heck sollte bei den Aufnahmen der Gilbert Bécaud-Shows in den 60er Jahren - vor Beginn der Shows - das Publikum „anheizen".

Das konnte er perfekt. Und ein paar Monate später machte ihn Truck Branss zum ZDF-Hitparadenmoderator.

Ähnlich verläuft das 1985 bei mir. Die Begrüßung des Publikums übernahmen damals aus alter Gewohnheit Mitarbeiter der Abteilung „Publikumsredaktion" des ZDF. In vielen meiner Sendungen, bei denen ich Regie führte, war das so. Das hörte sich dann ungefähr so an:

Ein seriös gekleideter ZDF-Mitarbeiter trat angespannt vor das Hallenpublikum.

„Guten Abend, meine Damen und Herren. Ja, sie dürfen gerne applaudieren."

Es folgte ein artiger, aber dünner Applaus vom Publikum.

„Was will dieser Mann von uns?" Diese Frage konnte man in den Gesichtern des Publikums lesen. Große Kunstpause, dann weiter:

„Sie sind nun zu uns gekommen und haben Eintrittskarten - im Werte von 15 DM - erworben. Wir sind bemüht, Ihnen einen unvergesslichen Abend ..."

Ich erspare uns jetzt hier den Rest. Das klang alles nach einer Heinz Ehrhardt Parodie, war aber ernst gemeint – sehr ernst! Das Publikum saß damals eher erschrocken in ihren Sesseln.

Sinn des Warm-Ups war aber, die Leute locker zu machen. Sie schon, bevor es losgeht, in Stimmung zu bringen, damit der auftretende Moderator - in der gerade angelaufenen Sendung - ein „vorbereitetes Feld" betreten kann.

Und dann geschah das, womit ich niemals gerechnet hätte.

Die Redaktionen einiger Sendungen, bei denen ich Regie führte, baten mich eines Tages, die sogenannten Warm-Ups zu übernehmen. Das Publikum einzustimmen, es locker zu machen, ihnen das Gefühl zu geben, dass sie für zwei Stunden wichtiger Teil einer erfolgreichen Show sein werden.

„Du kannst das Pit, Du bist der Regisseur. Dem glaubt man alles."

„Schön wär's", denke ich - und mache es.

Ich hätte als Regisseur dieser Sendungen zwar auch jede Phase der Konzentration nötig gehabt, aber irgendwie reizte es mich auch, den Menschen ins Gesicht zu schauen und „ein bisschen mit ihnen zu spielen" – vor der eigentlichen Sendung.

Es gelang mir und ich registrierte zufrieden, dass es mir leichtfällt, mich vor ein paar Tausend Menschen zu stellen und sie in ein paar Minuten mit den typischen Warmup-Späßen in eine Gute-Laune-Stimmung zu bringen.

Wer schon mal bei einer TV-Aufzeichnung oder Live-Show zu Gast war, kennt diese Sprüche in- und auswendig, denn sie werden auch heute – fast vierzig Jahre später – fast wörtlich von den inzwischen extra für diese Aufgabe engagierten (!) „Profi-Warm-Uppern" übernommen.

- *„Meine Herren, wenn sie statt mit ihrer eigenen Frau mit ihrer Affäre oder Sekretärin hier sind, dann empfehle ich ihnen sich noch vor der Sendung umzusetzen – man könnte sie im Fernsehen entdecken."*

Oder:

- *„Wenn sie klatschen, dann bitte mit beiden Händen – wir senden in Stereo-Ton.*

Brüller, oder?

- *„Sie wissen, dass sie mit einem freundlichen Gesicht noch viel attraktiver aussehen. Also lächeln sie – lächeln sie einfach 90 Minuten lang durch, dann kann nichts schief gehen ..."*

Ja, solch einen Blödsinn erzählen wir immer noch den Menschen, die sich artig ins Publikum setzen und glauben, dass sie nun in der „ersten Reihe" sitzen. Glatte Manipulation – aber gut gemeint. Die Realität ist anders:

Das Publikum – vor allem in den ersten unteren Reihen – hat zunächst zwei Stunden lang (und oft länger) die Rücken der vielen Kameramänner und -frauen, der Kamerakräne, der Techniker und Aufnahmeleiter vor der Nase, die ihnen fast lückenlos die Sicht auf das versperren, was man im Fernsehen zu Hause perfekt und in Farbe sehen kann.

Meine kleinen „Fünf-Minuten-Nebenjobs" als „Warm-Upper" beobachtete der ZDF-Unterhaltungschef Wolfgang Penk offensichtlich sehr genau, denn sehr überraschend lud er mich irgendwann 1985 zu einem gemeinsamen Abendessen bei einem Wiesbadener „Italiener" ein.

Ich war etwas nervös - hatte ich was falsch gemacht? War er mit meiner Arbeit unzufrieden? Nee - das hätte ich gemerkt und er hätte mich auch eher in sein Büro zitiert.

„Pit, traust du dir zu, eine eigene Sendung zu moderieren?", fragt er mich bei einem Glas Rotwein.

In solch einem Moment denke ich immer zunächst: *„Will der mich verarschen?!"* Aber ein Penk verarscht nicht. Der Mann weiß, was er will, und hat wirklich öfter als genug bewiesen, dass er sich auskennt in der Fernseh-Show-Welt.

Ich erinnere mich genau an ein Gespräch Jahre zuvor im Münchener Hotel Vierjahreszeiten, bei dem er mir – wirklich streng vertraulich – erzählt hatte, dass er in der kommenden Woche der Presse den Nachfolger von Frank Elstner für die „Wetten, dass" - Sendungen präsentieren würde. Wirklich streng vertraulich sagte er mir dann sogar den Namen: Thomas Gottschalk.

Einen Tag später stand es in der Zeitung. Weiß der Geier, woher die das wussten. Ich war's nicht, Wolfgang. Ich habe es nicht verraten ...

Also dieser Wolfgang Penk wünscht sich, dass jetzt auch ich als Moderator für ein bestimmte Sendung auftrete.

Ich nehme mal etwas vorweg: Ich finde es aus heutiger Sicht ganz schön verrückt, dass ich bei allem Wissen, was in dieser Show-Branche so alles abläuft, nun damals 1986 noch tiefer in diese Landschaft eintauchen sollte.

- Raus aus der „Fast-Anonymität" des Kameramannes oder des Regisseurs.

- Raus aus der Sicherheit der kontinuierlichen Beschäftigung. - Raus aus der „Komfortzone".

Und dafür:

- Rein in die sichtbare Glitzerwelt der Show-Treppen, ins grelle Licht der Showlampen.

- Rein, aber auch in das Risiko, mit wenigen Auftritten im Falle des Misserfolges ein bisher doch recht ordentliches Image zu demolieren.

Aber solche Gedanken hatte ich natürlich in diesem Augenblick nicht. Ich fühlte nur eine neue, spannende Aufgabe in Reichweite.

Ich hatte ja schon einmal meinen Berufsweg „leicht modifiziert", als ich dem gutgebuchten Kameramann Pit Weyrich nach zehn Jahren eine Auszeit genehmigte und mich den spannenden Aufgaben eines Regisseurs an den Hals warf.

Nun wieder, fast elf Jahre später, wollte der ZDF-Unterhaltungschef, dass ich eine neue ZDF-Show als Moderator mache. Er hatte vielleicht irgendein Vertrauen oder Instinkt, dass mir diese neue Herausforderung gelingen könnte.

Seine einzige Bedingung: *„Pit, über Deinen Vollbart müssen wir aber noch reden."*

Ich will nicht darüber reden. Ich mache ihn ab und bin prompt eine Woche lang erkältet, weil mein Gesicht plötzlich nackt dem Wind ausgesetzt ist.

Irgendwie ist das symbolisch für die Begleiterscheinungen meines neuen öffentlichen Lebens.

Als Mensch, der sein Gesicht vor die Kameras hält und damit sein Leben quasi der Öffentlichkeit freigibt, ist man schlagartig dem Gegenwind schutzlos ausgeliefert.

Mir war das alles egal - denn ich fand die erneute Herausforderung spannend und gleichzeitig war ich natürlich stolz, dass dieser Big-Boss der Unterhaltung mir das überhaupt zugetraut hat.

„Kaum zu glauben – die Crazy Show"

Das ist der Titel der Sendung im ZDF, die ich von 1986 an moderieren soll.

Verrückte Vorstellung. Und wieder höre ich den Satz – dieses Mal vom Unterhaltungschef des ZDF persönlich:

„Pit, Du kannst das!"

Die geplanten Fernsehsendungen bestehen aus zwei Teilen.

Da sind zunächst mal verrückten Szenen, bei denen wir ahnungslose Passanten auf der Straße ansprechen und mit Argumenten überzeugen wollen, vollkommen absurde Dinge zu tun, die sie im normalen Leben niemals machen würden. Natürlich sind die Kameras, die das alles aufnehmen sollen, versteckt.

Und dann werden diese Filme bearbeitet und während einer separaten Live-Aufzeichnung im Studio vor Publikum gezeigt.

Dazu kommen dann noch ein paar musikalische Auftritte von bekannten Künstlern.

Aber zuerst sind natürlich die Außendreharbeiten zu machen.

Die Chance, die Passanten davon zu überzeugen, dass nur sie in Frage kommen, diese verrückten Aufgaben zu übernehmen, soll wahrscheinlicher werden durch kleine, sich steigernde Geldangebote.

„Also wenn Sie das machen - zahle ich Ihnen 10 Mark - nein 15."

Ich sollte sie also mit Geldangeboten „gefügig" machen ...

In den USA, wo dieses „Spiel" unter dem Titel „Anything for Money" seit Jahren erfolgreich gelaufen ist, war es immer nur eine Frage der Höhe des „Geld-Angebots", wann „das Opfer" bereit war, diese übermütigen und gleichzeitig sinnlosen „Späße" mitzumachen.

Bei uns in Deutschland verstimme ich allerdings eher die Willigen mit meinen Geldgeboten.

„Spinnen Sie?! Ich will doch kein Geld dafür!" So hört sich das häufig an.

Vielleicht geht es uns hier zu gut, spekuliere ich über diesen spürbaren Unterschied im Vergleich mit den US-Bürgern. Für diese Serie denke ich mir die irrsten Szenen aus, denn ich schreibe auch die „Bücher" dafür – man könnte es auch „Sketche" nennen.

Ich handle mir häufig den ungläubigen Kommentar von Freunden und Fremden ein, dass so einen Blödsinn doch normal niemand glauben und schon gar nicht mitmachen würde.

Stimmt - im Prinzip! Und deshalb heißt die Sendung ja auch „Kaum zu glauben".

Die Szenen werden dann in einer öffentlichen Aufzeichnung vor Studiopublikum gezeigt und viele der „Reingelegten" sind zum Talk ins Studio nach Berlin eingeladen. Das ZDF plant zunächst acht Sendungen à 45 Minuten.

Meine Kollegen, die mich aus all den vergangenen Jahren als Regisseur „ertragen", sowie Künstler, mit denen ich so häufig schon gearbeitet hatte, nehmen das vorwiegend positiv auf. Es gibt aber auch Stimmen, die sagen: *„Der Weyrich spinnt. Jetzt moderiert der auch noch ..."*

Ja, der Pit moderiert jetzt auch noch, allerdings – und das sollte sich als sehr kluge Entscheidung herausstellen – nicht ausschließlich. Ich gebe das Regieführen nicht auf. Und das ZDF erlaubt mir das auch!

Ich erlebe eine tolle Zeit mit spannenden Herausforderungen und komplett verrückten Szenen auf den Straßen. Der Gipfel der Frechheiten ist eine Szene in Berlin, bei der ich mit einem lebendigen, ausgewachsenen Löwen in einen vollbesetzten Linienbus einsteigen soll und den Fahrer versuche zu überreden, uns mitzunehmen.

Hat funktioniert und es war spannend. Aber auch nicht ungefährlich.

Link: https://youtu.be/xM5zLkTsioY

Backstage: Löwe und Pit Weyrich im Berliner Linienbus

Manchmal hätten wir uns wirklich gründlicher fragen sollen, ob wir nur mutig oder schon übermütig und leichtsinnig sind. Unvorstellbar die Katastrophe, wenn zum Beispiel der Löwe sich daran erinnert hätte, dass Menschen nicht zu seiner Gattung gehören, sondern auch eine lohnende Beute sein können.

Manchmal haben wir auch ahnungslose Menschen reingelegt, die aus persönlichen Gründen für diese Art Scherze in ihrer aktuellen Situation keinen Platz hatten. Das passierte, Gott sei Dank, sehr - sehr selten!

Normal war eher immer die Begeisterung für unsere verrückten Ideen und das eigene Entsetzen, wie man auf so einen Quatsch reinfallen kann.

Großartige Quoten belohnen uns für aufwendige und zeitintensive Arbeit. Und weil es so schön läuft, bekomme ich vom Sender eine weitere spannende Aufgabe in Sachen Moderation.

1988 soll ein „Kaum zu glauben-Special" in Amerika für den ZDF-Silvester-Abend entstehen.

Die US-Firma, die mit extra dafür ausgebildeten Spezialisten dort alle möglichen Tiere trainiert, um diese in Filmen mitwirken zu lassen, hatte uns eingeladen.

Denn sie waren es auch, die uns den Löwen Arthur für den Berlin-Dreh zur Verfügung gestellt hatten.

Diese Dreharbeiten waren wirklich total crazy.

Löwe auf dem Rücksitz

Die Firma arbeitet in den USA für Filmfirmen von Miami bis Hollywood. Und da geht es nicht um Hunde oder dressierte Papageien, die auf Befehl durch einen Feuerreifen springen, sondern tatsächlich um lebendige Löwen, Tiger, Elefanten und Affen. Und die sind echt, groß und keineswegs kuschelig, auch wenn sie, wie Löwe Arthur, so aussehen. Weil wir alles, was wir über diese Arbeit da drüben erfahren, sofort als „Kaum zu glauben" empfinden, planen wir diese Sendung.

Ich schreibe vollkommen naiv ein kleines Drehbuch, eher ein Gerüst für unsere Dreharbeiten, bei denen ich neben den Tieren die Hauptrolle spielen soll. Heute weiß ich, was ich mir da ohne große Vorahnung zugemutet habe. War ich naiv oder nur verrückt?

Ich plane in Tennessee eine Autofahrt mit dem 220 Kilogramm schweren Löwen Arthur - durch die Straßen von Knoxville.

Dann einen kleinen Skateboardkurs mit einem jungen ca. 500 Kilo schweren Elefanten (!) und einen freien Flug mit „Daniel Baboon", einem keineswegs harmlosen Affen. (Ich hatte bis dahin geglaubt, dass es nur unsympathische Menschen gibt, aber dieser Affe war ein echt unangenehmer Vertreter - mit Mundgeruch!)

Voraussetzung für meine direkten und ungeschützten Begegnungen mit den Tieren war allerdings eine gründliche Einweisung – quasi ein Training mit den trainierten Tieren.

Denn das sind ohne Ausnahme nur mit endloser Geduld eingeübte Situationen, in denen diese Lebewesen es gnädig über sich ergehen lassen, mit fremden Menschen – auch noch aus der Filmbranche – zu „arbeiten".

Und genau diese Trainingsstunden mit den Tieren gehören - bis heute - zu den wertvollsten und spannendsten Erlebnissen meines Lebens.

Unglaublich, was sich da in relativ kurzer Zeit in mir abspielt.

Mein Coach - Doc Antel - ein 35-jähriger sehr sympathischer Typ, macht mir Mut, als ich das erste Mal vor dem großen, eingezäunten Bereich stehe, in dem Löwe Arthur auf seine Begegnung mit dem Deutschen wartet.

„Geh ruhig rein, Pit. Arthur wird sehr schnell merken, dass du nicht als Gefahr für ihn in seinen Lebensbereich eindringst, sondern als Freund kommst. Er wird erkennen, dass du keine Angst vor ihm hast."

Ich staune ihn an. Wenn der wüsste, wie es in mir aussieht.

Mich wird der Löwe ja mögen, aber die Kollegen vom Team, die alles frech grinsend miterleben, vielleicht weniger ...

„Also hab keine Angst und geh da jetzt rein. Aber bitte merke Dir: Wenn ich sage „Komm raus", dann geh langsam und konsequent zurück zur Tür im Gitter. Sie wird dann von mir geöffnet und du kannst raus. Aber pass auf, dass Du auf keinen Fall stolperst! Und er wiederholt eindringlich: habe keine Angst! Ich sehe sehr früh, wenn Arthur unruhig wird, wenn ihm was nicht passt."

„Na super", denke ich, *„der hat gut reden."*

Aber irgendwie habe ich Vertrauen in sein Können und somit auch in die Berechenbarkeit der Laune von Arthur. Ich will nicht lange rumreden - nach einer kleinen Nachhilfestunde, in der Doc seine „große Katze" mit dem identischen Verhalten kleiner Hauskatzen vergleicht, beschließe ich einen ersten Versuch.

Langsam öffnet Doc Antel, während er beruhigend mit dem Löwen spricht, den Käfig und ich stehe ca. acht Meter entfernt vor Löwe Arthur. Mein Gott, ist der groß ...

Doc: *„Arthur – good boy! This is Pit. He's your friend – good boy."*

„Das kann ich auch", denke ich und spreche „das Kätzchen" mit ruhiger Stimme und irrwitzigen Worten an:

„Hallo, mein Freund, Du bist ein good boy. Bleib ganz ruhig. Wir werden uns schon aneinander gewöhnen."

Mir schießt durch den Kopf, dass sein Trainer ja immer Englisch mit ihm spricht. Der versteht im Leben kein Deutsch. Aber er hört sicher die „unglaubliche Gelassenheit" in meiner plötzlich zwei Oktaven tieferen Stimme.

Aber dann kommt er langsam auf mich zu. Was plant der? Ich bleibe stehen. Ich höre Doc von draußen: *„Good boy – yes, you are a good boy!"*

Warum sagt der nichts Tröstendes zu mir?! Mir geht es, sagen wir mal, gemischt. Aber für Angst ist kein Platz in diesen Momenten. Ich bilde mir ein, Arthur hat gecheckt:

OK – deutscher Typ – männlich – ca. 85 Kilo – lohnt sich nicht.

Ich habe es jetzt über 30 Jahre später leicht, darüber so zu schreiben. Es war extrem spannend und etwas „sehr mutig".

Das finde ich heute. Aber ich habe gelernt, dass man mit überzeugender Ruhe, auch wenn davon mindestens fünfzig Prozent gespielt ist, unglaublich viel erreichen kann. Eine Regel fürs Leben? Ich weiß es nicht.

Alle weiteren Begegnungen und die Dreharbeiten auf einem Highway verlaufen ruhig und fast schon zu perfekt ab. Eine kleine Ausnahme allerdings ist nicht wirklich lustig.

Für einen kleine Szene wollen wir Löwe Arthur auf der Rückbank - eines Cadillac-Cabrios der 60er Jahre - sitzen lassen. Ich bin vorne am Steuer und fahre das Auto. Während dieser Fahrt auf der keineswegs abgesperrten Strasse habe ich einen kleinen Dialog mit dem Löwen, dessen Antworten später in der Filmversion synchronisiert werden sollen. Doc Antel versteckt sich vorne im Fußraum vor dem Vordersitz, sodass ihn die parallel mitfahrende Kamera nicht sehen kann.

Klappe: „Arthur und Pit, die Erste"

Ich fahre los. Unentwegt schaue ich – zugegeben leicht angespannt – in den Rückspiegel und beobachte meinen haarigen Mitfahrer.

Ton ab – Kamera läuft!

Schweiß auch ...

Zweimal „versemmel" ich meinen Text.

Bei der vierten Fahrt scheint es dem Löwen nicht mehr besonders zu gefallen. Er wird unruhig. Seine riesige Zunge putzt seine Nase. Er schüttelt seinen mächtigen Kopf und legt die Ohren an. Das ist das, was ich im Rückspiegel sehe.

Trainer Doc Antel sieht mehr ...

Auch hier war verabredet, dass ich ruhig und zügig den Ort verlassen soll, wenn mein Trainer es für richtig hält. Auf keinen Fall hektisch fliehen oder gar weglaufen! Jetzt höre ich, wie Doc mir den klaren, aber ruhigen Befehl gibt:

„Pit, slow down. Stop and leave the car."

Und er fügt etwas strenger hinzu: *„Now, Pit."*

Ich bremse so sanft, als wenn ich auf ein rohes Ei trete, steige langsam aus, damit es bei Arthur nicht „wie Flucht" rüberkommt und gehe weg.

Nur ein paar Meter, dann werde ich sofort wieder übermütig und rufe rüber zum Cadillac: „*Good boy – you are a very good boy.*" Arthur richtet sich auf und Doc hat etwas Mühe, ihn zügig aus dem Auto zu befreien. Aber die beiden kennen sich und die Situation beruhigt sich schnell. Mein Puls? Medizinisch grenzwertig!

Link: https://youtu.be/3Eqp2uKa_PM

Backstage: Löwe und Pit Weyrich auf dem Highway

Es ist nichts passiert. Nur die Dreharbeiten sind an diesem Tag beendet. Denn das Prinzip der Trainer ist es, den Tieren in keinem Moment den menschlichen Willen aufzudrängen, sondern ihnen durch artgerechtes Verhalten die Angst und damit die Angriffs- oder Verteidigungslust zu nehmen. Ich beobachte eine ganze Woche lang, wie spielerisch ihre Trainingsmethoden sind. Davon konnte man sich sogar durch einige kleine Clips, die wir in die Sendung zusätzlich eingeschnitten haben, selber überzeugen.

Doc hat gemerkt, dass Arthur keine Geduld mehr hatte. Also war Drehschluss.

Mir gefällt das Verhalten der Trainer mit dem Respekt für die Tiere.

Ich habe viel dazugelernt in dieser Zeit mit den Tieren und durch das faire und konsequente Verhalten der amerikanischen Trainer.

Nie hat einer laut oder im Befehlston mit den Tieren gesprochen.

Es gab keine Peitschen, Strafen oder zweifelhaften Reaktionen.

Die ganze Woche unserer Dreharbeiten bleibt ebenso aufregend und inspirierend.

Aber es gab auch Momente, die ich heute nicht wiederholen würde. Einfach weil sie in der folgenden Situation sicher nicht nur mir Stress bereitet hat.

Gott sei Dank war ich (fast) angstfrei!

Mit „Tiger-Lady" Ella in der Badewanne

Der absolute Höhepunkt auf unserer USA-Reise ist ein Interview mit dem Doc, der uns in kurzen Worten erklären soll, wie seine Arbeit mit den Tieren abläuft. Ich will das Gespräch neben ihm stehend aufnehmen und an seiner Seite soll Tiger-Dame „Ella" liegen oder sitzen.

Sie ist eine wunderschöne „Lady" mit ihrem anmutigen Kopf. Ihr Fell scheint aus reiner Seide zu sein.

Aber unserem Produzenten gefällt das Motiv nicht. *„Das ist langweilig, Pit. Das muss irgendwie spannender aussehen."*

„Von mir aus", antworte ich und ahne wieder nicht, was die von mir verlangen. Immerhin bin ich nicht nur „todesmutiger" ZDF-Moderator, sondern auch noch mein eigener Regisseur.

... *„Das ist langweilig, Pit."* ...

„Lieber langweilig als tot", denke ich. Ich will das ablehnen, weil mir die Tiger-Lady auch wesentlich gefährlicher vorkommt als der „Kuschel-Löwe".

Doc Antel schlägt vor, das Gespräch in einer sehr großen Badewanne zu drehen. (In den USA sind das Jacuzzis, also kleinere Whirlpools, die es in vielen Hotelzimmern gibt.) Doc, Tiger-Ella und Pit.

„Ich? Ins Wasser mit einem Tiger? Niemals!", wehre ich mich.

„Das ist 'ne Tigerin", sagt mein Kameramann. *„Na das ist ja beruhigend"*, antworte ich zynisch. *„Ich komme mit Mädels sowieso besser zurecht als mit Jungs."*

Also gut - meine Mutter wird stolz sein auf ihren heldenhaften Sohn ... Ich mach's.

Es folgen wieder etliche Ratschläge - Verhaltensregeln und natürlich auch wieder jede Menge zynische Kommentare meines Teams. („Pit solche Bisswunden verheilen innerhalb einer Woche ...")

Ich muss aber glaube ich mal erwähnen, dass da nie ein weiterer Mensch der Trainer-Equipe in irgendeiner Ecke stand, der vielleicht für den Notfall die Situation mit 'ner Schusswaffe hätte lösen können. Man hört sowas ja manchmal von den Zirkusvorstellungen mit wilden Tieren.

Auch auf meine Frage, ob mein tierischer Filmpartner denn 'ne schöne Beruhigungstablette bekommen habe, bekam ich eine beruhigende Antwort.

„Das würde das Gegenteil auslösen, weil die die Wirkung solcher Tranquilizer das Tier unberechenbar macht, weil es merkt, dass etwas nicht stimmt".

Das klang logisch und beruhigte mich weitgehend.

Ich hätte dem auch nicht zugestimmt! So wichtig ist unser Unterhaltungs-Filmchen schließlich nicht!

Es ist Nachmittag - in einem Bad eines Hotelzimmers - in Knoxville - Tennessee.

Ich trage ein dünnes T-Shirt und eine Badehose. Behutsam und sehr skeptisch steige in das sehr kühle Wannenbad. Ich finde gerade noch ein Plätzchen in der Ecke, denn Doc sitzt schon grinsend mit Ella im Wasser. Es hat gut zwanzig Minuten gedauert, bis die Tigerdame da freiwillig reingeklettert ist. Jetzt sitzen beide entspannt dort und warten auf den Moderator.

Ella staunt, als ich ins Wasser steige. Sie merkt natürlich sofort, dass ich „überhaupt keine Angst habe", weil ich so etwas ja täglich in meinem Programm habe ... Ich spreche nicht. Noch nicht einmal „good girl", denn ich habe einfach nur Angst.

Meinen nackten Unterschenkel lege ich sanft auf ihre Pfote – ungefähr 20 Zentimeter unter der Wasseroberfläche. Woanders ist leider kein Platz für mein Beinchen. Ich spüre, wie Ella mit ihren Pfoten diese katzenüblichen, knetenden Bewegungen macht, die Baby-Tiger an den Zitzen der Mutter nach Nahrung „graben" lassen. Ist das ein Zeichen, dass sie sich wohlfühlt? Sage jetzt bitte niemand „wie süß". Das war nicht süß. Das war hochdramatisch.

Relativ monoton leiere ich meine Interviewfragen runter. Aus geplanten fünf Minuten mache ich drei! Die schadenfrohen Gesichter des Teams um uns herum vergesse ich nie.

Schnitt – erledigt.

Gut gegangen. Lasst mich da raus ...

In dem Augenblick kommt der Fotograf und sagt: *„Pit bleib, ich brauch noch Fotos."*

Er hatte „Pit" gesagt, nicht „Ella". Denn die hat auch die Schnauze voll und will diese alberne Szene sofort beenden. Oder sie hat erkannt, dass Fotografen eine ganz besondere Gattung Mensch sind ...

Auch das geht gut.

Danke Tigerin ... Feierabend!

Link: https://youtu.be/-7hhN11CpeM

Backstage: Eine Tiger Lady in meiner Badewanne

Aber so aufregend das in meiner Erinnerung auch sein mag, das war eine wunderschöne Zeit in Amerika.

Ich werde gleich noch erzählen, auf welch idiotische Art und Weise ich zu diesen Dreharbeiten nach Amerika geflogen bin. Denn das war auch „Kaum zu glauben"!

Aber vorher möchte ich noch betonen, dass ich schon ein bisschen stolz bin auf diese Sendung und dass ich auch heute noch beim Ansehen Szenen Glücksmomente habe.

Kollegen glauben, dass wir die Aufnahmen irgendwie „getrickst" haben. Ich lasse sie in ihrem Glauben, denn nur Löwe Arthur, Tigerdame Ella, der Trainer „Doc" und ich wissen, was wir voneinander zu halten haben.

Ich bin dankbar für dieses Erlebnis.

VIP-Shuttle mit der Promirakete

Die An- und Abreisen zu unseren Drehorten werden mit der Zeit reine Routine. Kofferpacken passiert in 10 Minuten am Tag der Reise und ich vergesse immer die gleichen Dinge. So habe ich im Laufe der Zeit mindestens acht Ladekabel nachgekauft, von Brillen und Schals mal ganz abgesehen. Eigentlich kaum erwähnenswert.

Aber wenn Sie wissen wollen, wo die „Schönen und Reichen" ihre Schals kaufen, dann begleiten sie mich doch auf der verrücktesten Anreise meiner gesamten beruflichen Zeit.

Die Facts:

Berlin - ZDF-Hitparade – es ist ein Mittwoch, 20 Uhr und die Sendung ist zu Ende.

Am nächsten Tag soll für mich Drehbeginn für das „Kaum zu glauben-Special" mit dem Löwen Arthur sein. (Das war ja das Thema des letzten Kapitels.)

Der Drehort ist Knoxville in Tennessee, USA. 7.340 Kilometer entfernt. Berlin – Knoxville – das kann man reisetechnisch auf unterschiedliche Art lösen. Unterschiedlich auch besonders im Flug-Tarif! Nur ganz sicher nicht so, wie mein Produzent es geplant hat. - Sehr stolz verkündet er:

„Pit, Du fliegst Concorde".

Und weiter, als hätte er das Teil gebaut: *„Die braucht nur 3 Stunden 30 Minuten."*

Na super, denke ich und glaube zunächst, dass das gar keine so schlechte Idee ist ... Zunächst. Aber dann kommt die Realität.

Ich fliege nämlich sehr früh morgens von Berlin erstmal nach Paris. Denn nur von dort oder von London aus gibt es Flüge mit der Concorde.

(Für die Jüngeren: Die Concorde ist das erste Überschall-Passagierflugzeug, das von 1973 bis 2003 Europa mit den USA verbindet und mit 2400 km/h ziemlich zügig unterwegs ist.)

Der Haken:

Ich muss ja zunächst dahin, wo die Rakete steht.

Nach 11/2 Stunden lande ich in Paris-Orly. Die Umsteigezeit beträgt ungefähr eine Stunde.

Ich werde bei der Ankunft in Paris noch im Flugzeug persönlich ausgerufen. Ich erschrecke, denn ich glaube jetzt bekomme ich die Nachricht, dass der geplante Dreh in USA abgesagt wird. Nix da. Ich werde von einem gutaussehenden, „very well dressed" Typen abgeholt, der unbedingt mein Handgepäck tragen will. Er soll mich – wie alle Passagiere des einzigen Concorde-Fluges an diesem Tag – an das richtige Gate bringen.

Ich grinse, denn das hätte ich auch alleine gefunden. Wir nähern uns nach ca. 20 (!) Minuten Fußweg dem Gate. Und plötzlich wird alles sehr vornehm.

Ich trage Jeans, Pulli und hab 'ne schwarze Lederjacke überm Arm.

Im VIP-Abflugbereich für die Concorde-Passagiere sitzen schon ungefähr 80 Menschen. Viele unter 90 Jahre alt. Keiner unter 50. Es riecht nach Chanel und in der VIP-Boutique kaufen gerade drei elegante, aber langweilig aussehende VIP-Ladys die fast gleichen Männer-Schals. English Cotton Style. Ich bilde mir ein, unangenehm aufzufallen. Dass ich hier kein Normalfall bin, merke ich daran, dass mich eine sehr hübsche Frau anspricht, die sich später als Stewardess herausstellen sollte: *„Sie sind Herr Weyrich?"* Woher weiß die das? *„Welcome auf unserem Concorde-Flug nach New York."* Aha – hier wird jeder persönlich begrüßt. Dann gibt es Geschenke. Blaue Täschchen für den Mann und zartrosa für die anderen. Inhalt: Augenklappen aus Seide, Zahnbürstchen, weiße Stoffhandschuhe (wofür die sind, habe ich nie erfahren) und edle Taschentücher von Hermes). Das Glas Sekt nehme ich nicht an, es ist erst 10 Uhr morgens.

Wenn man hier als knapp 40-jähriger mit 'ner Lederjacke rumläuft, halten einen die Angestellten der Air France entweder für einen Rockmusiker oder einen, der sich 'ne Erbschaft erschlichen hat. Was anderes ist ausgeschlossen. Ich trinke nichts, ich kaufe nichts, ich will einsteigen, ich will fliegen!

Passiert auch sehr pünktlich. Allerdings müssen wir durch den Regen laufen, weil die praktischen Passagierbrücken nicht für den Ein- und Ausstieg bei einer Concorde geeignet sind. Kein Problem, denn da ist natürlich sofort wieder ein Gutgekleideter, der mich die 20 Meter Fußweg mit 'nem Gucci-Schirm begleitet.

Die Maschine ist erstaunlich flach. Dafür ist sie lang und elegant wie auch einige der Passagiere. Ich fühle mich reich und wichtig und vermisse „jubelnde Fans" auf der Zuschauerterrasse.

Ein endlos langer und sehr enger Gang führt zu meinem Sitzplatz – Reihe 32. Natürlich ist wieder eine schicke Lady an meiner Seite. Man kann hier nichts falsch machen, denn man wird behütet wie ein Kleinkind. Ich schaue an mir herunter, ob man mir heimlich wie alleinfliegenden Kids so ein OM (ohne Mutter) Schild um den Hals gehängt hat.

Mir schießt durch den Kopf, ob man mich vielleicht nicht inzwischen als verdächtig eingestuft hat, weil alle (!) anderen sich anders verhalten. Sie lassen sich das alles genüsslich gefallen. Ich erinnere mich, dass ich mehrfach *„Danke - nicht nötig"* gesagt habe.

Ich bin erleichtert, als ich endlich sitze und erkenne: Der nächste schicke Passagier sitzt drei Reihen vor mir. Mir wird sofort klar, warum so ein Flug über 7000,- DM kostet. Das Ding ist so gut wie nie ausgebucht.

Ich studiere vor dem Start die in einer Lederhülle steckende Menükarte für den Flug.

Es gibt Hummermedaillons und Geflügel-Confit, Kaviar und Rinderfilet an „irgendetwas” … und kein einziges normales Getränk. Ich schwöre – ich bekomme keine Cola, weder Pepsi noch Coca … Logisch - denn Hermes oder Gucci liefern ja keine ordinären Getränke!

Aber dann – und das vergesse ich nie – folgt der Start. Eine frische Stimme des Piloten sagt nicht viel aber diesen Satz: ” *OK folks – ready for take-off? Let's go.*”

Das fand ich geil.

Es wird laut. Noch lauter. Sehr laut. Dann schüttelt sich diese schmale Röhre mit den ganzen VIPs – alles droht zu zerbrechen und dann löst der Typ die Bremsen.

Oha – das ist anders als in einer 737 … Von Nachbrennern in den Sitz gepresst zu werden, ist neu für mich. Ich habe Puls. Wir heben ab – ich vermute senkrecht. Durch das winzige Fenster wird die Erde immer kleiner. Im Nu sind wir auf Reiseflughöhe und ich staune über das Blau des Himmels. Dunkler als ich es je gesehen habe. Und nach ein paar Minuten kann ich tatsächlich die Erdkrümmung sehen. Sie gibt es also wirklich! Ein paar Meilen bis zur Atlantikküste noch mit „normaler Geschwindigkeit”, weil die über Land noch ein Tempo-Limit haben, aber dann …

Dann wird das Teil zur Promi-Rakete. Zwei Stunden und 50 Minuten werde ich „gefüttert”. (Keine Cola an Bord.) Ich wette, die hatten ein schlechtes Gewissen!

Ich hätte so gerne ein bisschen geschlafen, aber das ist offenbar nicht im Preis inbegriffen. Nach den zwei

Desserts beginnt der Sinkflug und man will es nicht glauben: Nach ganz knapp über drei Stunden landet das Geschoss auf dem John F. Kennedy Airport in New York. (Gott sei Dank wird es wohl nie einen Trump-Airport geben.)

Natürlich erwarte ich, dass gleich wieder irgendjemand mein Handgepäck tragen will. Nein.

Der Passagier hat seine Schuldigkeit getan.

Jetzt ist fertig! Man ist wieder bei sich. Ich habe auch keine Zeit zum Nachdenken. Ich brauche wieder eine Stunde zum Umsteigen, denn ich bin noch lange nicht an meinem Ziel.

Von New York geht es erstaunlich preiswert und ohne Essen, aber mit „Coca-Cola satt" in 'ner 737 nach Atlanta. Da wird einmal kräftig durchgestartet ... und dann beim zweiten Versuch klappt es. Zweimal Landung für einen Preis – sowas gäbe es bei der Concorde nicht! Schneller Umstieg (wieder 'ne Stunde verloren) zum kleinen Flieger nach Knoxville. In der Turboprop Maschine ist auch nicht weniger Platz als in der Rakete – und es gibt Gummibärchen gratis! Ich lande. Jetzt muss ich überlegen, denn für mich ist es bereits nach 22 Uhr – aber draußen ist freundlicher Nachmittag.

Also bin ich für „preiswerte" fast 8.000 DM drei Mal umgestiegen und etwas über 15 Stunden unterwegs gewesen.

Mit einem normalen 747 „Jumbo-Jet" wäre ich in ... Ach, was soll's – es war ein Abenteuer.

Und wer bis zum Einstieg in die Concorde noch kein Promi war, der ist es spätestens danach. Denn

normale Menschen machen so etwas nicht ...

Applaus tut gut

Zurück im Alltag lerne ich ja nun auch die andere Seite dieser „Show-Welt" kennen. 20 Jahre lang hatte ich „hinter den Kameras" gearbeitet und nicht nur das. Ich lebte ja auch irgendwie in dieser Welt. Sie war immer wie ein zweites Zuhause.

Aber mit der Zeit verändert sich meine Beziehung zur Arbeit beim Fernsehen. Vor der Kamera weht ein anderer Wind. Ich erkenne, wie wenig ich bisher von den Emotionen der vielen Künstler, die sich vor den Kameras meiner Sendungen bewegten, wirklich verstanden habe. Allein schon der Auftritt durch eine Tür oder über eine Treppe am Beginn fast jeder Live- Sendung oder Aufzeichnung mit Publikum ist spannend. Mit lächerlichen Sätzen, wie „Guten Abend, meine Damen und Herren. Herzlich Willkommen zu ...", und mit gelernten Texten vor die Öffentlichkeit zu treten, ist überhaupt nicht zu vergleichen mit den Aufgaben und Gefühlen der Menschen, die hinter den Kameras für das gleiche Ergebnis arbeiten:

Eine Fernsehsendung!

Es ist das gleiche Boot, das gleiche Wasser, der gleiche Kurs, das gleiche Ziel. Und doch sind es zwei Welten.

Neben dem Kameramann Pit Weyrich standen Techniker, Helfer und viele andere, die den Fachbereich „Kamera" mit ihrem Können und Wissen versorgen.

Hinter dem Regisseur Pit Weyrich stehen viele Mitarbeiter, die Verantwortung für Inhalte, Dramaturgie, Organisation, Licht, Ton und Technik übernehmen und viele, insbesondere viele Unsichtbare, die wie Zahnräder ineinandergreifen, um das „Werk" gemeinsam entstehen zu lassen. Aber sie sind nur einzelne Zacken des Zahnrads, nicht das Rad selbst.

Hinter dem Moderator – oder was ich viel treffender finde, dem Gastgeber – steht eigentlich nur die Dekoration und seine Eltern, die ihn immer toll finden wollen.

Ich hätte es nicht geglaubt – auch nicht nach all den Jahren, in denen das Fernsehmachen für mich Alltag geworden ist:

Du bist vor den Kameras allein. Ganz allein.

Es fühlt sich so an, als trage man die alleinige Verantwortung für alles, was um einen herum passiert.

Ok, man bekommt Applaus und manchmal auch einen Schreck, weil man nicht immer versteht, wofür überhaupt applaudiert wird. Man wird kritisiert für Dinge, die man überhaupt nicht verursacht hat. Menschen vor der Kamera haben immer Schuld. Sie sind die Sendung – sie kann man sehen.

- **Gottschalk**, der König, hat seine Krone fast schon zur Seite gelegt.

- **Günther Jauch** trägt seine fester denn je auf dem Kopf und zeigt sie mindestens einmal in der Woche.
- **Markus Lanz** gab „Wetten, dass..?" keine entscheidenden neuen Impulse, ist aber zu einem der führendsten Journalisten im Talk-Bereich geworden.
- **Frank Elstner** bleibt der Übervater.
- **Stefan Raab** war genial, aber geliebt und abgelehnt zu gleichen Teilen.
- **Michael Schanze,** Entertainer der 80er, ist heute im TV (leider!) fast vergessen, spielt aber Theater.
- **Johannes B. Kerner** ist „Transfer-König" und hat bald alle Sender durch.
- **Florian Silbereisen** fing als netter Junge an und wurde schnell zum kompetenten Gastgeber seiner Shows. Angenehm ist für ihn, dass er sich in seinen Shows nicht so wahnsinnig viele neue Namen merken muss, weil sich die „alten Bekannten" bei fast jeder Sendung wiedertreffen. Und dafür wird er auch mit immer besseren Quoten belohnt.
- **Jörg Pilawa** und **Kai Pflaume** sind wie eine V 200.0 – das sind die Diesel-Lokomotiven, die man vor jeden Zug spannen kann. Das funktioniert immer.

Und dann ist da noch

- **Barbara Schöneberger.** Eine der wenigen Frauen, die man auch zur Allzweckwaffe gemacht hat und die kaum noch ein Wochenende kennt.

„Die großen Sechs" der Vergangenheit, stehen im Show-Geschichtsbuch, denn sie sind alle bereits verstorben:

Peter Frankenfeld – Hans-Joachim Kulenkampff – Peter Alexander – Harald Juhnke – Rudi Carrell – Joachim Fuchsberger - Alfred Biolek.

Unvergessen sind natürlich auch, **Jürgen von der Lippe, Carolin Reiber, Sabine Sauer, Ilja Richter** oder **Désirée Nosbusch,** die auch noch zusätzlich eine fantastische Figur als Schauspielerin abgibt.

Alle sind sie Persönlichkeiten, die unsere TV- Abende eine ganze Zeit lang sehr erfolgreich gestaltet haben.

Und deswegen habe ich sie erwähnt, denn sie haben meinen Weg gekreuzt und ich darf behaupten: Sie sind alle keine Marionetten, die sich von übermächtigen Produktionsfirmen, Redakteuren und Unterhaltungschefs von ihrem Weg abbringen ließen (oder lassen).

Was für eine Welt – diese Fernsehwelt. Als normaler Mitarbeiter bist Du in einem Kreis. Da wirst du gewärmt von Kollegen. Als Künstler, Entertainer, Sänger, Schauspieler, Moderator bist du „draußen im Sturm" ungeschützt. Nackt im Wind.

Für einige ist „Die Bühne" wie eine Droge. Für andere ein immer wiederkehrender Kampf.

Und das alles erfahre ich jetzt bei meinen Ausflügen vor die Kameras. Aber es ist gut, dass ich es erfahre. Denn erst seit diesen persönlichen Erlebnissen im Scheinwerferlicht weiß ich, warum einige Kollegen arrogant und überheblich sind, oder warum sie jedenfalls so wirken. So wird man nicht geboren. Ich verstehe, warum sie als schwierig empfunden werden, oder warum sie schwierig geworden sind.

Ich glaube zu erkennen, dass Angst – und sei sie noch so unbegründet – eine große Rolle spielt:

- Angst zu versagen
- Angst zu verlieren
- Angst vor ungerechter Kritik
- Angst vor den Medien

Jeder spürt: Wenn ich versage, bin ich „weg vom Fenster".

Mein Selbstbewusstsein war bis zu diesem Teil meines Berufswegs eher überdimensional ausgeprägt. Welch ein Glück! Aber nun vor den Kameras schaue ich - wie von einem anderen Stern - auf meinen Job, auf einen Pit, der sich zwar auch hier wieder recht erfolgreich durchwurschtelt, aber niemals ganz frei von all diesen Begleiterscheinungen ist.

Ich bekomme, wie alle anderen auch, Applaus für witzige, spontane Gedanken, die ich vor der Kamera äußere. Aber ich bekomme auch Applaus für Dinge, die ich gar nicht sagen will, und für Programmteile, die ich überhaupt nicht gut finde und auch nicht erfunden habe.

Ich habe mit meinen Shows zum Glück extrem gute Quoten.

Die Wahrheit ist doch: Nicht ich habe die Quoten, sondern die Sendung. Nicht ich bin „der Macher" der Sendungen, sondern WIR. Und das Wichtigste aus meiner Sicht ist: Nur DIE oder DER sind gut, denen das alles Spaß macht.

Ich darf außer „Kaum zu glauben" viele andere Sendungen moderieren und bin natürlich oft zu Gast in Talk-Formaten oder Magazinsendungen. Darunter ist auch eine neue ZDF-Show:

„Die bessere Hälfte".

Ein an sich witziges Format, bei dem es um Menschenkenntnis geht.

Es bleibt beim guten Versuch. Nach zwei Jahren stellt das ZDF die Sendung ein – ich finde: Zu Recht. Die Idee fand ich wirklich gut. Aber wir haben es nicht geschafft, sie zu einem dauerhaften Erfolg zu machen.

Ich leide nur eine kurze Zeit unter den „Begleiterscheinungen", die eine solche Einstellung nach sich zieht, denn ich habe ja noch meine sichere „Trumpf-Karte" im Ärmel. REGIE zu führen. Das ist wie Fahrrad fahren, das verlernt man nicht so schnell.

Nicht reumütig – und schon gar nicht als „Flucht in sichere Gewässer" – kehre ich dem Moderator und dem öffentlichen Leben nach spannenden sieben Jahren den Rücken zu.

Einen verdammt großen Anteil für diesen Entschluss hatte „die Presse".

Der Boulevard-Journalismus ist leider nicht immer nur karrierefördernd, sondern in vielen Fällen auch peinlich und ausgesprochen belastend.

Als meine Tochter Melody mit anfänglich ernsten gesundheitlichen Problemen 1989 auf die Welt kam, das war genau in meiner Blütezeit als Moderator, stürzte sich die Yellow-Press auf dieses Thema. Natürlich nur, weil Papa „berühmt" war ... Einige boten für exklusive Fotos aus dem Krankenhaus sogar Geld an – so ähnlich wie ich es bei meiner Sendung „Kaum zu glauben" mit den Passanten auf der Straße und der versteckten Kamera versucht hatte. Nur ist es bei mir ein Spiel gewesen.

Sie drohten mit Sätzen wie: „Wenn Sie sich jetzt nicht zu Details äußern wollen, Herr Weyrich, dann schreiben wir eben, wie es sich uns darstellt."

Ich habe schnell begriffen, dass Künstler die Presse brauchen, auch wenn es sich meistens scheußlich anfühlt, was die dann so alles veröffentlichen. Aber einige der Presse-Mädels und -Jungs wollen nicht zugeben, dass sie auch die Künstler brauchen, denn wenn sich alle geschlossen gegen diese Art von Journalismus wehren würden, dann wären die „Freizeit-Blätter" nur noch Kreuzworträtselbibeln.

Gott sei Dank gibt es auch unter den Journalisten faire Frauen und Männer, die den Deal, „Wir begegnen uns gegenseitig mit Respekt", verstehen und sich auch daran halten.

Ein perfektes Bild für dieses Künstler - Presse - Verhältnis malt Thomas Gottschalk in seinen Bestseller Büchern. Besser kann ich das nicht schildern!

So genug gejammert! Es gab so viele spannende Momente vor der Kamera. Und Applaus tut immer gut. Wer was anderes behauptet, der lügt.

Ich habe mich nicht erst zehn Jahre später (das entspräche ja meinem Rhythmus, den Berufsweg zu wechseln), sondern schon 1992 (also nach sieben Jahren) nach den Moderationen bei den Preisverleihungs-Galas „Goldenes Europa" und „Berolina" entschlossen, den öffentlichen Pit wieder in den „Arbeiter" - Pit zu verwandeln. „Back to the roots" – das würde zutreffen. Und damit das mal ganz klar ist: Das war nicht alles nur unangenehm und belastend – die Sache mit dem „Bekannt-sein"! Vor- und Nachteile fürs persönliche Leben halten sich da absolut die Waage.

Schön, wenn ich morgens in Berlin beim Bäcker drei junge Typen treffe, die offensichtlich am Abend zuvor meine Sendung gesehen haben: *„Ey, Du bist doch der Typ von gestern Abend! War stark, Alter ...*" Damit kann doch jeder wunderbar leben. Unangenehmer ist dann schon die ältere Dame im Kaffee Einstein am gleichen Tag: *„Ach das ist ja schön, dass ich Sie mal treffe! Sie kennen doch bestimmt den Thomas Gottschalk. Sagen sie dem doch bloß mal, dass er sich besser anziehen soll."* Ich sage: *„Aber gerne doch gnädige Frau"* und denke mir *" Blöde Kuh!"*

Wie schön, wenn ich im vermeintlich ausgebuchten Hotel doch noch ein Zimmer bekomme, weil ein Rezeptions-Cowboy meine Sendung mag (vermutlich ist es eher seine Frau).

„Aber, lieber Herr Weyrich, für Sie ist doch immer was möglich!"

Wie lästig ist es aber, wenn die Installationsfirma den defekten Wasserhahn im Bad erneuert und ungefragt eine sündhaft teure, neue Mischbatterie montiert, denn das Beste ist ja gerade gut genug für einen „Star". Ich glaube ja, die denken alle, dass man als Künstler zwangsläufig einen „Dagobert Duck-Keller" besitzt, in dem man „die Taler" für den Luxus hortet.

Wie mühsam ist es, wenn man glaubt in einer stillen Ecke seine Ruhe gefunden zu haben, und dann kommen sie – die Frauen und Männer, die immer mit dem gleichen Satz in diese Privatsphäre dringen. *„Entschuldigen Sie – ich möchte ja nicht stören ... Aber könnte ich für meinen Großvater ein Autogramm haben?"*

Keiner möchte stören - aber jeder tut es mit einem Lächeln im Gesicht. Kleinstkinder werden von Mutti vorgeschickt, um sich selbst nicht die Blöße geben zu müssen, dass man promigeil unterwegs ist.

Verrücktes Leben. Einerseits will man bewundert werden für das, was man leistet, aber man wird eher aber dafür bewundert, was man geworden ist.

Und wehe, wenn es abwärts geht. Plötzlich sind alle Hotels wieder ausgebucht und die Restaurants auch wieder gnadenlos überfüllt. Nur der Wasserhahn bleibt teuer, weil man sich ja erinnert, dass ein Promi mal so fürchterlich viel Geld verdient haben muss.

Aber weil ich das alles als sehr wertvolle Erfahrung in Erinnerung behalte, ist das auch kein Blick zurück im Zorn, sondern die Erkenntnis, dass man es nur dann geschafft hat, wenn man sich vollends wohlfühlt. Aber das funktioniert leider nicht immer, denn

manchmal bin ich aber auch total naiv.

Sir, please follow me !

Diese Geschichte, sollte eigentlich nicht in das Buch, und das hat mehrere Gründe. Zum einen, weil es mir etwas peinlich ist, darüber zu sprechen, zum anderen weil es so unglaublich ist, was mir da passiert ist im Frühjahr 2011 mitten in London.

Es geht um ein Lied, das meine damalige Lebensgefährtin und heutige Ehefrau Isabel Varell geschrieben und aufgenommen hatte.

Schon sehr lange hatte sie es im Kopf gehabt, weil sie seit dem Tod von Prinzessin Diana von Wales am 31. August 1997 durch Filme, Presse und Dokumentationen so nach und nach immer detaillierter erfuhr, was für ein belastendes Leben diese hübsche „Lady Di" gehabt haben musste. Ich erinnere mich, dass sie so etwas schon öfter mal in einem Nebensatz geäußert hatte, dass es wohl nicht so leicht sei, als junge Frau im britischen Königshaus mit all seinen Regeln und Gesetzen anerkannt zu werden. Das wird kein Leben auf dem goldenen Tablett sein.

Freunde reagierten darauf oft mit: *„Na, die haben doch alle ein traumhaftes, sorgenfreies Dasein. Die müssen sich keine Gedanken mehr machen, wie es ihnen im Alter geht ..."*

Und im Jahr 2011 stand monatelang in allen Zeitungen, dass die nächste junge Frau vor solch einem Schritt stehen würde. Es ging um die bevorstehende Hochzeit von Catherine Elizabeth Middleton, genannt „Kate", mit dem ältesten Sohn von Prinzessin Diana, dem britischen Prinzen William, Duke of Cambridge, Thronfolger des Vereinigten Königsreichs.

Über ihre Gedanken in diesem Zusammenhang schrieb Isabel das Lied und nahm es zusammen mit dem Komponisten und Produzenten Stefan Zauner auf.

Wir beschlossen, ein ganz persönliches, kleines Video für dieses Lied zu drehen. Ohne großen Aufwand und ohne „fremdes Video-Team". Ich begann mit meiner kleinen Panasonic Kamera nach einem ganz einfachen Plan, Szenen für dieses Video zu drehen. Und damit man meine unglaubliche Geschichte, die mir bei weiteren Dreharbeiten dann in London passiert ist, auch halbwegs verstehen kann, zeige ich hier den Text von dem Lied, sodass man überhaupt weiß, worum es geht.

Es ist nicht leicht Prinzessin zu sein

Du kommst auf die Welt – ganz normal so wie ich,
du spielst auf der Straße – die Spiele wie ich,
hast auch Du dich geschämt beim ersten Kuss – so wie ich.

Hast auch Du so geweint, wenn ein Traum mal zerbricht,
weil die Lüge der Nacht deine Wahrheit besiegt,
hast Du dich dann gesehnt nach einem Leben im Licht.

Du träumst von dem Prinzen auf dem schneeweißen Pferd,
Fantasie ist viel mehr als die Wirklichkeit wert,
jetzt nimmt er deine Hand für ein ganzes Leben lang.

Ein Stern, der aus Liebe den Himmel verlässt,
eine Frau, die das Freisein bald hinter sich lässt,
ein Märchen vielleicht, der Weg ist sehr weit,
es ist gar nicht so leicht, Prinzessin zu sein.

Jetzt liegt jedes Wort auf der goldenen Waage,
jedes Kleid, das du trägst, gibt der Welt neue Farben
und was du fühlst, wird im Verborgenen sein.

Kein Schritt kannst du geh'n – ohne das Auge der Welt,
ich frage mich, wem sowas immer gefällt,
du nimmst jetzt seine Hand für ein ganzes Leben lang.

Ein Stern der aus Liebe den Himmel verlässt,
eine Frau, die das Freisein bald hinter sich lässt,
Ein Märchen vielleicht, der Weg ist sehr weit,
es ist gar nicht so leicht Prinzessin zu sein.

Ein Stern der aus Liebe den Himmel verlässt,
und weit über sich und den Horizont wächst,
die Reise in die Unsterblichkeit,
es ist gar nicht so leicht, Prinzessin zu sein.

Text: Isabel Varell – Musik: Stefan Zauner

Ich drehte mit Isabel die Basiseinstellung des Videos in Köln mit einer Kamera. Dafür sang sie in verschiedenen Kameraeinstellungen das ganze Lied ein paarmal komplett durch. Diese Einstellungen von ihr wollte ich garnieren mit ein paar Bildern aus London.

Es ging mir dabei nur noch um ein paar Szenen, in denen ich die Stimmung der Engländer einfangen wollte. Denn über ganz London lag ein regelrechter Hype kurz vor der royalen Hochzeit von Kate und William.

Natürlich wollte ich Bilder vom Buckingham Palace einfangen; von der englischen Garde auf ihren Pferden, die täglich dort patrouillieren. Mit meiner kleinen Handycam brauchte ich keine Drehgenehmigung, denn ich sah aus, wie einer von zigtausenden Touristen, die dort auch alles fotografieren und filmen. Nur machte ich keine Selfies, sondern möglichst sendefähige Videoaufnahmen. Egal!

Ich hatte Glück! Es war traumhaft schönes Wetter und ich hatte mit einiger Wartezeit alle Szenen, von denen ich noch nicht mal geträumt hatte, „im Kasten" ...

Die Wartezeit von einer Pferdeparade zur nächsten vertrieb ich mir, indem ich noch ein paar schöne Bilder von „Land und Leuten" filmte, die auch schön in das Video passen könnten, zum Beispiel für diese Textpassage:

Du kommst auf die Welt ganz normal so wie ich,
du spielst auf der Straße die Spiele wie ich,

Dafür filmte ich im Park vorm Buckingham Palace aus gut zwanzig bis dreißig Metern Entfernung spielende Kinder im Sonnenlicht, die unter der Aufsicht ihrer Eltern dem ganzen Trubel um die Königsfamilien nichts abgewinnen konnten. Mit dem Zoom konnte ich mir die Szenen näher heranholen, ohne sie zu stören. Immer mit der Hoffnung, dass diese netten Bildchen auch besonders schön zum Text passen könnten.

Dann kamen wieder Reiter und ich hatte an einem einzigen Tag alle Szenen gedreht. Noch ein paar Einstellungen von den typischen roten Bussen und den schwarzen Taxis. Das wars.

Zufrieden beschloss ich, keine weitere Nacht in London zu bleiben, und fuhr direkt mit der Londoner U-Bahn – der blauen Piccadilly Line – Richtung Flughafen Stansted.

Ich liebe es, mit der Londoner U-Bahn zu fahren, der sogenannten „Underground", und wusste nicht, wie wörtlich „Underground" plötzlich für mich werden sollte.

Ich schaue mir im kleinen Display meiner Kamera während der Fahrt nochmal gemütlich ein paar Szenen an, die ich gedreht hatte: Den Trubel, die Pferde, die Uniformen und die Kids auf dem Spielplatz.

Nach ein paar Stationen machte sich plötzlich ein Mann neben mir bemerkbar, tippte mir mit seiner Hand auf die Schulter und sagte mit unmissverständlicher Schärfe:

„Sir, will you please follow me."

Ich kam nicht dazu, mir irgendwelche Gedanken zu machen oder einen Schreck zu kriegen, denn schon hatte ich – sehr dezent – seine Dienstmarke vor der Nase. Das war kein Spielzeug und auch keine Entführung. Das war die britische Polizei.

Ich hatte keine Ahnung, was der von mir wollte, weil ich mich in keinster Weise irgendwie schuldig fühlte. Hatte ich irgendetwas gemacht, was nicht okay war?

Mein nächster Gedanke war: Vielleicht durfte man das alles gar nicht filmen, dort in der Umgebung der Queen, ohne Drehgenehmigung. Vielleicht ist der Buckingham Palace ein Art Sperrgebiet für Filmaufnahmen.

Mein neuer Freund von der Polizei und ich waren inzwischen an der U-Bahnstation King's Cross angelangt. Artig folgte ich diesem nicht mal unsympathischen „Policeman". Da ich noch einen Koffer hatte, nahm er mir freundlich meine Kamera ab.

Also ich betone hier: Ich wurde weder in Handschellen gelegt noch mit einer Waffe bedroht, aber trotzdem fühlte ich mich irgendwie schuldig. Ich wusste nur nicht wofür!

Komisch war auch, dass der Typ kein weiteres Wort mit mir wechselte. Und ich habe ihn auch nichts gefragt ...

Mir wäre auch nichts eingefallen, denn wie grausam schlecht meine englischen Sprachkenntnisse plötzlich waren, hat mich im Nachhinein schon etwas beschäftigt.

Wann immer ich mit internationalen Musikern in den TV-Studios arbeite, fällt mir die englische Sprache wie selbstverständlich leicht und ich verstehe (beinahe) jedes Wort. Aber als mich auf der Polizeistation drei nicht mehr ganz so freundliche Herrschaften in eine Interviewsituation quasi in die Zange nahmen, war mein Englisch „very bad."

Sie schauten sich in aller Ruhe mehrmals alle meine gedrehten Aufnahmen an. Ganz speziell die Szenen, in denen ich kleine Mädchen und Jungs auf dem Spielplatz gefilmt hatte.

Plötzlich ging mir ein Licht auf. Na ja, es war eher nur ein Flackern, eine Ahnung.

Die werden diese Szenen mit den Kids doch nicht etwa für eine Art sexuelle, pädophile Aktion eines „alten Lüstlings" halten ... Na, dann good night, Pit!

Heute muss ich darüber lachen, wie umständlich und verzweifelt ich versucht habe, ihnen zu erklären, dass ich nur für meine Frau, eine deutsche Sängerin und Schauspielerin, ein paar Szenen in London gedreht habe.

Das allein klingt doch schon wie eine blöde Ausrede. Und dann noch der Zusatz: Es sei für ein Lied, in dem es darum geht, dass es nicht leicht ist, Prinzessin zu sein.

Ich weiß nicht, ob die in dem Augenblick gedacht haben:

„Das ist kein Pädophiler. Der ist definitely irre."

Ich weiß auch nicht mehr, ob die rausgegangen sind und beraten haben, in welche Zelle sie mich stecken sollten, oder ob die mir überhaupt auch nur ein einziges Wort geglaubt haben.

Auch mein verzweifelter Hinweis, dass meine Frau Isabel Varell heißt und in Deutschland eine bekannte Persönlichkeit ist, machte die Herren eher ungeduldiger.

Aber (!) immerhin ließen sie sich nach fast einer Stunde darauf ein, Isabel In Köln anzurufen – mit meinem Handy. Ich hoffte natürlich, dass sie mit ein paar Worten den Fall auflösen könne.

Jemand wählte nach meinen Angaben Isabels Nummer, aber mit dem strengen Hinweis: *„Sir, you cannot talk with her."*

Ich gebe zu, jetzt hatte ich Puls. Isabel ist häufig über längere Strecken telefonisch nicht erreichbar, weil Gespräche mit ihren Freundinnen keine Moderationslängen haben, sondern Spielfilmlänge. Und ich hatte keine Ahnung, wie lange die Polizei-Jungs noch Dienst haben.

Ich hatte Glück. Isabel war sofort dran und ich erklärte ihr nur, dass ich gerade verhaftet worden war und sie möge einem Officer doch bitte erklären ... weiter kam ich nicht.

„Don't talk with her", unterbrach mich einer der Jungs und schon war ich das Handy los.

Keine leichte Situation – auch für Isabel in Köln, die vermutlich gedacht hat, wieso verarscht mein Pit mich eigentlich jetzt ...

Jeder kann sich vorstellen, dass das selbst für die Autorin des Textes nicht gerade einfach war, einem fremden Polizisten in England auch nur einen kleinen Teil eines Liedes zu erklären, das noch nicht einmal veröffentlicht war zu diesem Zeitpunkt. Alleine die Textpassage, in der es um den Vergleich mit der Kindheit geht, hätte ja genügt.

Ich erinnere mich, dass ich während des Gesprächs in ziemlich fragende Augen gesehen habe, als Isabel wohl gerade versucht hat ihnen zu erklären, dass es nicht leicht ist, Prinzessin zu sein.

Aber Isabel muss am Telefon bessere Worte gefunden haben als ich dort auf der Wache. Zumindest stimmten die wirren Erklärungen von mir mit ihren überein. Das hat mich wohl gerettet. Ich bin heute noch stolz auf Isabel, denn man hat ihr geglaubt. Sie hatte wohl die identische Geschichte über ihren Song erzählt hat, wie ich kurz zuvor ...

Das brach wohl das Eis. Nach weiteren endlosen Minuten kam eine sehr gutgelaunte junge Frau mit einer schicken Polizeiuniform in den Raum und sagte mir:

„Sir, you can go", mit der Aufforderung die Kamera bis zur Ankunft in Deutschland nicht mehr zu öffnen. Die Gelegenheit habe ich dankend angenommen, bin zur Station King's Cross geeilt und habe unbewusst mein „nächstes Vergehen" begangen! Ich habe mir einen Mini-Kräuterschnaps am Kiosk gekauft und ihn in aller Öffentlichkeit auf Ex heruntergestürzt ... Auch das ist in Großbritannien nicht erlaubt ... Hat aber niemand gesehen!

Meinen preiswerten Flug hatte ich verpasst, aber es ging ja noch ein schön teurer etwas später - und ich war mit Filmmaterial (!) und Kamera kurz vor 23 Uhr in Köln. Sie hatten mich auch nicht bei Interpol gemeldet. Ich verließ als „freier Mann" den Flughafen in Köln.

Dieses Video können Sie sich hier jetzt gemütlich ansehen, und wenn die Kids auf dem Fahrrad erscheinen, dürfen sie gerne denken, wie schön diese kurzen Bilder in das Filmchen passen!

Link: https://youtu.be/rl-ZQJq-FfM

Isabel Varell –
Es ist nicht leicht, Prinzessin zu sein

Ich muss jetzt allerdings auch mal erwähnen, dass ich das eigentlich ja sehr gut finde, dass die Polizei solche Dinge aufmerksam und ganz gezielt beobachtet und sofort handelt. Sie können nicht wissen, ob da ein deutscher Regisseur ein harmloses Filmchen für eine Sängerin dreht oder ob sich ein krankhaft Veranlagter mit seiner Kamera Material verschafft, das ihm zu ganz anderen Bedürfnissen dienen soll.

Und so verrückt diese ganze Aktion auch war, ich wollte sie eigentlich nicht hier erzählen. Aber Isabel hat mehrmals gedrängelt.

„Schreib das auf, das ist so kurios."

Mord in meinem Team

Ich habe in den vielen Jahren wirklich an Hunderten von Produktionen fürs Fernsehen teilgenommen und es waren nicht nur Shows. Als Kameramann erlebte ich auch Fernsehspiele, klassische Ballettaufzeichnungen, Sport-Events vom Biathlon bis zum Länderspiel, Übertragungen von Gottesdiensten in historischen Kirchen und hunderte von Live-Shows. Als Regisseur begleitete ich Talk-Shows, Konzert-Aufzeichnungen und stellte Videos her.

Aber nie war ich an einem Krimi beteiligt.

Schade! Hätte ich gerne mal erlebt.

Und dann das: 1989 schockt mich eine Nachricht von einem Mord.

Morgens um zehn ruft mich ein Kameramann meiner Sendung „Kaum zu glauben" an. *„Pit, hast Du schon gehört? Unser Produzent ist erschossen worden!"* Um Gottes willen! *„Nein – das ist furchtbar – was ist passiert" ???*

Und er setzt der Nachricht noch die Krone auf: *„Sein und unser Aufnahmeleiter hat ihn umgebracht."*

Im ersten Moment denke ich, dass ich das als Spaß zu makaber finde, und begreife erst etwas später, dass es wirklich passiert ist.

Abgesehen mal davon, dass mir sofort in Zeitraffer viele kleine Situationen einfallen, die zu Aggressionen hätten führen können, fällt mir nichts ein, was zu so einer Tat hätte animieren sollen.

Das Opfer, ein mutig-verrückter Dresdener, der immer alles erreichen wollte, was zum Erfolg führen könnte, war von 1986 bis 1989 der Produzent meiner Sendung mit der versteckten Kamera. Außerdem wurde er mit dem von ihm produzierten Kinofilm „Carmen on Ice" für die Emmy Awards in den USA nominiert.

Diesen neuen Film – nach dem Original der Oper „Carmen" von Georges Bizet hatte er mit der Eislauf Weltmeisterin und Olympia Gold-Gewinnerin Katarina Witt sowie Olympiasieger und Eislauf-Weltmeister Brian Boitano - in den Hauptrollen - in Sevilla produziert. Das ganze Stück als Tanz auf dem Eis. Tolle Idee.

Ich bin schockiert über diese Nachricht und hätte nicht im Traum gedacht, dass die beruflichen Auseinandersetzungen, die mein Produzent und sein engster Mitarbeiter häufig miteinander hatten, zu einem so tragischen Ende führen könnten. Ich begreife schnell, dass der Aufnahmeleiter in vollkommener Verzweiflung gehandelt haben muss, denn nach seiner Tat hatte er – ohne zu zögern – auch sich selber das Leben genommen.

Diese Nachricht hatte ich noch keineswegs verdaut und schon kam der nächste Schock.

Ich erwähne das hier, weil es erklärt, was für eine unglaubliche Sache mir ein paar Stunden nach der Nachricht passiert ist.

Ich bekomme einen Anruf von einem Journalisten einer Tageszeitung:

„Na Pit – haste schon gehört? Dein Produzent ist ja erschossen worden." Jetzt mal abgesehen davon, dass ich es schon wusste, ist das wohl die unsensibelste Form, so eine Nachricht zu übermitteln. Aber es kommt noch dicker. Er macht weiter:

„Na dann ist das ja keine Neuigkeit mehr für dich. Wir machen das morgen ganz groß auf – Titelseite. Wir haben jede Menge Fotos von Dir, Deinem Producer und seinem Assi. Aber was ist Dir lieber:

Willst Du lieber mit dem Opfer auf einem Bild sein oder mit dem Täter?

Da gibt's auch ein schönes Foto mit Dir mit diesem Assi!"

Ich habe noch nicht einmal den Nerv, ihn zu verbessern, weil „der Täter" kein Assi war, sondern ein höchst begabter und sympathischer Aufnahmeleiter! Einer, der alles getan hat, damit wir unsere Dreharbeiten mit guter Laune genießen konnten. Sehr viel sprachloser war ich nie in meinem Leben. Ich weiß nur noch, dass ich den Presse-Typen gefragt habe, ob er sie noch alle hat: *„Ich will überhaupt nicht mit auf einem Bild sein. Ich habe doch überhaupt nichts damit zu tun."*

Solch eine Antwort schockt aber niemanden von der schreibenden Presse.

„Na dann nehmen wir eben die Witt. Hab' ja nur gedacht, Du würdest Dich freuen, wenn ich Dich zuerst anrufe. Danke Pit. Nichts für Ungut."

Meine Freude kannte keine Grenzen mehr nach diesem Telefonat. Das ist doch furchtbar! Oder? *„Nichts für Ungut"*, hatte der gesagt.

Nach all den Jahren, die jetzt vergangen sind, verstehe ich meine damalige Abneigung gegen die oft unangenehmen Begleiterscheinungen eines sogenannten Promilebens.

Ich wurde damals – nachhaltiger denn je – darin bestätigt, dass mir dieser Teil, öffentlich bekannt zu sein, regelrecht zum Hals heraushing.

Aber ich hatte mich ja schon insgeheim mit mir geeinigt: Ich gehe zurück in die Regie! Da ist das Leben vergleichsweise ein Spieleparadies! Gott sei Dank war die Tür dorthin nie endgültig ins Schloss gefallen. Denn ich hatte endlich mal etwas Schlaues gemacht ... Ich hatte immer betont, dass ich jederzeit auch weiterhin als Regisseur buchbar bin.

Und ich war froh, als ich wieder „der Letzte" in den Abspännen war, die ein Dieter Thomas Heck in seiner Sendung immer so kernig vorgelesen hatte:

Da war ich immer der Letzte.

„Hier ist Berlin – Ihre ZDF-Hitparade"

Tja, diese ZDF-Hitparade – das ist schon ein besonderes Kapitel in meinem Leben. Deutscher Schlager zum Mitsingen, Jubel und Spott – das ist nicht alles, an was ich mich im Zusammenhang mit dieser Sendung erinnere.

Ich fang mal bei dem Mann an, in dessen ausrangiertem Doppelbett ich zwei Jahre lang geschlafen habe und der eigentlich „DIE HITPARADE" war.

„Mr. Hitparade" – Dieter Thomas Heck.

Statistisch betrachtet kennt auch heute noch jeder vierte Deutsche den Namen Dieter Thomas Heck.

Ich lerne den damals 31-jährigen 1968 in Saarbrücken kennen. Er ist schlank ... Nein, er ist sogar dürr und sieht mit seinen langen Koteletten fast so aus wie der Pizzakurier aus Saarbrücken Brebach-Fechingen. Aber er kann mehr als der italienische Lieferant.

Er war schon bekannt als Sprecher von Radio Luxemburg – den sogenannten „fröhlichen Wellen". Das machte er laut und schnell und gut!

Dann aber wirkt dieser Mann beim Saarländischen Rundfunk im Fernsehstudio 1 bei den Aufzeichnungen der Gilbert Bécaud- Shows mit. Na ja ... Nicht wirklich. Aber er ist vor den Aufnahmen der temperamentvolle Warm-Up Mann, der das Publikum in Stimmung bringen soll. Das macht er auch laut, schwungvoll und perfekt – dieser Dieter Heck. So marktschreierisch und zu ausgelassener Stimmung animierend will ihn Regisseur Truck Branss etwas später als Moderator einer ganz neuen Musiksendung präsentieren – das weiß aber außer Branss zu diesem Zeitpunkt niemand.

Ich befinde mich noch in der Ausbildung zum Kameramann.

Ich beobachte jeden Abend die Proben und Dreharbeiten der Musikshow und staune über die Energie und Präsenz dieses „Warm-Uppers", dem man irgendwie jedes Wort glaubt und dem man durchaus auch Fischbrötchen abkaufen würde. Und weil in Saarbrücken jeder jeden kennt, treffen auch wir schon ein erstes Mal aufeinander.

Im Oktober 1970 übernehme ich etwas von diesem Dieter Heck, was kein anderer hat und vermutlich auch nicht unbedingt hätte haben wollen.

Er verkauft mir für großzügige 50 DM sein altes Ehebett, in dem er mit seiner damaligen Frau Edda was auch immer gemacht hat. Ich denke nicht drüber nach ... Ich brauche ein Bett - habe wenig Geld und das von „Hecki" war schön günstig.

Dieter machte damals seinen ersten Vertrag als Fernseh-Moderator, verdiente gutes Geld und brauchte was Besseres zum Schlafen. Ich meine damit nicht die Frau, sondern sein Bett.

2,10 breit und 2,20 lang – damit war meine 18 qm Bude fast voll.

Ich hab's bisher niemandem erzählt. Irgendwie war es mir immer peinlich, wenn jemand erfahren würde, dass ich im Bett von Dieter Thomas Heck geschlafen habe. Und das sagt doch schon fast alles aus. Ein wirklich netter Kerl überspringt auf der Karriereleiter mit einer Unterschrift fast alle Stufen und wird von vielen Menschen helfend in den Fernseh-Himmel gehoben. Aber genauso viele Menschen finden ihn schrecklich. Wie kommt sowas?

„Hecki", wie wir ihn liebevoll nennen, war gerade vom Vorprogramm der Gilbert Bécaud-Shows zum Radio Moderator bei der Europawelle Saar avanciert und wurde kurze Zeit später zum Chef-Schnellsprecher der ZDF-Hitparade. Spätestens durch die unzähligen Wiederholungen der Sendungen in ZDF-Ableger-Sendern hat fast jeder die typische „Heck-Ansage" mal gesehen und gehört. (siehe Link im letzten Kapitel ...)

Der junge, immer noch schlaksige Moderator eröffnet laut schreiend die Sendung am 18. Januar 1969 und damit ein neues Kapitel der Fernsehunterhaltung:

„Neunzehnuhrdreissigundvierundvierzig Sekunden – hier ist Berlin und hier ist Ihre ZDF-Hitparade!"

Link: https://youtu.be/JbwudAASGhQ

1. Ausgabe der ZDF-Hitparade 1969

Dann kommen sie alle: Die deutschen Interpreten, deren Schlager „Mutti und Vatti" so schön mitsingen können.

Manchmal kennen sogar ein paar Töchter die Texte und können jedes Lied mitsingen. Heute kennen sie alle!

- „Eine neue Liebe ist wie ein neues Leben"
- „Tränen lügen nicht"
- „Du kannst nicht immer siebzehn sein"
- „Es fährt ein Zug nach Nirgendwo"
- „Fiesta Mexicana" :

Hossa, hossa, hossa – was für ein Spaß!

Unter der Regie von Truck Branss werden Rex Gildo, Chris Roberts, Michael Holm, Roy Black, Mary Roos, Lena Valaitis, Gitte Haenning und viele andere zu Stars. Einige sind auch dabei, die sich besser nicht getraut hätten, live zu singen. Deren Namen habe ich allerdings vergessen.

So einer wie ich, der Beatles, Rolling Stones und vielleicht noch Hollies, The Kinks und Joe Cocker verehrte, findet die Hitparadenmusik einfach nur doof. Ich gucke mir trotzdem jede Sendung an. Warum? Ich weiß es nicht. 1979 ändert sich das. Der Grund ist: Ich werde Nachfolger von Regisseur Truck Branss und bin von dem Zeitpunkt an zehn Jahre lang Regisseur dieser inzwischen zur Kult-Sendung erklärten ZDF-Hitparade.

Man durfte gerne schmunzeln, wenn man die Wiederholungen auf dem ZDF-Kultur Kanal gesehen hat. Ja, „Kult" – so nennt man es heute.

Weil ich definitiv nicht erklären kann, wie das passieren kann, bemühe ich die Suchmaschinen.

Das Wort „Kult" ist ursprünglich etwas Religiöses. Die Menschen verehrten schon Götter, als sie noch in Stämmen zusammenlebten. Daher kommt auch das Wort Stammeskult: Es bezeichnet die Art der Götterverehrung in Stammesgemeinschaften – zum Beispiel Tänze oder Gebete. Etwas, das mächtig und wichtig ist.
Kult kann bestehen aus Ritualen, Opfern, Gebeten, Mahlzeiten.[8]

Jetzt begreife ich es. Und es stimmt fast alles ... Es gab auch bei uns feste Rituale in der Sendung.

Jeweils zehn Sänger*rinnen kamen nicht über Show-Treppen auf irgendeine Bühne, sondern saßen von Beginn an mitten im Volk (Publikum). Nach einer dramatischen Ansage haben sie sich dann singend von ihren Fans „abgesetzt" und wurden im Rhythmus mitklatschend bejubelt.

Neun von zehn Lieder wurden jeweils Opfer der Abstimmung, denn nur der erste durfte in der nächsten Sendung wiederkommen! (Diese Regeln wurden innerhalb der 10 Jahre allerdings mehrfach verändert.)
Die Plattenfirmen begleiteten jede Sendung mit Gebeten, dass IHR Künstler den begehrten ersten Platz erreichen würde, weil sich das direkt nach der Sendung in stark steigenden Verkaufszahlen messen ließ. Und - egal ob Sieger oder nicht – jede beendete Sendung wurde ausgiebig nach römischem gefeiert ...

8) Quelle: Wikipedia

Aber nicht nur die Sendungen von damals bringen mich heute noch zum Schmunzeln. Wenn ich mich im Kreis von Freunden daran erinnere, löse ich regelmäßig große Heiterkeit aus. Beim erinnernden Blick hinter die Kulissen der Berliner Union-Film Halle 5, direkt neben dem Flughafen Tempelhof, und beim Namen Dieter Thomas Heck tauchen automatisch hunderte kleine, kuriose und verrückte Geschichten in meinem Kopf auf.

Trifft man Menschen, die das mal miterlebt haben, werden die Abende lang. Jeder hat irgendeine verrückte Geschichte aus dieser Zeit bereit.

Einige habe ich schon an anderer Stelle erzählt, z.B. im Rückblick auf den Regisseur der ersten Stunde Truck Branss. Von ihm übernahm ich 1979 die Regie.

Und das sind die Interpreten, die sich wundern über den Neuen, der ihnen jetzt sagt, was sie tun und lassen sollten.

1. Tony Marshall - „Auf der Straße nach Süden"
2. Bernd Clüver - „Mexican Girl"
3. Jürgen Drews - „Du schaffst mich"
4. Christian Anders - „Verliebt in den Lehrer"
5. Paola del Medico - „Blue Bayou"
6. Heinz Schenk - „Es ist alles nur geliehen"
7. Caterina Valente - „Manuel"
8. Rudi Carrell - „Goethe war gut"
9. Vader Abraham - „Was wird sein, fragt der Schlumpf"
10. Gebrüder Blattschuss - „Kreuzberger Nächte"

Mitarbeiter und fast alle Künstler der Hitparade residieren seit Jahren im West-Berliner Hotel Arosa in der Lietzenburger Straße und machen den Aufenthalt in diesem Haus zu einem ganz speziellen Erlebnis.

Wir beeinflussen dort drei Tage lang in jedem Monat den Hotel-Tagesablauf und vor allem auch den nachts in der Bar.

Rock'n Roll goes Schlager. In Nächten vor und nach Proben wird so gelebt, gelacht, gezecht und geliebt, wie es sich die restliche Menschheit vorstellt. „Die Showbranche bei der Arbeit."

Lange Nächte – „kurze" Getränke. Viele Machos, gute und sehr schlechte Witze, aber es ist nie langweilig! Life is live.

Moderator Dieter Thomas Heck hat 1979 nicht nur einen neuen Regisseur bekommen, sondern auch eine neue Frau. Die allerdings hat er sich höchstwahrscheinlich selber ausgesucht.

Sie heißt Ragnhild – er nennt sie Hildchen – und beide zeigen sich schrecklich verliebt. Goldig!

Der Hitparaden-Tross wechselt das Hotel. Vermutlich, weil die Bar im neuen Domizil – dem Schweizer Hof in der Budapester Straße – noch länger geöffnet hat als die im Arosa.

Ich lebe und trinke mich schnell ein in diese Freizeitangebote einer simplen, aber ungeheuer populären Schlagersendung. Eher selten nehme ich aber an den intensiven Abenden in der „Todeszelle" des Schweizer Hofs teil, denn ich habe Sorge, dass meine Leber sonst keine 100 Folgen durchhält. Was ich noch nicht weiß ist, dass sie (die Leber) später ja auch noch die Konzert-Tourneen von Peter Maffay oder Udo Lindenberg überstehen muss.

Reste meiner sportlichen Vergangenheit sind für mich noch spürbar und es könnte ja immerhin sein, dass der DFB vielleicht doch nochmal anruft ...

„Hecki" hat Kondition und ist am Abend nach Proben und Sendung gerne noch ein „paar Bierchen" länger dabei. Er bringt aus dem Saarland und später aus dem Badischen, wo er sich privat jeweils sehr feudale, repräsentative Domizile einrichtet, pro Sendung ungefähr 50 neue Witze mit.

Da er auch nach einem kleinen Doornkaat weiter vorbildlich klar, laut und deutlich spricht, lacht man auch in der hintersten Ecke der Bar und manchmal auch im gesamten Erdgeschoss des Hotels. Sogar bei Witzen oder Witzchen mit Verfalldatum.

Lebensfreude pur. Toni, Roland, Frank, Howie, Chris und Drafi – alle haben Spaß an sich selbst, und manchmal auch miteinander. Die „Singe-Mädels" passen da nicht so ganz in diese Umgebung – denn Andrea Jürgens ist zu jung, die Marianne noch nicht „die Rosenberg" und Paola zu anständig. Die wohnen auch oft woanders.

Dieter Thomas Heck wird endgültig zur Institution, da er immer und ohne Ausnahme viele Menschen um sich schart und auch an den abendlichen Treffen immer mit einem „kleinen Hofstaat" auftaucht. Trotzdem haben wir nur selten privaten Kontakt, denn ich ziehe nach turbulenten Proben die etwas ruhigere Umgebung vor. Ich gebe zu, ich mag ihn – diesen eigenwilligen Kerl. Schließlich trägt er fast immer die kleine blaue Vereinsnadel des HSV an seinem Revers. Und wer den Heimatverein von Uwe Seeler liebt, der liegt bei mir sowieso ganz vorne.

Außerdem habe ich Respekt vor Dieters unermüdlicher Energie und seiner Fähigkeit, der damaligen Unterhaltungsmusik-Branche einen sehr eigenen Stempel aufzudrücken.

Ich denke gerne an die sympathischen Momente, wenn er kurz vor Beginn der Live-Sendungen meine Hand nimmt und ich merke, dass seine Hände feucht sind vor Lampenfieber. Beide!

Dann wird dieser stimmgewaltige Mann auch mal ganz leise und nachdenklich, bevor er rausgeht in die „Arena" und den Zuschauern seine Ware anbietet.

Seine Ware ist: plakativ und unnachahmlich die Sänger und Sängerinnen anzukündigen. In der Verpackung ist Musik: Der deutsche Schlager. Ein großes „Hossa" dem besten Verkäufer einer ganzen deutschen Musikepoche.

In diesen Jahren habe ich in Berlin immer wieder Begegnungen mit Menschen, die ich nicht vergessen werde. Roland Kaiser zum Beispiel, treffe ich häufig zusammen mit seinem Manager Gerhard Kämpfe bei Horsti in der In-Kneipe Benedens, einem etwas in die Jahre gekommenen, aber sehr netten Ex-Boxer (Deutscher Meister im Schwergewicht) und Kneipenwirt. Schnell wird dieser Ort zum Treffpunkt der Hitparade genauso wie das Restaurant von Nanni Ebert in Wilmersdorf, wo es bis heute die beste „Berliner Leber" gibt.

Da sitzen in sehr bunter Mischung Erfolgsproduzenten wie Jack White, Ralph Siegel und deren Sängerinnen und Sänger.

Alle haben sich ein bisschen lieb, wenn sie sich sehen. Wie das ist, wenn sie wieder für sich sind, weiß ich nicht ...

Ich habe wieder mal das komische Gefühl in mir, dass ich nicht genau checke, ob mich das alles fasziniert oder ob es mich abstößt. Ich kann es wirklich nicht klar einordnen. Langweilig ist es jedenfalls nicht. Gut bezahlt ist dieser Job auch.

Ich fühle mich wohl, gehöre dazu, wenn ich will, und trotzdem schüttele ich innerlich sehr oft den Kopf. Und ich gebe zu, ich wäre lieber der Assistent vom Regisseur der Videos von Paul McCartney als Regisseur der Hitparade.

Aber ich bin lieber Regisseur der Hitparade als Direktor bei der Allianz (was mir aber auch glücklicherweise nie jemand angeboten hat.) Ich gebe auch zu, die schlimmste berufliche Strafe wäre wohl, wenn man gar keinen Beruf hat. Also stelle ich das Jammern ein und mache mit bester Laune und Lust weiter.

Und dieser Dieter Thomas trägt einen erheblichen Teil dazu bei. Er ist der Hirte seiner Schlager-Herde.

Ihre Musik preist er so an, wie man sonst nur Juwelen verkauft.

Das geht ein paar Jahre so weiter. Wer weiß, ob diese Sendung jemals ein so großer Erfolg geworden wäre ohne diesen Dieter Thomas Heck.

Plötzlich – es war so Anfang der achtziger Jahre – wendet sich mein Teil-Unbehagen. Es gesellen sich neue Gesichter zu den alten Stamm-Besetzungen. Künstler, die sich von den bereits Etablierten unterscheiden.

Ein sehr junger Peter Maffay rüttelt kräftig am Schlager-Imperium, obwohl seine Songs wie „So bist Du" oder „Du" noch lange nicht so rockig klingen wie seine schwarzen Lederjacken aussehen. Es liegt etwas in der Luft – mehr als der Geruch von Lederjacken.

Neue Töne braucht das Land und es bekommt sie.

Die ZDF-Hitparade mit Dieter Thomas Heck – schon lange eine Marke geworden – renoviert sich wie von selbst.

An Udo Lindenberg, Heinz Rudolf Kunze und Jule Neigel kommt keiner mehr vorbei. Das will aber auch niemand. Dieter Thomas wird etwas leiser und vorsichtiger. Michael Holms „Tränen lügen nicht" bekommen über Nacht Konkurrenz von „Völlig losgelösten" jungen Interpreten. Plötzlich sagt „Hecki" Peter Schilling, Frl. Menke, Hubert Kah, Markus und UKW, Gruppen wie die Spider Murphy Gang, Erste Allgemeine Verunsicherung, Trio, die Münchener Freiheit oder Nena an.

Ich bin begeistert. Das ist die Zeit, in der mir die Hitparade so richtig Spaß macht. Ich erzähle jetzt auch freiwillig überall, dass ich der Regisseur dieser Sendung bin.

Die Lieder werden zu Songs und kommen internationalen Produktionen ein großes Stück näher. Frech, jung und übermütig. Und mittendrin immer noch „unser" Dieter Thomas Heck im schicken Anzug.

Er wird immer seriöser: Seine Anzüge wachsen mit seiner Routine um die nötige Konfektionsgröße. Und seine Frau, Hildchen, wird immer nachdenklicher.

Sendung und Gäste werden aber immer skurriler. Bernd Clüvers kommt nicht mehr jeden Monat vor, sondern nur noch zweimal im Jahr. Eine Welle mit starken und „schrägen" Typen rollt über die Schlagerlandschaft. Und die Quote? Na, was denn wohl? Sie sinkt! Ich verstehe es nicht.

Ich erinnere mich an einen zaghaften Versuch von Dieters Frau, Hilde, als sie mich bittet, „etwas mehr Einfluss" auf die Kleidung einiger Künstler zu nehmen.

„Pittilein, versuch doch mal was. Unser Hecki ist immer so gut angezogen und die Sänger tragen fast alle nur noch Jeans und Lederjacken."

Pittilein hat es nicht versucht, denn Phil Collins und Joe Cocker tragen auch keine Anzüge und Klaus Lage sieht mit Hemd und Krawatte scheiße aus.

Soll es doch der Jahrmarkt, aber vor allem der „Spiegel der Zeit" bleiben. Die frühen 80er Jahre sind wild, rebellisch und kreativ.

In dieser Zeit lerne ich viel über das wundersame Geschäft mit der Showbranche. Die Jüngeren unter uns haben Spaß an dieser neuen „Deutschen Welle" – aber die Einschaltquoten sinken weiter. Der klassische ZDF-Hitparaden-Zuschauer fühlt sich offensichtlich wohler mit Lena (Valaitis), als mit Nena.

Und Nena wiederum mag es nicht so gerne, den zweiten Platz mit ihren vielen Luftballons zu belegen – hinter irgendwelchen „Spuren im Sand", die Howard Carpendale hinterlassen hat.

Andererseits kommt ein Udo Jürgens gar nicht erst in die Sendung und verhindert so, dass er wegen der Band Geier Sturzflug abstürzt und auf die Plätze verwiesen wird. Also gerät die schöne heile Schlagerfestung in Schieflage.

Die Folge ist, dass auch das ZDF nachdenkt. Mehrmals muss ich neue Regeln für Wertung und Platzierungen der Lieder lernen. Dieter kämpft für die feste Regelung, dass in der Sendung wenigstens weiterhin ausschließlich live gesungen werden muss. Recht hat er! Es gelingt ihm.

Gerade als ich anfange mich zu sorgen, dass mir mein schöner regelmäßiger Arbeitsplatz verloren gehen könnte, bin ich überrascht, als Unterhaltungschef Wolfgang Penk 1984 den freiwilligen Abschied von Dieter Thomas Heck verkündet.

Erleichtert vernehme ich den Zusatz, dass die Suche nach einem Nachfolger bereits laufe. Das bedeutet, die ZDF-Hitparade lebt und soll fortgesetzt werden.

Intern sind wir gespannt. Wer soll nach diesem „Schlager-Dino", D. T. Heck, als Moderator bestehen können?

Wer wird die unnachahmlichen Ansagen ins Mikrofon schreien? „Heute auf Platz vier mit der Startnummer zwei der Roland – der Kaiser – DIE ZWEI."

Unter uns Mitarbeitern werden Namen gehandelt, wie Jürgen Drews, Thomas Ohrner oder Ingolf Lück.

Ich persönlich haben einen anderen Favoriten.

Er ist Star meiner TV-Lieblingsserie dieser Zeit und ich kann mir nur ihn als Idealbesetzung für die Moderation der ZDF-Hitparade vorstellen.

Ich spreche von ALF – dem niedlich, lustigen Wesen vom Planeten Melmac. Diese wuschelige Fantasie-Figur wird mit der Stimme des Schauspielers und Synchronsprechers Tommi Piper – Liebling aller „späten Jungs und Mädchen"

Wird ALF der „neue Heck" ?

Alles voll daneben. Wolfgang Penk entscheidet anders. Es wird Viktor Worms vom „Planeten" Radio Luxemburg.

Dieter verabschiedet sich mit dicken Tränen und einem großen Fest von der Deutschen Schlagersendung Nummer eins. Seinem Geschmack und dem Schlager bleibt er treu – mit „Melodien für Millionen" oder dem „Showpalast" schleppt er seine Hitparaden Gemeinde mit in die Prime Time Ebene. Ich habe Respekt vor so viel Energie und Leidenschaft. Er kämpft um seine Kunst, bis seine Sendungen mit seiner Musik Stück für

Stück durch keineswegs bessere - aber andere Töne - ersetzt werden.

Dieter Thomas Heck musste nach gemeiner Krankheit im August 2018 ganz „aufgeben" und seine geliebte Frau, Hildchen, alleine zurücklassen. Aber er wird im Himmel weiter Witze erzählen und im schicken Anzug auf Wolke zehn behaupten:
„Hier ist hier ist Ihre Hitparade in unserem SKY TI VI."

„Hecki" hat dem deutschen Schlager und seinen Künstlern verdammt gutgetan – und das sehr lange!

Das ZDF verlor eine Marke. Erst als er plötzlich weg war, merkten alle, dass da ein Loch entstanden war – keine kleine Lücke.

Der Neue der ZDF-Hitparade – ein sympathischer und gut gelaunter Junge – wird uns am 23. Januar 1985 vorgestellt.

Eine neue Ära beginnt in der Berliner Union-Film.

Viktor Worms ist jetzt Dieter Thomas Heck. Die Interpreten heißen:

Daliah Lavi, Wolf Maahn, Bläck Fööss, Relax, Spider Murphy Gang, Juliane Werding und Denise. Noch ein paar Jahre mache ich gerne mit, dort in Berlin, denn es entsteht eine „neue Familie", die auch ihre Zuschauer findet.

Ich persönlich werde diesen Dieter Thomas Heck nie vergessen. Einmal, weil er ungebremst immer das tat, wovon er überzeugt war. Zum anderen hat er meinen beruflichen Werdegang maßgeblich beeinflusst. Mein Name wäre bei den Zuschauern ohne den typischen Schluss der Hitparaden Sendungen nie so bekannt geworden – das, was mir am Anfang immer ein bisschen peinlich gewesen ist, weil ich überhaupt nicht gerne laut und unmissverständlich herausschreie, wie toll ich mich finde. Aber ich habe mich dran gewöhnt und irgendwie hat es mir ja sogar geholfen.

Denn an der Stelle, an der in anderen Sendungen ein wenig beachteter Nachspann mit den Namen der Mitarbeiter abläuft, hat ein einziger Moderator zehn Jahre lang am Ende sehr laut und deutlich gesagt:

"... Und die Regie hatte Piiiiiiit Weyrich!

... Das war wie immer eine Sendung des Zätt Dee Äff."

Und so hat sich mein Name eingeprägt. Denn das, was man dauernd hört, merkt man sich leichter als das, was man liest.

Allein schon deswegen sage ich:

Ich erhebe mein Glas auf die Erinnerung und auf unseren HSV!

Danke „Hecki"!

Pannen & Chaos bei der Preisverleihung

„Die Leute lieben das" – ich nicht!

Ich hatte in all den Jahren einen ganz wunderbaren und automatischen Vorteil für meine Arbeit, denn einige Moderatoren (Gastgeber) der Sendungen, in denen ich Regie geführt habe, waren wie eine „Regie-Versicherung" für alle Fälle.

Nicht immer läuft alles reibungslos bei Live-Übertragungen oder Aufzeichnungen. Und wenn schon Pannen, Fehler oder Unvorhersehbares passieren, dann müssen wir das irgendwie auffangen, denn es soll ja weitergehen. Abbrechen oder aufhören, geht nicht.

Andrea Kiewel („Gastgeberin" der ZDF-Fernsehgarten-Shows), die seit 2000 ihre extrem gute Laune in die Sonntagswohnungen feuert, bringt keine(!) Situation aus der Fassung.

Barbara Schöneberger kann das genauso.

Michael Schanze, Peter Frankenfeld und Hans-Joachim Kulenkampff konnten das perfekt. Rudi Carrell hätte das auch gekonnt, aber bei dem passierten kaum Fehler, weil er alles akribisch vorbereitet hatte.

Für die Macher hinter den Kameras sind solche Moderatoren beruhigend, weil sie scheinbar spielerisch mit solchen Krisensituationen umgehen können, und damit nicht selten die Rettung fürs gesamte Team sind. Denn kleinere Pannen passieren in fast jeder Sendung (mehr oder weniger erkennbar für die Zuschauer), weil sie durch wachsame Mitarbeiter im letzten Moment verhindert oder geschickt aufgefangen werden können.

Aber es sind die etwas heftigeren „Katastrophen", an die man sich noch lange nach dem ersten Schreck erinnert. Im Nachhinein kann man leicht darüber berichten. Aber Sie können mir glauben, stolz bin ich nicht über diese „Missgeschicke", um es mal harmlos zu formulieren.

Ein besonderes Erlebnis dieser Art habe ich bei der Preisverleihung der Deutschen Phono-Akademie im ZDF, der „Berolina 1987" (einem Vorgänger des späteren „Echo").

Moderation: Thomas Gottschalk – Regie: Pit Weyrich.

Die unglaublichen Fehler und Pannen während dieser Show, die uns Macher fast verzweifeln ließen, wären ohne den Humor und die Gelassenheit des großen Blonden wirklich nur noch peinlich gewesen. Im Grunde genommen sollte ich diese „Peinlichkeiten" jetzt hier nicht auch noch zelebrieren, aber sie gehören unbedingt in meinen Rückblick. Außerdem hatten sie doch auch etwas von unfreiwilliger Komik.

Ich weiß, dass unsere Pannen beim Zuschauer ganz anders ankommen, als wir sie selbst empfinden. Ich glaube, die Leute lieben diese Fehler, denn sie machen uns menschlich. Und kein Mensch – ja das trifft sogar auf die Techniker zu – ist unfehlbar.

Das ZDF sendete „die Berolina" live aus der Philharmonie in Berlin – ein paar hundert Meter entfernt von der menschenunwürdigen Grenzmauer, die zu der Zeit immer noch Ost- und Westdeutsche trennte. Man hatte sich leider an ihren Anblick gewöhnt, niemals aber an die unsinnige Erklärung, warum es sie überhaupt gab.

Unsere Show beginnt pünktlich, aber mit einer sehr „wackeligen" Liveschaltung von Berlin nach München.

Die Sängerin und junge Mutter Juliane Werding soll in einem Studio live zugeschaltet werden. Der Grund: Juliane wollte ihr Baby lieber in Bayern als in Berlin zur Welt bringen. Das mit der Geburt und dem Ort hatte eine Woche zuvor geklappt, unsere Liveschaltung jedoch erst im zweiten Anlauf.

Auf meinen Vorschaumonitoren im ZDF Ü-Wagen sehe ich Minuten vor der „Umschaltung" eine fröhliche Juliane. Ein schnelles „Hallo" nach München aus der Regie in Berlin. Sie winkt zurück. Noch eine Minute bis zur „Schalte".

Doch plötzlich ist sie weg. Verschwunden! Die ganze Werding – auch ihr Lächeln.

Stattdessen sehe ich eine Tafel mit der nüchternen Information: „ZDF-Außenstelle Bayern." Unsere Techniker empfehlen: „Schaltung verschieben".

Sie wissen nicht, woran es liegt, dass wir kein Bild aus München haben. Ich empfinde so eine Situation als bedrohlich, wenn sogar die Fachleute nicht wissen, wo der Fehler liegt. Wir verschieben. Ein Lied später ist sie plötzlich wieder da. Wir verbinden Mutter Juliane mit Thomas und alles läuft leicht verspätet, dann aber wie geplant. So einfach geht Fernsehen. Denkste!

Leider haben wir noch zwei weitere Topstars – nicht live, sondern wieder als Schaltung – geplant. Ausgerechnet diese Stars sind so beliebt, dass wir sie lieber per Technik in die Sendung beamen, als ganz auf sie zu verzichten.

Die eine heißt Tina Turner und ist zu der Zeit auf Tournee in Montreal, Kanada. Der andere heißt David Bowie und wartet in Toronto auf das Gespräch mit Thomas Gottschalk.

Beide Superstars sollen für ihre Verdienste mit der „Berolina" ausgezeichnet werden. Es ist jedenfalls so geplant.

Obwohl mir Thomas während der langjährigen Zusammenarbeit mehrfach versichert hat, dass er vor Live-Sendungen schrecklich unter Lampenfieber leide, glaube ich ihm das bis heute nicht wirklich. Er wirkt immer konzentriert, vielleicht ein bisschen angespannt, aber stets souverän vor den Openings seiner Shows.

Seine wirkliche Entspannung beginnt dann aber erst mit Auftritt und Qualität seiner Gäste. Thomas fühlt sich spürbar immer dann so richtig gefordert, wenn große Namen zu Gast sind. Und davon gibt es einige in der „Berolina 1987".

Unsere Sendung läuft schon zwanzig Minuten, als uns im Ü-Wagen Montreal hektisch über eine Telefonleitung um Verschiebung des Interviews mit Tina

Turner bittet. Sie sagen aber nicht warum. Leider. Wir haben keine direkte Verbindung mehr dorthin und entschließen uns den Programmpunkt einfach nach hinten zu schieben. Was mit München funktioniert hat, muss ja wohl auch mit Kanada zum Erfolg führen. Glauben wir.

Was harmlos klingt, versetzt jedoch jedes TV-Team in größere Aufregung. Auch mich lässt das nicht kalt.

Bei kurzfristiger Programmumstellung während einer Live-Sendung kommt der gesamte geplante und auch geprobte Ablauf mit Auf- und Umbauten von Instrumenten und Requisiten so richtig wirkungsvoll durcheinander.

Es ist wirklich spannend einmal Backstage mitzuerleben, wie genau diese logistischen Dinge funktionieren müssen. Wie stressig es wirklich ist, wenn etwas „aus dem Ruder" läuft, kann man sich kaum vorstellen.

Aber da ich Sie ja hier mit in diesen Backstage-Bereich nehme, kann ich das ja auch mal detailliert erklären.

Ein einfaches Beispiel:

Wenn du als Bühnenaufbauhelfer mit einem großen Piano neben der Bühne bereitstehst und weißt, dass dieser Flügel nach einem bestimmten Zeichen innerhalb von 40 Sekunden, mit Mikrofonen verkabelt, für Udo Jürgens exakt auf der eingezeichneten Bühnenposition stehen muss, dann ist es ungünstig, wenn dir unplanmäßig ein großes Podest mit einem kompletten Rock-Schlagzeug von Peter Maffay entgegenkommt, weil dieses zu spät abgebaut wird. Nein, das ist nicht „ungünstig", das ist für diese Jungs richtig scheiße.

Ganz sicher haben wir das dann so auch nicht geplant. Es kommt aber durch Umstellungen eben hin und wieder vor.

Ich habe die unfreiwillig nötig gewordenen Änderungen während dieser Live-Sendungen nicht gezählt, aber garantiert sind bei mir deswegen ein paar neue graue Haare entstanden.

Thomas überspielt diese Pannen so, als würde er sich wünschen, dass welche passieren. Kein Comedy-Autorenteam könnte das erfinden, was diesem Gottschalk in solchen Situationen einfällt. Ich glaube, Thomas hat in seinen jungen Jahren den großen Hans-Joachim Kulenkampff bewundert, der ähnlich spontan und humorvoll mit solchen Situationen umgegangen ist.

Die Schaltung nach Kanada mit ihrem ganzen Verlauf ist nur schwer mit Worten zu beschreiben. Ich versuche es, denn ich sehe es immer noch vor mir, als wäre es gestern passiert.

Ich sitze vor 30 Monitoren (kleine Fernsehbildschirme) im Übertragungswagen an meinem Regieplatz. Neben mir arbeitet die Bildmischerin (die dafür sorgt, dass die Bilder der einzelnen Kameras abwechselnd zu Hause zu sehen sind).

Ich habe die bisherigen kleineren Pannen der Sendung bereits verdrängt. Es gibt für uns Regisseure eine Grundregel bei Live-Übertragungen: Pannen oder ungeplante Situationen nicht lange zu analysieren, sondern weitermachen – einfach weitermachen. Nichts ist hinderlicher, als sich über Gesendetes zu ärgern, nach der Ursache zu suchen oder sich Vorwürfe zu machen – egal wie furchtbar es gewesen sein mag.

Ich vergesse also, wie gesagt, alle bisherigen Pannen, inklusive der Unruhe im Ü-Wagen, weil sich inzwischen auch noch dessen automatische Türen plötzlich nicht mehr öffnen lassen. Wir sind quasi gefangen. Egal – ich muss ja sowieso bis zum Ende der Show drin sitzen bleiben. Dann wird es spannend.

Noch drei Minuten vor der Tina Turner Schaltung läuft alles planmäßig. Ich kann auf einem Vorschaubild die bereits wartende Tina Turner beobachten. Wie immer sexy im schwarzen Super-Mini (kürzer geht nicht ...) und High Heels (higher geht's nicht ...) und mit lustig gespannten Augen, steht sie bereit für das Gespräch vor der Kamera. Sie weiß nicht, dass wir in Deutschland (allerdings bis zu diesem Zeitpunkt nur in unserem Ü-Wagen) schon ein Bild von ihr sehen können.

Hinter mir arbeiten, vollkommen überflüssig, zwei Kollegen an der funktionsschwachen Ü-Wagentür. Auf dem Bild aus Kanada kann ich beobachten, wie eine Make-up Frau in Montreal Tina Turners Haare kontrolliert. Unten im Saal und auf den Fernsehgeräten zu Hause läuft die Show weiter.

Ich drücke auf meinen kleinen Kommandoknopf mit der Beschriftung: MO (für Montreal).

„Hallo Montreal. First call for Miss Turner – three minutes."

Keine Antwort.

Ich versuche es ein zweites Mal. Unser Programm läuft im Saal normal weiter.

Vielleicht sollte ich die Sprache wechseln, aber ich habe außer Englisch nur noch Deutsch im Angebot. Es entsteht Unruhe im Team. Ich fühle das, denn es wird stiller um mich herum. Es ist aber nur „die Ruhe vor dem Sturm".

Ich sehe auf der Vorschau immer noch, wie Tina sich durch die Haare geht und das sind viele.

Noch zwei Minuten – ich rufe rüber in die Ton-Regie. (Immer wenn man von Kollegen, die für den „guten Ton" verantwortlich sind, nicht sofort eine Antwort bekommt, dann stimmt etwas nicht.)

Sie können mich unmöglich NICHT gehört haben, denn Sie hören alles – notfalls auch durch die Wände des Ü-Wagens. Was sie aber in diesem speziellen Fall sicher nicht hören, ist eine Antwort aus Kanada. Die sind ganz für sich dort und wissen nicht, dass sie in nun einer Minute „dran sind". Unser Ü-Wagen Leiter genervt:

„Pit, wir arbeiten dran!"

Wie schön, denke ich und gebe 'ne schnelle Info an meine Assistentin durch, die im Saal neben Thomas Gottschalk steht: *„Leitung Kanada steht immer noch nicht. Kann sein, dass wir wieder umstellen müssen."*

In solchen Momenten löst oft ein mysteriöser Geist eine Kettenreaktion aus, denn plötzlich passiert im

Kommando-Netzwerk alles simultan. Jeder Mensch um mich herum hat 'ne ganz tolle Idee, was wir jetzt machen sollten. Jede Idee ist anders. Nicht alle wirklich gut.

Alle Rettungsvorschläge kommen gleichzeitig über die kleinen Lautsprecher der Kopfhörer in mein Ohr. Ich stelle mir vor, was wohl alles passieren würde, wenn in einem Flugzeug im Krisenfall – vorne bei den Piloten – genau solch ein Chaos entstünde. Dieser Gedanke tut mir nicht besonders gut.

Noch 30 Sekunden.

„Hallo Montreal", mir schießt durch den Kopf, dass ich vielleicht den Kommandoknopf „München" für die „Juliane Werding- Schaltung" gedrückt haben könnte. Hab' ich aber nicht.

Mein Toningenieur ruft mir zu, dass die Tonleitung von Deutschland nach Kanada irgendwo unterwegs verloren geht, in umgekehrter Richtung aber funktioniere. Tina Turner sei jetzt zu hören, was sie aber nach wie vor nicht weiß.

„Wie schön", denke ich wieder. Die Jungs an der defekten Ü-Wagen Tür melden unpassend, aber glücklich: *„Pit, die Tür geht wieder!" „Super Jungs, dann kann ich wenigstens abhaun, wenn das hier so weitergeht"*, grinse ich sie an.

Meine Assistentin höre ich aus dem Stimmenchaos in meinem Kopfhörer heraus. Sie signalisiert mir, dass Thomas unbedingt ganz normal weitermachen möchte. Auch mit „toter Leitung". Normal ist aber in dieser Sendung schon lange nichts mehr.

„Der ist verrückt", denke ich, aber ich kenne „meinen Gottschalk" aus so vielen gemeinsamen Sendungen und kann somit auch viele seiner Gedanken erraten. Ich ahne, was nun kommt.

Seelenruhig moderiert Thomas den geplanten Programmpunkt Tina Turner an ... Ich denke ... der kann doch nicht ansagen, was noch nicht klar ist ... doch Thomas kann das:

„In Montreal steht eine wunderbare Frau bereit, aber sie weiß offensichtlich noch nicht, dass sie jetzt schon dran ist. Trotzdem: Here is the one and only – Tina Turner!"

„Hallo, Tina!"

Er schaut hilfesuchend auf die große Bildwand. Was erwartet er jetzt? Ich gebe das Bild mit dem wartenden Superstar aber noch nicht „raus auf die Videowand", weil Tina ja immer noch nicht weiß, dass sie schon von Millionen Menschen in Deutschland gesehen wird. Auch den Ton aus Kanada lassen wir vorsichtshalber „zu". Wer weiß, was sie alles sagt und was sie alles im Bild macht, wenn sie sich noch unbeobachtet glaubt. Zögernd schiebe ich meinen Finger auf die Saal-Kommando-Taste, die es mir ermöglicht laut und hörbar für alle in den Saal zu sprechen, wenn ich drücke.

Thomas findet das alles eher lustig. Und dann kommt das, was ich Sekunden vorher gefühlt habe. Thomas sagt: *„Ich frag mal meinen Regisseur im Ü-Wagen. Pit, hast Du wenigstens ein Bild aus Montreal, wenn schon kein Ton da ist?"*

Nun drücke ich sie, die Saaltaste, und antworte für alle hörbar:

„Ja, aber sie weiß nicht, dass wir sie sehen."

Thomas: *„Egal – zeig sie doch mal. Die sieht auch dann gut aus, wenn sie nicht weiß, dass sie gut aussehen soll."*

Lacher im Publikum.

„Ok, wenn Du willst", antworte ich.

Ein Knopfdruck in der Regie und Tina erscheint auf der großen Wand im Saal – ab jetzt für alle sichtbar. Applaus im Saal.

„Hallo Tina, kannst Du mich hören??? Hier ist Thomas."

Alle – außer Tina – hören jetzt aber die Dolmetscherin, die alles artig ins Englische übersetzt. Für wen?

Tina hört weder Thomas noch die nette Übersetzerin.

Thomas macht weiter: *„Hallo."*

Dolmetscherin übersetzt sogar das: *„Hello."*

Thomas versucht es selber auf Englisch.

„Hello Tina – can you hear me? This is Thomas."

... Keine Antwort.

Wir alle sehen Tina nun dabei zu, wie sie sich ihren Mini zurecht zieht. Glücklicherweise ein paar Zentimeter nach unten.

Thomas findet das spannend und ruft ihr zu: *„Ja, mach weiter."*

Die Dolmetscherin übersetzt auch das. Ok – sie kriegt ja Geld dafür. Das Publikum johlt vor Vergnügen.

Circa drei endlose Minuten geht das so hin und her. Es fühlt sich an wie eine Ewigkeit. Ich bin hilflos ausgeliefert. Und was komplett absurd ist, ich fühle mich plötzlich schuldig und verantwortlich für das Desaster.

Redakteur Holm Dressler, der neben Thomas im Saal steht, entscheidet den nächsten Preisträger, Engelbert, vorzuziehen, denn der steht wenigstens schon hinter der Bühne in Berlin bereit. Danach rettet uns vielleicht die vorgezogene Schaltung zu David Bowie. So fürchterlich solche Situationen auch sind, es macht irgendwie trotzdem Spaß, auch wenn ich auf diese makabre Weise gefordert werde.

Es ist auch für uns „Macher" ein Erlebnis, einfach mal eben so von einem Weltstar zum nächsten zu springen. Auch wenn es beim Versuch bleibt. Bei Bowie klappt alles reibungslos. Artig bedankt er sich für die Ehrung mit der „Berolina".

Ich kriege nicht viel davon mit, denn inzwischen stehen Menschen im Ü-Wagen, die ich noch nie gesehen habe. Alle wollen helfen. Aus dem Saal bekomme ich die Nachricht, dass Thomas keineswegs sauer sei und das alles sehr witzig findet. Solche Situationen, bei denen andere Kollegen komplett durchdrehen würden, genießt dieser Mann wirklich.

Wir versuchen es ein weiteres Mal mit Montreal. Tina Turner lächelt weiter auf den Vorschaubildern. Ich glaube an das Gute und gebe Achtung für die Schaltung. Dann wird's richtig lustig.

Tina entschließt sich, einfach mal was zu sagen:

„Hello Thomas, can you hear me?"

Der Applaus des Publikums sagt mir, dass sie jetzt auch im Saal zu hören ist.

Fehlerfrei übersetzt meine Lieblingsübersetzerin.

Tina: *„Hello, Thomas."*

Übersetzerin: *„Hallo, Thomas."*

Thomas: *„Hallo – Tina."*

Sie hört weiterhin nichts ... Das sieht man deutlich.

Das Publikum in Berlin grölt erneut vor Vergnügen. Ich bemerke, dass ich dringend zur Pediküre muss, denn meine Fußnägel bohren sich im Schuh in die Sohle.

Thomas: *„Pit, was machen wir?"*

Ich gebe die Frage an meine Routine weiter. Ohne eine Antwort abzuwarten, beginnt er aber einfach mal die Laudatio für Tina vorzulesen. In englischer Sprache. Die Dolmetscherin stellt ihre Arbeit ein. Tina hört nichts, hat aber immer noch blendende Laune.

Thomas liest weiter. Am Ende der Laudatio gibt es Applaus aus Berlin für Tina Turner. Der aber schafft auch nicht den Weg bis nach Kanada. Schade für sie. Als sie beschließt, einfach mal zu winken, winkt der ganze Saal zurück. Auch das wird sie nie gesehen haben.

Thomas nochmal und immer noch freundlich:

„Pit, was machen wir jetzt?"

Wieder komme ich nicht zum Antworten. Thomas ist in voller Fahrt:

„Ich könnte die Laudatio jetzt nochmal auf Deutsch wiederholen, dann vergeht Zeit ...“

Hier können Sie diese einmalige Szene jetzt in voller Länge bestaunen:

Link: https://youtu.be/fNFlpGua1_A

Backstage: Technische TV Panne des Jahres 1987

Wir machen einfach weiter. Ich werde es nie vergessen. Solche Momente sind wie Tattoos im Kopf. Diese legendäre Pannenshow geht ihrem Ende entgegen.

Ja und dann kommt unser großes Finale der „Berolina Preisverleihung“. Es wird zum

Höhepunkt oder „Best of Pannen Show“.

Udo Jürgens steht vor seinem Auftritt hinter der Bühne. Sein gläserner Flügel wird wie vorgesehen im hinteren, nicht sichtbaren Teil auf die Drehscheibe geschoben, damit er sich mit dem Künstler bei Musikbeginn ins Licht drehen kann.

Irgendjemand hat sich wohl im Vorfeld verrechnet. Der schöne Flügel ist zu schwer. Die Mechanik der Drehscheibe bricht lautlos zusammen.

Regieassistentin und Bühnenmeister sprechen mich wieder gleichzeitig über Funk an. Beide sind erregt. Stimmlage: Sopran. Auch die des Bühnenmeisters.

„Verständlich“, denke ich. Auch in der Oper klingt Sopran häufig nach Panik.

Ich filtere aus dem „Wort-Info-Chaos" heraus: *„Scheibe dreht sich nicht mehr!"*

„Ganz im Eimer, oder nur der Motor?"

Meine Regieassistentin sagt vorsichtig: *„Fast ganz, Pit."* Ich spüre Wut.

„Fast ganz gibt es nicht", sage ich nicht mehr ganz so gelassen wie zuvor. Die Arme... Jetzt kriegt sie meine Unruhe zu spüren, weil auch ich an der Grenze der Belastbarkeit ankomme. Und sie kann am wenigsten dafür.

Ich habe in all den Jahren gelernt, dass es aber immer jemanden im Team gibt, der am wenigsten dafür kann.

Der Bühnenmeister findet die Basstöne wieder:

„Von Hand geht sie, unsere Scheibe, aber wir brauchen mehr Leute! Die ist sauschwer."

Ich empfehle meiner Crew, es dem Moderator vorsichtig beizubringen, denn auch er sei nur ein Mensch und irgendwie reiche es jetzt mit den Fehlern und Pannen.

Aber Thomas bleibt wie gewohnt vollkommen locker. Er moderiert feierlich unseren großen Höhepunkt an.

Ich befehle: *„Scheibe reindrehen – egal wie!"*

Ich zitiere hier wörtlich, was Thomas in diesem Moment ansagt:

„Ja, meine Damen und Herren, wir kommen jetzt zum Höhepunkt des nicht ganz fehlerfreien Abends." Lacher und Applaus!

„Die Berolina 1987 für besondere Verdienste geht an Udo Jürgens."

Die Aufnahmeleiter hinter der Bühne reagieren blitzschnell. Sie schicken Udo durch eine Seitentür auf die Bühne, weil er sich ja nicht mit seinem Klavier eindrehen kann. Unter dem Jubel des Publikums nimmt er leicht irritiert den Preis entgegen.

Irgendwie habe ich das Gefühl, dass sich in solchen Momenten das Publikum mit den verzweifelten Menschen Backstage verbündet. Sie spüren, dass alle kämpfen und zeigen uns ihr Mitgefühl in Form von Applaus.

Ich hoffe derweil, dass nun der Flügel manuell auf die Bühne gedreht wird. Schließlich will Udo sein Lied noch singen! Am Flügel!

Gottschalk: " *Gott sei Dank funktioniert wenigstens unsere Drehscheibe."*

Schmunzeln im Publikum.

Udo lacht und lobt Thomas: *„Du machst das hier großartig – bei so vielen Pannen, die Ruhe zu bewahren. Kompliment!"*

Applaus.

Udo lobt, das Publikum tobt und ich sehe Thomas an, dass er das sehr dankbar entgegennimmt. Die Komik oder Tragik ist aber noch nicht zu Ende.

Denn in diesem Augenblick erscheinen zwei Bühnenarbeiter im Bild. Sie schieben unter dem Jubel des Publikums und für alle sichtbar die große Scheibe Zentimeter für Zentimeter in die vorgesehene Position.

Gottschalk: *„Sie sehen – vollautomatisch! Wir haben nicht gespart …"*

Brüller!

Thomas freut sich, dass wenigstens das Ende der Sendung einigermaßen klappt, da kommt auch schon die nächste Panne. Erleichtert denke ich, es wird die letzte sein, denn danach kommt nichts mehr – gar nichts mehr. Also kann ja auch nichts mehr misslingen.

Ich melde resigniert über die Kopfhörer nach unten in den Saal:

„Rolltitelmaschine kaputt."

Dieses kleine unbedeutende Teil, das die Schrift mit den Namen der Mitarbeiter über den Bildschirm laufen lassen soll, will nun auch nicht mehr funktionieren.

Ich sage der Assistentin: *„Thomas soll die Namen der Mitarbeiter vorlesen."*

Diesen Einfall leihe ich mir aus meiner Hitparadenzeit aus, denn Dieter Thomas Heck hat das über zehn Jahre lang dort so – allerdings geplant – gemacht. (Ich hatte es ja schon erwähnt.)

Thomas liest die Namen vor. Bei der Gelegenheit erfährt auch er, wer da alles so im Team für ihn und das ZDF kämpft. Ich weiß, am Ende wird er sagen *„… und Regie hatte Pit Weyrich."* Aber für diesen einen Satz wünsche ich mir jetzt einen Stromausfall.

Aber jetzt, wo ich ihn bräuchte, kommt er nicht.

Ich kann es nicht verhindern. Er sagt es – und ich danke Berlin. Keiner im Publikum pfeift mich oder uns aus.

Ich beschließe, meinen Beruf auch weiterhin zu lieben, und staune, dass es für solche „Chaossendungen" auch noch Honorar gibt.

Danke ZDF, dass ich nach dieser Sendung in weiteren 30 Jahren noch mehrere hunderte Male Regie führen darf.

Nach solchen Sendungen weiß ich nicht, ob ich den Menschen, denen ich begegne, dankbar für ihre tröstenden Worte sein soll oder ob ich sie auch ein bisschen hassen darf.

Einige bedanken sich für Ruhe und Besonnenheit und für das „Retten der Show".

Aber es gibt – Gott sei Dank – selten solche Tage, an denen fast alles daneben geht. Auch an diesem unvergesslichen Abend war es noch nicht vorbei mit den „Pannen".

Ungefähr eine Stunde nach der Sendung bestelle ich mir ein Taxi, das nach einer Wartezeit von vierzig Minuten – natürlich im Regen – auch tatsächlich kommt. Doch dieses Auto schnappt mir ein Interpret der Show vor der Nase weg. Joe Cocker samt Management steigen wie selbstverständlich ein und verschwinden in der Berliner Nacht.

Ich warte auf das nächste nur fünf Minuten lang. Ich steige ein und atme tief durch. Endlich Ruhe! Von wegen!

Der Fahrer knallt beim Wenden rückwärts gegen eine Mauer vor der Philharmonie.

Das ist definitiv nicht mein Tag und ich beschließe „früh" schlafen zu gehen.

Ich denke noch oft daran, was für ein Glück es in solchen Situationen ist, wenn man mit Menschen wie einem Thomas Gottschalk im gleichen Boot sitzt, der lachend sagte:

„Na, da war vielleicht was los heute. Aber ist doch besser als ein perfekt ablaufender „Musikantenstadl."

Wunderbar.

So ist er, dieser Mann. Vom ersten Tag unserer Begegnung bis zu unserem vorerst letzten Treffen in Johannesburg, Südafrika bei der großen Show der Eröffnung der Fußball WM 2010.

Thomas steht im Stadion in einem kleinen gläsernen Studio - seitlich neben der riesigen Bühne, auf der ein gigantisches Programm abläuft.

Unsere Arbeitsabläufe, die Sprache, das Verständnis – nichts hat sich in den 15 Jahren Pause verändert. Es ist, als hätte jemand die Zeit angehalten. Alles ist vertraut. Genau wie damals.

Alleine an die Zeit mit der Live-Sendung „Gottschalk Late Night" erinnere ich mich gerne in so einem Moment.

Dorthin möchte ich Sie jetzt wieder mit hinter die Kulissen nehmen, denn für diese Sendungen Mitte der 90er Jahre fuhr ich fast täglich eine ganze Zeit lang in München in einen sehr legendären Studiokomplex,

Die Bavaria-Filmstudios in München.

Gottschalk Late Night

Ich vermute, der normale Fernsehzuschauer glaubt, dass nur ganz große Produktionen, z. B. Shows wie „Wetten, dass..?" auch großen Aufwand für die Fernsehanstalten bedeuten. Sie ahnen möglicherweise nicht, dass eine tägliche Sendung sogar längere Zeit der Vorbereitung und keineswegs reduzierten Aufwand in den Bereichen Redaktion und Produktion verlangen. So ist das auch bei der Sendung „Gottschalk Late Night" – ein absoluter Höhepunkt meines Fernsehschaffens.

Eine Late-Night-Show war nicht nur für das RTL bei Beginn 1992 absolutes Neuland in der deutschen Fernsehwelt.

In den USA machten sowas Johnny Carson oder David Letterman schon ewig, aber in unserem Land gab es sowas in der Form nicht.

Im ersten Jahr lief das neue Format einmal in der Woche und wurde mehrfach verändert und auf neue Sendeplätze transportiert und dann mit „neuem Redaktions-Team" 1993 zu einem täglichen Format erweitert.

Ich stieg dort auf den fahrenden Zug auf und ab diesem Moment sollte ich vollkommen neue und unvergessene Momente erleben dürfen. Ich kann gar nicht anders, als jetzt ein paar Eindrücke, die ich hinter und vor den Kulissen gesammelt habe, weiterzugeben.

Recherchen über Gäste und die gesamten Vorarbeiten sind extrem Zeitintensiv. Ist ein Gast „weggesendet", sind schon wieder Minimum drei weitere für den nächsten Tag und viele mehr für die kommenden Sendungen in unserer TV-Pipeline.

Ex-Bild-Chefredakteur Hans-Hermann Tiedje ist der „Boss" und er herrscht über fünfzehn Redakteure.

Alle sind journalistisch geschulte Männer und Frauen, die bisher hauptsächlich für Zeitungen gearbeitet hatten, also Menschen, die mit „allen Wassern gewaschen sind".

Das ist kein Nachteil, denn auch die Mädels im Team stehen den harten Jungs in nichts nach.

Ich bekomme neben der Regie auch noch die Aufgabe eines sogenannten Co-Producers, da alles was die Redaktion fürs Fernsehen auf dem Papier plant auch schon in dieser Phase kompatibel umsetztbar gemacht werden soll.

H. H. Tiedje ist der Kopf, gibt aber die Umsetzung und Verwaltung der redaktionellen Entscheidungen an mich ab.

Wenn er morgens um zehn seinen Tagesplan bekannt gibt, kaut er unruhig auf dem hinteren Ende seiner Zigarre herum. Ein knurriger Kerl mit Herz und Instinkt. Er ahnt, was die Sendung braucht.

Zwölf bis vierzehn Stunden lange Arbeitstage „fliegen" vorbei, denn es gibt reichlich zu tun. Das Programm mit kleinen zusätzlichen Ideen kurzweilig zu machen und das alles in einem engen Zeitkorsett auch zu schaffen, das ist meine Aufgabe, bevor ich das dann „an mich selbst weitergebe", um die Regiearbeit zu beginnen.

Nicht immer bleibt es ruhig, denn ungefähr zwei Dutzend Menschen wollen das Beste, haben aber trotzdem auch zwei Dutzend eigene Meinungen und Geschmäcker.

Es läuft trotzdem wunderbar. Wir arbeiten ununterbrochen, aber wir lachen auch viel. Dieses außergewöhnliche Team beschert RTL beachtliche Quoten.

Das hatten sie sich erhofft, aber nicht ohne Skepsis. Und diese Quotenerwartung erzeugt einen gehörigen Dauerdruck auf alle. Da sitzen wir nun 1993 in unpersönlich aufeinander gestapelten Containern, wie man sie von Großbaustellen kennt, direkt neben dem Studio.

Thomas erscheint täglich am frühen Abend auf dem Bavaria Filmstudio Gelände in München - Grünwald.

Oft hilft er erstmal in seiner Garderobe liebevoll seinem Sohn Roman bei den Schularbeiten. Danach lernt er die Inhalte der jeweiligen aktuellen Sendung kennen und tritt dann ohne große Proben live um 23 Uhr auf. Manchmal – aber selten – zeichnen wir auch Sendungen auf. Es ist alles wie immer sehr unbeschwert und schön locker. Aber es ist auch unglaublich viel Arbeit.

Thomas ist auch dort wieder in seinem Element. Er macht das, was er am besten kann. Er genießt und reagiert auf jeden und alles was wir ihm ins Studio schicken. Der administrative Teil einer Sendung ist abgeschlossen, wenn der Ablauf für den Abend die Redaktionsbüros verlassen hat.

Eine auf lange Zeit einmalige Produktionsmethode, die ich mir heute manchmal herbeisehne.

Ich erlebe wunderbare Sendungen und bedaure fast täglich, dass sie erst so spät ausgestrahlt werden, weil es dadurch immer „nur" rund 1,5 Millionen Menschen sehen. Manchmal sind es sogar zwei Millionen. Und noch etwas ist bei mir in der Erinnerung hängengeblieben. Ich habe das Gefühl, dass ich niemals in meiner Laufbahn täglich so intensiv und lange gearbeitet habe.

Aber wenn's doch Spaß macht, denkt man nicht mehr darüber nach. Umso lustiger ist, dass ich immer mal wieder Menschen treffe, die mich ernsthaft fragen:

„Sag mal arbeitest Du eigentlich nicht mehr? Man sieht Deinen Namen gar nicht mehr im Fernsehen." Ich muss jedes Mal lachen, denn es ist ja klar, dass nachts um null Uhr – am Ende der Late Night Show – kein Mensch mehr auf einen Abspann achtet.

Die Einschaltzahlen der einzelnen Sendungen sind also gut bis zufriedenstellend. Nur der Dienstag hängt schlaff in den „Quotenseilen".

Thomas denkt laut nach: *„Wahrscheinlich haben sich die Deutschen den Dienstag zum Schlafen ausgesucht."* Er schlägt vor, den Dienstag doch einfach wegzulassen. Geht aber nicht.

Nach vier Wochen hat H. H. Tiedje die Schnauze von dem lauen Dienstag voll. Hinter dem Qualm seiner dicken Zigarre befiehlt er eines Morgens im Sitzungszimmer:

„Freunde – ab nächstem Dienstag möchte ich im Programm möglichst gleich von Beginn an mindestens eine „Granaten- Lady" auf der roten Couch neben Thomas sitzen haben."

Wir schauen uns alle verwundert an. Was ist eine Granaten-Lady?

Es wird schnell klar.

Hans-Hermann umschreibt es mit seinem rauen Charme:

„Die Dekolletés dürfen gerne tief sein – wir sind nicht der Kinderkanal. Schaut Euch im italienischen Fernsehen um. Die haben in fast jeder Show mindesten drei solcher „Granaten" vor den Kameras. Und Du, Pit, zeigst die aber auch - sag den Kameraleuten, sie sollen nicht zu zaghaft sein."

Obwohl es so klingt, ist das nicht frauenfeindlich gemeint. Das ist knallharte Vision aus dem Kopf eines kühlen Rechners.

Üppige Weiblichkeit zu zeigen, sei doch nichts Verwerfliches. Man schaue sich die Werbung doch mal genauer an ...

Tiedje sollte Recht behalten.

Vom nächstfolgenden Dienstag an haben wir alle europäischen Körbchengrößen ab „D" zu Gast. Und weil in unserer Redaktion auch erwachsene Frauen arbeiten, sind das auch noch zusätzlich sehr kompetente weibliche Gäste. Moderatorinnen, Autorinnen, Schauspielerinnen, Musikerinnen. Oft interessanter, als so mancher männliche Gast!

Nicht nur der Blutdruck einiger männlicher Zuschauer steigt, sondern auch die Dienstagsquote. Volltreffer!

Gottschalk amüsiert sich mit den Ladies und verkündet in seiner typischen Art, künftig am besten nur noch dienstags persönlich vorbeikommen zu wollen.

Dann „erfindet" dieser Tiedje noch einen zweiten „Quotenbringer". Und der tut der Konkurrenz und manchmal der Regie so richtig weh, weil er generell das macht, was ER will.

Er heißt „Dicker", ist ein sehr schlanker Zwergspitz und der süßeste Hund der Welt. Schwarz, schnell, witzig und sehr lebendig. Ihm „gehört" sofort das gesamte Studio. Diese Freiheit für ihn ist „part of the deal", denn wir wollen keinen Vorwurf kassieren, dass wir ein niedliches kleines Wesen zur „Hundearbeit" zwingen.

„Typisch Rüde" legt er sich nicht nur auf einen Schoß der tollen „Dienstagsfrauen".

Ich finde die Idee genial und auch unsere Kamerafrauen haben Spaß, das süße Hündchen immer wieder sehr nah zu zeigen. Ich profitiere davon, denn kein Mensch wirft mir Sexismus vor, weil ich dauernd zusammen mit dem Hund auch automatisch die Dekolletés der weiblichen Gäste zeigen kann. Eigentlich zeigen wir ja nur den Hund, der sich rein zufällig gerade in der Nähe dieser Körperregionen räkelt. Wenn das Kerlchen bloß mal länger als 30 Sekunden irgendwo liegen oder stehen bleiben würde, hätten wir es noch leichter.

Da ich aber gerade beim Thema Erotik bin, erlaube ich mir noch, ein etwas intimes Detail dieser bewegenden Zeit zu erzählen. Und es zeigt auch sehr schön, wie schlicht wir Männer in solch einem Team auch sein können ...

Es ist in unserer Branche üblich, zu gewissen Anlässen untereinander kleine Streiche in den internen Ablauf einzubauen.

Im Theater passiert das bei der jeweils letzten Vorstellung einer Spielzeit. Meist sind es übermütige Gags, die nicht jeder mitkriegt, und die meistens nur das Team oder einen ganz kleinen Kreis amüsieren.

Zur Jubiläumssendung „Late Night Folge 50" denke ich mir mit Kollegen und einigen Kameramännern einen Spaß aus, der unseren Moderator in der Sendung „aus der Fassung bringen soll". Das ist schwer genug, denn einen Gottschalk bringt man nicht so schnell in Verlegenheit.

Ich muss aber erklären:

Thomas sitzt während der Sendung vorwiegend an seinem Schreibtisch auf seinem roten Ledersessel.

Vor ihm – etwa fünf Meter entfernt – ist die erste Reihe des Publikums genau in seinem Blickfeld.

Animiert durch die „Sharon Stone Szene" in „Basic Instinct" wollen wir, dass Thomas während der Sendung direkt vor sich zwei extrem hübsche, junge Mädels im Blick haben soll. Kennen Sie die Szenen in „Basic Instinct" ? Erinnern Sie sich an Sharon Stone und ihre übereinandergeschlagenen Beine? Dann wissen Sie, was wir organisieren.

In einer Blitzaktion bestellen wir bei einem Münchener Escortservice zwei Ladies à 100 DM, die nichts weiter tun sollen, als sich in der ersten Reihe sitzend die Sendung anzusehen.

Zusätzlich bitte ich sie, möglichst häufig und schön langsam ihre Beine zu kreuzen und damit Thomas, der das eigentlich gar nicht übersehen kann, zu irritieren.

Harmloser, blöder Gag? Ich verrate jetzt, dass wir noch einen Hunderter pro Dame draufgelegt haben, damit sie unter ihren kurzen Röcken im „Sharon Stone Look" erscheinen, also unten ohne. Es hat zwar keiner von uns kontrolliert, aber ich glaube den Mädels. Die sind „hart im Geben".

Wir haben einen unglaublichen Spaß, wissen aber nicht, ob Thomas das wirklich bemerkt.

Er moderiert ungerührt ganz normal seine Sendung. Obwohl das halbe Team die ganze Sendung über angespannt lauert, ob dem großen Blonden vielleicht doch etwas anzumerken ist, es passiert nichts! Die Mädels kreuzen in der Late Night Stunde ein paarmal ihre hübschen Beine. Umsonst. Gottschalk verzieht keine Miene!

Direkt nach Ende der Show treffe ich Thomas vor der Garderobe im Kreis einer Horde Mitarbeiter, die sich vor lauter Freude kaum beherrschen können. Thomas erzählt, dass er gerade in der Live-Sendung etwas Unglaubliches erlebt habe:

„Stellt Euch vor, da saßen zwei Mädels in super kurzen Röcken. Die hatten, glaube ich, nichts drunter an."

Er sei sich zwar nicht ganz sicher, denn er konnte ja schließlich nur ein paar Mal für einen ganz kurzen Moment in diese Richtung blicken.

„Stimmt", sage ich, *„hat 200 Mark gekostet – für jede. Wir haben zusammengelegt."*

Unser Team lacht sich schlapp.

Thomas kontert ernst: *„Ihr spinnt doch! Ich hätte Euch zwei besorgen können, die hätten's umsonst gemacht."*

Das ist Gottschalk.

Wenn ich heute, fast dreißig Jahre später, aufzählen soll, wer sonst noch alles zu Gast war in „Gottschalk Late Night", vergesse ich garantiert die Hälfte der Highlights.

Die halbe Show-Welt lief in den Bavaria Filmstudios durch das Gelände mit Filmgeschichte.

Mindestens zwei „James Bond" Darsteller gaben Thomas die Ehre. Ich erinnere mich an den super sympathischen Roger Moore. Ein Gentleman mit „Geschichte im Gesicht".

Ich denke an den ersten Fernsehauftritt der damals noch unbekannten Heidi Klum. Hübsch und frech und sympathischer als heute in ihren Shows.

Stefan Effenberg ließ sich von unserer Maskenbildnerin live einen Tigerkopf-Look in seine Haare schneiden und war damit am nächsten Tag in allen deutschen Tageszeitungen auf der Titelseite!

James Belushi gab mit Thomas live einen kurzen Blues Brothers-Auftritt.

Heinz Rühmann haben wir eine ganze Sendung gewidmet. Es sollte einer seiner letzten Auftritte werden.

Catherine Deneuve – eine wunderschöne Dame, die würdevoll nur sehr langsam älter zu werden scheint.

Sophia Loren trifft – für sie wirklich überraschend – ihren Filmpartner Marcello Mastroianni - was für ein Moment!

Inge Meysel, Harald Juhnke, „Jopi" Heesters, Heidi Kabel oder Sportgrößen wie Boris Becker, Franz Beckenbauer, Henry Maske, Paul Breitner, Toni Sailer und Rosi Mittermaier. Die Liste nimmt kein Ende. Begegnungen, die ich nie vergesse.

Es ist so viel los 1993/94 in meinem Leben. Ich habe viel gelernt in dieser Zeit, denn eine tägliche Sendung zu machen, ist eine echte Herausforderung für alle. Ich wachse zusammen mit einem Team, das sich gegenseitig respektiert, sich durch Höhen und Tiefen trägt, gemeinsam freut und Enttäuschungen zusammen verarbeitet. So hatte ich das bis dahin noch nicht erlebt.

Bemerkenswert finde ich, dass ich mich nicht erinnern kann mit Thomas Gottschalk über einen so langen Zeitraum sehr enger Zusammenarbeit hinweg auch nur einen einzigen Streit erlebt zu haben. Ich fühle mich in den Live-Sendungen unsichtbar mit ihm verbunden. Er genießt das Rampenlicht – ich die Anonymität der technischen Regieräume.

Nicht selten spüre ich im Vorfeld seine Gedanken, ahne häufig, was er als nächstes tun wird – aber manchmal auch gar nicht. Wir mögen die gleiche Musik, sind beide extrem abgeneigt, Programmpunkte lange und umständlich zu proben, ihnen damit alles Spontane zu entziehen, und fahren beide gerne viel zu teure Autos. Außerdem haben wir beide einen recht eigenwilligen Geschmack in Sachen Kleidung.

Wie oft hat man in Deutschland über die Kleidung des Moderators Gottschalk gelästert, gestaunt und gestritten. Oft wird ihm unterstellt, seine Frau Thea sei seine Beraterin gewesen und stecke hinter den ausgefallenen Ideen der „Gottschalkmode".

Ich glaube, dass die beiden sich höchstens dann abgestimmt haben, wenn sie in Bayreuth oder Salzburg bei den großen Festspielen oder auf sonstigen „roten Teppichen" der Welt offiziell gemeinsam erschienen sind.

Ich habe in all den Berufsjahren so unendlich viel über Mode und ihre Wirkung diskutiert, dass ich besonders als Regisseur eine ganz klare Einstellung zu diesem Thema finden musste.

Zeige vier Personen einen Kleidungsneueinkauf und du wirst vier verschiedene Bewertungen bekommen. Nichts ist so individuell und reine „Geschmacksache" wie Mode. Ich reagiere immer gleich. Entweder mir gefällt ein Outfit oder nicht. Und genauso äußere ich mich. Wenn sich Künstler bei mir erkundigen, was sie anziehen sollen, antworte ich fast immer: *„Zieh das an, worin Du Dich sicher und wohl fühlst."*

Jeder Mensch kennt die Wirkung des Gegenteils. Wenn ich mich nicht gut fühle in einer Hose, im Hemd oder Sakko, dann schwindet auch ein Teil meiner Selbstsicherheit. Man kann sich quasi am Morgen mit der Wahl seiner Kleidung den halben Tag versauen. Andererseits gelingt es Künstlern, wie beispielsweise Thomas Gottschalk, sich mit der Wahl des Bühnenoutfits zu Höchstleistungen zu motivieren. Deswegen: Thema Kleidung von Thomas bei der Late Night für mich kein Thema! Ich denke gar nicht daran, Outfits vorher ansehen zu wollen, was ja im Normalfall fast jeder Regisseur macht.

Ausnahme ist, wenn ich vom Künstler um meine Meinung gebeten werde.

Ich habe in meiner Zeit als Moderator mehrfach erleben dürfen, dass dieses Thema höchst sensibel ist. Denn selbst ein erfolgreicher Modedesigner weiß nur, was gerade en vogue ist und womit man erhöhte Aufmerksamkeit bekommt, aber weiß nicht, worin sich der jeweilige Mensch wohlfühlt, den er berät. Und genau diesen Teil beherrscht dieser Thomas Gottschalk.

Unsere privaten Begegnungen sind während unserer langen Zusammenarbeit höchst selten. Unsere Beziehung ist freundschaftlich und voller Respekt, aber primär berufsbezogen.

Wenn ich heute allerdings miterlebe, wie dieses schillerndste Produkt, das die Stadt Kulmbach je hervorgebracht hat, in der Presse für neue Sendeformate, die er anfängt, verurteilt wird, merke ich, dass ich doch so etwas wie Freundschaft empfinde. Dann tut er mir leid!

Seitdem er sich entschlossen hatte, nicht mehr der Kopf der „Wetten, dass..?" Sendungen sein zu wollen, befindet er sich auf dem „Marktplatz der Hinrichtungen". Die gleichen Zeitungen und Kollegen, die ihn zum Titan – zur Lichtgestalt der Showbranche – erklärt hatten, demontierten jetzt dieses Image. Er hat natürlich selber „Mitschuld" an dieser Entwicklung, denn er mit all seiner Erfahrung hätte es wissen können, dass es ungemütlich wird, wenn der große Bahnhof kleiner wird.

In Amerika ist das anders. Hier liebt man die Stars, die es geschafft haben. Je erfolgreicher, desto größer die Bewunderung.

Ein George Michael wurde in LA auf einem Männerklo mit Koks erwischt und festgenommen, aber blieb trotzdem erfolgreich.

Ein Michael Jackson stand vor Gericht, um sich gegen Vorwürfe zu verteidigen, weil er angeblich mit kleinen Jungs in einem Bett geschlafen hat. Es ist nie endgültig bewiesen worden. Er wurde nie verurteilt.

John Travolta und Hugh Grant unterstellte man, dass sie sich der Scientology Religion angeschlossen hatten.

Bill Clinton verlor im Weißen Haus seine „weiße Weste", weil eine gewisse Monica vor ihm niederkniete.

Marilyn Monroe verschönte J. F. Kennedy vermutlich nicht nur den Geburtstag.

Liza Minnelli nahm zu und ab – und ab und zu wieder zu – und versank zeitweise in schlimmen Depressionen.

Ganze Drogenberge wurden vielen höchstens gesundheitlich gefährlich. Aber fast alle blieben auf den Podesten, auf die man sie gestellt hatte – manche dann nur ein paar Stufen weiter unten.

Man freut sich über ihre Erfolge und zeigt sie weiterhin stolz der ganzen Welt.

Viele, die es sich wirklich leisten konnten aufzuhören, springen zurück ins inzwischen „trübere Wasser", um dort zu erfahren, dass man nicht alles zurückholen kann, wenn man es verloren hat.

Wie sieht es in ihm aus, in dem Thomas, der so gerne Spaß hat und der nicht immer alles rechtzeitig richtig einschätzt, weil er vieles eben nicht so ernst nehmen will? Er hat eine verflixte Gabe, die positiven Seiten einer neuen Aufgabe zu sehen und übersieht vermutlich manchmal die Kehrseite. Aber seine Lebensfreude, die er in jedes Studio und zu jedem öffentlichen Auftritt mitbringt, ist unverändert angenehm und ansteckend.

Und Thomas Gottschalk ist nur ein Beispiel für das, was vielen Menschen in ihren jeweiligen Berufen und Lebenssituationen widerfährt. Nur die sieht man nicht im Fernsehen.

Aber ich habe mich mit solchen Gedanken auch mir völlig ungewohnten Fragen genähert.

Der Frage „wie lange kann man diesen Beruf eigentlich ausüben?" stellt sich niemand gerne. Aber bevor ich näher darauf eingehe, erzähle ich von meinen Begegnungen mit dem Mann, der wohl zu den kreativsten Fernsehmachern in unserem Land gehört. Denn anders als viele seiner berühmten Kollegen, hat er seine Sendeformate fast ausschließlich selber erfunden und mit unvergleichlicher Leidenschaft zu großen Erfolgen gemacht.

Und ich erlebe eindrucksvoll, was alles passiert,

wenn Frauen unter sich sind.

Daniel Düsentrieb des Fernsehens

Wer in meinen Erinnerungen blättert, hat längst festgestellt, dass ich mich eine verdammt lange Zeit immer in irgendeiner Form mit dem Showgeschäft beschäftigt habe, egal ob ich Fernsehsendungen beobachte, Konzerte oder Theater besuche, unzählige wahre und erfundene Meldungen über die Branche in den Zeitungen lese oder ob ich selber an einem Projekt fürs Fernsehen arbeite.

Da muss ich mir leider auch gefallen lassen, dass auch ich durch einige Etappen einer „Karriere" gerauscht bin.

Auch für mich galt:

- Die ersten Jahre ist man Nachwuchs, vielleicht auch Talent, Newcomer mit Zielen.

- Läuft das einigermaßen wunschgemäß, wird man möglicherweise zum Fachmann, zum Spezialisten, zum begehrten Könner – im schönsten Fall zum kreativen Künstler.

- Es folgt eine ruhigere Zeit der Arbeit, die begleitet wird von Respekt und Bewunderung aber auch von kritischen Reaktionen.

Konkurrenten, Kollegen, heimliche Neider und Gegner schauen genauer hin, was man so abliefert.

- „Überlebt" man auch diese Phase, wird man schnell und meistens zu früh zum Routinier, zum alten Hasen, einige sogar zum Dino, wenige zum Titan erklärt.

Das alles macht man nicht selbst. Das kommt von außen, wie das Wetter. Genauso überraschend und vergänglich.

Diese Superlative machen mich nicht erst in den späten Jahren ängstlich oder zumindest nachdenklich.

Das Erkennen und Erleben der Entwicklungsstufen gibt es natürlich in jeder Branche, in jedem Leben. Nur leider ist es nicht allen Menschen vergönnt, all diese spannenden Abschnitte zu erleben, weil sie einige Phasen gar nicht erreichen.

Einige bleiben Talente, anderen wiederum gibt man gar keine Chance, sich frei zu entwickeln. Die selbst abgesteckten Ziele zu erreichen, das ist nicht jedem möglich.

Andere haben keine erkennbaren Ziele, und erleben das Leben eher schwarz-weiß.

„Titan" und „Lichtgestalt" sind extrem übertriebene Prädikate der Medien. Kaum einer kann diese genau einordnen oder beurteilen. Und besonders für Künstler und Sportler sind diese Begriffe eher belastend. Für die wirklich wichtigen menschlichen Leistungen verleiht man Nobelpreise und keine fettgedruckten Worte in den Zeitungen. Gott sei Dank sind diese „Superlative" selten – sehr selten.

Mit zwei solcher sogenannten „Lichtgestalten" der Fernsehunterhaltung hatte ich in den 90er Jahren das große Vergnügen der intensiven Zusammenarbeit und das meine ich wörtlich. Und ich weiß, dass sich beide nicht als solche empfinden.

Thomas Gottschalk habe ich mehrfach erwähnt. Aber der Mann, der „Wetten, dass..?" im Traum erfand, heißt Frank Elstner. Ich habe oft gehört und gelesen, dass man ihm Begriffe Superlative wie „Die Legende", oder „König der Unterhaltung" zugeordnet hat. Ich sage einfach: Frank Elstner war für die Fernsehunterhaltung besonders wertvoll.

Ich kann mich gut erinnern an Herausforderungen und ein gemeinsames, sehr kreatives Miteinander. Nicht alles endet positiv und erfolgreich, aber in meinem Leben sind die Begegnungen mit Frank Elstner wichtige Momente – sehr wichtige! Ich google mal wieder:

Timm Franz Maria Elstner wird am 19. April 1942 in Linz Österreich geboren. Ich weiß, er ist Widder wie meine Mutter.

1974 sehe ich ihn zu Hause am TV zum ersten Mal in „Die Montagsmaler". Das war die Sendung mit dem technisch innovativen Lichtgriffel, der dem Prominenten unter Zeitlimit die Möglichkeit gab, einen Begriff spontan und schnell so malen zu müssen, dass Teammitglieder diesen schnellstmöglich erraten konnten. Witzig – ein bisschen wie Topfschlagen. Kein Spiel für mich, denn ich erinnere mich an eine glatte fünf in Malen.

Elstner erfindet 1981 „Wetten, daß..?" (als es noch mit ß geschrieben wurde) für sich selber und übergibt diesen „TV-Goldbarren" später an Thomas Gottschalk.

Spielshows wie „Stadt, Land, Fluß", moderiert von Viktor Worms, „Koffer-Hoffer" für Karl Dall, „Tele-As" für Carolin Reiber und den Österreicher Peter Rapp und das in den Jahren 1988 bis 1990 laufende „Nase vorn" sind von ihm erdacht und realisiert worden.

„Elstner und die Detektive" und später „Das unglaubliche Quiz der Tiere" sowie „Menschen der Woche" heißen weitere Sendungen *(heute sind das keine Sendungen mehr, sondern FORMATE!)* – und verzeih mir Frank, da fehlen noch ganz viele.

Seit über 40 Jahren ist dieser Mann in der Unterhaltungsbranche immer und überall und immer irgendwie mittendrin.

Schon 1966 werde ich im Autoradio auf ihn aufmerksam, denn als Kameraassistent höre ich in Saarbrücken in dieser Zeit nicht den Saarländischen Rundfunk, sondern Radio Luxemburg – die fröhlichen Wellen aus dem kleinen Staat im Länderdreieck Benelux. Die sind einfach besser, finde ich.

Luxemburg ist sonst eher bekannt für extrem interessante Banken, und ihre versteckten Vorratskammern für unversteuerte Einnahmen aus dem Rest Europas.

Hab' ich nicht – brauch ich nicht. Ich fahre nur manchmal zum Tanken von Saarbrücken über die Grenze, weil die Preise für Sprit in Luxemburg so schön niedrig sind. Ich ignoriere, dass ich auf Hin- und Rückfahrt exakt die Menge Benzin verbrauche, deren Gegenwert ich gerade eingespart habe.

Ich brauche auch keine Digitalanzeige auf irgendeinem Display, um Radio Luxemburg zu finden, denn wenn die Titelmelodie von James Lasts „Happy Luxemburg" erklingt, fühle ich mich zu Hause. Die Sprecher erkennt man sofort.

Da gibt es einen Dieter (Dieter Weidenfeld ist der spätere Manager von Howard Carpendale). Einer heißt Jochen (Jochen Pützenbacher), einer Camillo (Camillo Felgen ist einer der Chefs des Senders). Ein weiterer nennt sich Rainer (Rainer Holbe ist später Moderator der ZDF-Starparade). Frank (Timm Elstner) moderiert unter anderem „Die großen Acht", eine Hitparade. Timm als sein richtiger Vorname geht aber nicht, weil es schon einen Tom gibt. Also fällt den Luxemburger Spielkameraden „Frank" ein.

Und dann gibt es noch einen zweiten Dieter. Dieter Heckscher, der seinem Namen aber ein Thomas anhängt, damit er nicht mit dem anderen Dieter verwechselt wird. Man - sind die da kompliziert! Aber ich glaube, es hat ihnen tüchtig Spaß gemacht, dieses Spielchen mit den Namen ...

Dieter Thomas – das ist der spätere Dieter Thomas Heck.

Frauen gibt es auch: Helga (Helga Guitton), die später als Moderatorin mit mir als Regisseur beim ZDF ein paar Folgen Liedercircus macht.

Désirée (Désirée Nosbusch), die sympathische Moderatorin, mit der ich das große Millenniumkonzert der Scorpions in Hannover produziere, und Biggi (Birgit

Lechtermann), mit der ich nach Michael Schanze viele Folgen „1,2 oder 3" machen darf.

Das spricht doch für sich: Fast jeder Sprecher dieses Senders macht etwas später auch Fernsehkarriere.

Alle diese Persönlichkeiten werden also ausschließlich mit dem Vornamen genannt und dadurch leichter bekannt. Das ist vertraut, nah und sehr persönlich. Auch ihre Art zu moderieren ist etwas anders als bei anderen Sendern. Sie sind fröhlich und moderieren in diesem vertrauten Stil auch das lebendige Programm von Radio Luxemburg.

Schlager, internationale Pop-Musik von Miguel Ríos bis zu den Beatles, von Roy Black bis Truck Stop oder den Beach Boys - alle werden von den RTL-Moderatoren so präsentiert, als säßen sie in den Wohnzimmern, Küchen oder Autos der Zuhörer. Das ist das Kleid des Senders.

Nicht steif, nicht ernst, nicht nervig. Einfach, frech und top modern. Für damalige Zeiten schnell und kurzweilig. Radio Luxemburg ist in den 60er und frühen 70er Jahren auch für mich die „Musikzentrale Europas".

Mitten in dieser Zentrale sitzt Frank Elstner.

Er moderiert nicht nur die „Hitparade", sondern auch die Sendungen: „Fröhlicher Wecker", eine Morning Show, „Autofahrer unterwegs" und den „Stammtisch". Ich erinnere mich an seine unangestrengte Energie und Fröhlichkeit. Ich bewundere, wie dieser Mann mit großer Hingabe überzeugt. Und gründlich ist er. Fürchterlich gründlich. Diese Eigenschaft hat Frank nie verloren, was ich aber direkt – erst Jahre später – erleben darf.

Er gilt als der Motor dieses erfolgreichen Konzeptes und wird 1972 Programmdirektor von RTL-Radio-Luxemburg.

Ja und dann träumt dieser Mann irgendwann 1981 nachts von einer Wette. Als er aufwacht, weiß er: Er will das Wetten ins Fernsehen bringen. Ich bin nicht sicher, ob er morgens nach diesem Traum schon weiß, dass er Fernsehgeschichte geträumt hat (jedenfalls im Bereich Unterhaltung).

Frank belässt es nicht dabei, irgendjemandem seinen Traum zu erzählen.

Genau da beginnt Frank, Frank Elstner zu sein. Einzigartig, unverwechselbar und, wie gesagt, unermüdlich. Ich habe bis heute niemanden erlebt, der so überzeugt von einer Idee sein kann. Wir alle träumen doch ab und zu, aber viele von diesen Kreativ-Träumern verpennen die Qualität dieser eigenen Fantasien.

Ideen für irgendetwas, was im Fernsehen unterhalten kann, haben viele. Sogar gute Ideen tragen wir alle mal mit uns herum. Aber wir tragen sie eben nur so spazieren.

Diese mit Energie auch umzusetzen, unbeirrt an das zu glauben, was man gerade anzündet, sogar das könnten andere vielleicht auch, aber sie machen es nicht. Frank kann es und Frank macht es.

Er macht das Licht an und Peter Gerlach, damaliger Programmdirektor des ZDF, glaubt an Elstner und sein Konzept und lässt es auf das ZDF strahlen. Gerlach schafft die Räume, die Elstner beleuchten darf. „Wetten, dass..?" wird Europas erfolgreichste Fernsehshow.

Ich bin nicht dabei und habe mit Frank auch erst sehr viel später zu tun. Aber ich brauchte diese längst bekannte Geschichte als Einleitung, um diesen Frank Elstner zu charakterisieren.

Ich erlebe Frank akribisch, fleißig, ehrgeizig. Dieser Mann gibt einfach niemals auf. Er glaubt, hofft, entwickelt, schmeißt alles wieder über den „Showhaufen" – Sondermüll, der irgendwo in Luxemburg herumliegt.

Ich glaube, so mancher TV-Schaffender hätte sich an diesem „Elstner- Kreativitäts-Abfall" bedienen können. Wir hätten vermutlich ein paar Erfolgsformate mehr.

Erst Jahre später, genau im Herbst 1991, begegne ich Frank persönlich – das aber sehr intensiv. Keine Ahnung, ob Frank wieder was geträumt hatte. Ich werde als Regisseur nach Luxemburg eingeladen, um ein neues Projekt von Frank mit auf den Weg zu bringen. Der Arbeitstitel ist „Mann-o-Mann".

Eine Show, in der junge Männer in einem spielerischen Wettbewerb „Mann gegen Mann" um den Sieg kämpfen. Publikum: Ohne Ausnahme Frauen und Mädels.

„Bei den Mann-o-Mann - Spielen sind körperliche, aber ebenso mentale Fähigkeiten der Kandidaten gefordert" (Zitat Wikipedia).

Ein kleines Team bestehend aus Frank, einem Szenenbildner, seinem Sohn Thomas, zwei cleveren Redakteurinnen, und ein paar Mitarbeiter seines Luxemburger Büros und Pit Weyrich treffen ab Juli 1991 in kurzen Abständen in Luxemburg zusammen. Wir spinnen und erfinden uns in einen richtigen Rausch. Ich finde das alles großartig, spannend. Genau mein Ding. Die Show wird von Frank als „Spielshow für Frauen" bezeichnet.

Es ist offensichtlich: Mitarbeiter mit Visionen und Ideen, die braucht dieser Elstner, um seine eigenen Fantasien adäquat umzusetzen.

Er kann andere überzeugen und ist dabei dermaßen selbstkritisch, dass wir, seine Kreativpartner, oft mit dem Kopf schütteln.

Er hinterfragt alles, beleuchtet Vorschläge von allen Seiten und bespricht das alles offensichtlich morgens mit Frank, mittags mit Timm, und gegen Abend nochmal mit Elstner. Ich kenne ein paar Fernsehmacher, die haben auch Fantasien – Ideen – aber die „besprechen diese nie mit sich selbst" ...

Frank kannte ein Fernsehstudio in Monheim am Rhein – das liegt zwischen Köln und Düsseldorf. Dieses große Studio hat eine Vorrichtung für einen großen Indoor-Pool (damals nannte man das, glaube ich, noch Schwimmbad).

Wenn dieser Frank Elstner seinem von ihm zusammengewürfeltem Entwicklungsteam seine Träume erzählte, lief das ungefähr so ab:

Ein Sitzungszimmer mit Block, Bleistiften und ohne (!) Aschenbecher – aber mit vielen Keksen! In der Ecke das wichtigste und absolut unverzichtbare Requisit: Eine Flipchart.

Diese Tafeln kenne ich nur aus den Hotel Tagungsräumen, wenn die Douglas Parfümerie-Kette ihre gut oder entsetzlich riechenden Verkäuferinnen versammelt, um ihnen Charme und Verkaufstaktik anzusprühen.

Heute stehen diese Tafeln eher drohend bei jedem Coach, um seinen Klienten die Transaktionsanalyse halbwegs verständlich machen zu können.

Frank Elstner ist Ästhet und diese Eigenschaft fließt immer in seine Überlegungen und Vorschläge ein, die alle mit irgendwelchen Zeichen oder Zeichnungen auf den großen Blättern der Tafel landen. Er hat eine unnachahmliche Art, ein ganzes Team in seinem Kreativrausch mitzureißen, Meinungen abzurufen, um dann letztlich genau das zu tun, was er sowieso schon vorhatte. Und das funktioniert auch meistens. – Meistens!

Mann-o-Mann

Er hat die Idee, dass zehn Männer sich in jeder Sendung bewerben, um jeweils der attraktivste, beste, unwiderstehlichste, begabteste oder auch nur niedlichste Mann für die abstimmenden Frauen zu sein.

Die Männer haben 60 Minuten Zeit in verschiedenen Spielrunden zu beweisen, warum sie unwiderstehlich sind.

Sie müssen auf Fragen antworten, singen live zu Karaoke Playbacks damaliger Hits.

Sie zeigen stolz ihre „Two- bis Sixpack-Bodys" und ihren Charme, wenn sie ihn finden ... Nach und nach werden die weniger „attraktiven" Jungs aussortiert. Drei bleiben fürs Finale übrig.

Am Ende der Sendung stehen sie artig in Reih und Glied(!) – mit dem Rücken direkt vor dem Pool. Das Wasser ist kalt – absichtlich. Und sie sind bereit für das Urteil von zweihundert Richterinnen.

Die stimmen gnadenlos ab. Die Folge: Es ist für zwei Männer „Feierabend". Sie werden von extra engagierten Modeldamen, die das Voting des weiblichen Publikums nach und nach vollstrecken, voll bekleidet ins Wasser geschubst. Was ist das für ein Spaß – für die Mädels versteht sich.

Einer bleibt übrig: Der Mann o Mann.

Hier kann man es testen:

www.youtube.com/watch?v=NXc5vEqFCtI

Mann o Mann

www.youtube.com/watch?v=TPe7hMyhLK8

Mann o Mann

Im Studio amüsieren sich also ungefähr 200 aufgedrehte Frauen als Zuschauerinnen. Alle echt. Nicht alle jung. Nicht alle nüchtern. Nicht alle schön. Aber schrill, enthemmt, ungebremst, denn sie sind ja unter sich.

Wir, die Macher, ca. 50 Männer (nicht alle schön, nicht alle jung) und ein paar Frauen (ohne Ausnahme sehr hübsch) haben viel Arbeit, aber ebenfalls sehr viel Spaß.

Zwei Tage Proben der Spiele und Abläufe und dann kommen sie: Die Busse aus Leverkusen, Trier, Luxemburg und Grevenbroich (wo Hape Kerkeling beim Tageblatt als Journalist Horst Schlemmer arbeitete ... Natürlich nur in seinem Film „Isch kandidiere").

Ich gehe nicht in den Regieraum – ich flüchte! Aber ich sammle vollkommen neue Erkenntnisse, die ich in diesem Leben nicht mehr vergessen werde.

Ich lerne, dass letztendlich fast alle Frauen sich besonders dann so richtig wohl fühlen, wenn sie mit ihren Geschlechtsgenossinnen zusammen sind (ohne die nervigen Besserwisser – ihre Männer, Lover, oder „Sponsoren").

Keine Ahnung übrigens, ob das in anderen Kulturen auch so ist.

Moderiert wird das nicht von Frank Elstner, sondern von Peer Augustinski, den alle als Mitglied der unvergessenen „Klimbim" Serie (1973-1979) an der Seite von Ingrid Steeger kannten *(„... und ist es mal nicht wahr, dann mach ich mir 'nen Schlitz ins Kleid und find' es wunderbar").*

Frank Elstner ist geistiger Vater und Produzent der insgesamt 26 „Mann-o-Mann” Folgen, die wir von 1992 bis 1995 für SAT.1 produzieren. Er weiß um die Wirkung, wenn ausschließlich die Frauen über Sieg und Niederlage eines Mannes zu entscheiden haben. Und es ist ja auch clever und legitim, mal spielerisch den Spieß umzudrehen und Frauen ganz offiziell Männer zu „bewerten” und sie mit ihren Noten aus dem Wettbewerb zu kippen.

„Erfinder” Frank Elstner ahnt schon bei der Planung die Reaktionen der Frauen, wenn sie den Macho oder Schönling eiskalt versenken dürfen. Elstner weiß auch, wie sehr ein Mann, von Stolz und Ehrgeiz getrieben, sogar über die Grenze zur Lächerlichkeit zu gehen bereit ist.

Was ist das für eine verrückte Show?!

Der Chef aus Luxemburg ist nur selten im Studio. Aber wenn, dann erscheint er mit spektakulären Auftritten, durch wilde An- und Abreisemanöver.

Ich erinnere mich an häufiger notwendig gewordene Autowäschen, wenn Frank mit ohrenbetäubendem Lärm per Hubschrauber auf dem staubigen Parkplatz vor den Info-Studios in Monheim am Rhein landet. Das ist groß – das ist bedeutend. So kommen auch die großen Produzenten in Hollywood an die Drehorte. Das Team – auch ich – stehen so stramm wie die Büro-Flipcharts, wenn Elstner einfliegt.

Mal kurz eine Aufzeichnung des Vorabends kontrollieren, loben, motivieren und ein bisschen kritisieren. Seine Meinung zählt. Alle haben Respekt.

Meistens verschwindet Frank nach kurzem Aufenthalt genauso staubig, wie er gekommen war. In der Zwischenzeit hat er fast immer neue Ideen, Vorschläge, Änderungswünsche, klare oder rätselhafte Anweisungen, die wir artig versuchen zu realisieren. Der häufigste Satz von Frank ist: *„Jetzt hab ich's!"*

Nicht selten hat er sie wirklich – die zündenden Ideen.

Dann folgt der schnelle Gang zu seiner Tafel: Ein paar Striche – ein paar Zahlen – so einfach geht Fernsehen. Ihm ist nichts egal. Aber er bleibt immer sachlich und fair.

Keine Ahnung, ob er das Gefühl kennt: Jetzt ist wirklich alles gut so wie wir es ihm abliefern. Aber vielleicht ist genau das - gut so.

„Mann-o-Mann" ist trotzdem, oder auch genau deswegen, erfolgreich. Ich erlaube es mir, mal kurz anzugeben, weil es beeindruckend ist.

Die Sendung ist in den 90er Jahren die weltweit erfolgreichste deutsche TV-Show. Nach dem Start in Deutschland wird „Mann-o-Mann" im Laufe der Jahre in mehr als 20 Ländern produziert: Unter dem Titel „Man-o-Man" in England, Australien, Dänemark, Norwegen, Schweden; in Spanien zunächst regional unter dem Titel „Elles & Ellos", danach landesweit unter dem Titel „Uno para todas"; in Italien unter dem Titel „Beato tra le donne"; in Portugal als „Ai os homens"; in Frankreich als „Le chéri de ces dames"; in der Türkei als „Ah kizlar vah erkekler".

Ein Luxemburg-deutsches Format geht um die Welt und es wurde nicht von der Firma Endemol entwickelt.

Viele Casting-Shows benutzen heute noch Elemente dieser Show. Das ausschließlich weibliche Publikum bleibt allerdings einmalig.

Einmalig ist auch für mich dieser Nachhilfeunterricht in Sachen Menschenkenntnis. Seit dieser Zeit glaube ich zu wissen, wie die frühen und späten Mädels ticken.

Die einzige Männertoilette im Studiobereich wird wegen Überlastung der Damentoiletten auch für das weibliche Publikum freigegeben.

Natürlich dürfen auch wir weiterhin „unsere Klos" benutzen. Und so hören wir endlich mal, was Frauen zwischen Pipi und Puder so alles besprechen müssen.

Ich lerne mit Ende 42 bei „Mann-o-Mann" : Auf dem Klo sind Frauen ehrlich. Hier erfährt man die ganze Wahrheit.

Ich war bis dato überzeugt, dass wir Männer die größeren Ferkel sind. Irrtum! Die können das auch – sogar sehr gut ... Kein Hintern der männlichen Kandidaten bleibt „ungescannt" und wird dann auf dem Klo detailliert besprochen. Erotische Klischees werden bekichert und mit Pointen rheinischen Frohsinns garniert. GEIL ist alles in dieser „Mann-o-Mann" - Welt.

Die häufigste Frage der Ladys ist: „Wie findest du denn den?"

Die häufigste und präzise Antwort darauf: „Geil!"

Und das immer mit diesem Kichern, das wie ein Film aus meiner Schulzeit vor mir abläuft. Ich weiß seit 1992 definitiv:

Jede Frau glaubt,
dass sie jeden Mann haben könnte,
wenn sie nur wollen würde.

Wir haben oft überlegt, warum Frank immer nur kurze Stippvisiten bei uns macht. Ich vermute diesen Grund:

Er hat seine Frau Britta und die sieht glücklich aus. Die attraktive Dänin bleibt in Luxemburg und hofft, dass ihr Land irgendwann mal Fußballweltmeister wird. Um ihren Frank braucht sie sich keine Sorgen zu machen. Flipcharts sind nicht erotisch ...

Außerdem ist Frank zum Arbeiten auf dieser Welt.

Wenn eine seiner Ideen erstmal auf dem TV-Fließband gelandet ist, steht er bereits kurz vor der Realisierung einer neuen Show.

Nachts beginnt er dann vermutlich wieder zu träumen.

Als wir noch immer munter und übermütig Männer ins Wasser werfen lassen, träumt sich Frank jedenfalls sein nächstes Werk zurecht.

Er will, dass Prominente vor der Kamera über ihre erste Liebe reden.

Ganz schön intim – dieses „First Love"

" Jetzt dreht Pit durch ..."

Das ist – wann auch immer – in Franks Kopf entstanden: Titel „First Love" – eine neue Show mit jeweils einem prominenten Gast pro Sendung.

Es geht um Erinnerungen an die erste Liebe. Jeweils 20 Minuten Talk mit dem Promi, der dann mit vorproduzierten Antworten seiner ersten Liebe auf die gleichen Fragen konfrontiert wird. Moderator ist wieder nicht Frank Elstner selbst, sondern zunächst Wolfgang Fierek. Produktionsort: Ein kleines Studio in Luxemburg.

Ich erinnere mich, dass eine weitere notwendige Autowäsche, also eine Hubschrauberlandung des „Elstner-Air-Shuttles", während der „Mann-o-Mann" Produktionszeit ausschließlich mit mir zu tun hat.

Es ist Nachmittag vor einer Folge „Mann-o-Mann". Einige Zuschauerinnen stehen schon mit Proseccoflaschen vorm Studio und singen übermütig Lieder im Stil von Andrea Berg, die aber zu der Zeit noch als Funkenmariechen beim Karneval bei der Krefelder Prinzengarde tanzte.

Das uns inzwischen vertraute Geräusch des anfliegenden Helikopters treibt die lustigen Mädels ängstlich hinter ihre Busse oder in die Büsche. Hier kommt Frank.

Nicht nur er fällt mit seinem Hubschrauber aus „allen Wolken", sondern auch ich. Denn im Handgepäck hat er heute einen unterschriftsreifen Vertrag über 48 Folgen Moderation der Sendung „First Love" für Pit Weyrich.

Die Dynamik und die Überzeugungskraft dieses Frank Elstner lassen mich keine Sekunde zögern: *„Klar mach ich das! Wann soll's denn sein?"*

„Ab nächster Woche! Zwei bis drei Folgen am Tag. Ein Studio – zwei Mikrofone – zwei Sessel – zwei TV-Monitore. Eine kleine Redaktion und ein paar Filme," meint Frank. Ich präge mir meine Aufgabe ein.

Zu Beginn der Sendungen kenne ich natürlich bereits die Aussagen, die „ersten Liebesgeschichten" aus Sicht des nicht prominenten Teils der Paare, die immer zuerst gedreht wurden. Ich versuche dann bei dem anderen Teil, dem Prominenten im Studio, die Erinnerungen zu wecken. Sind es die gleichen?

Ich will wissen, wo man sich kennen gelernt hat, wie der erste Kuss war, wenn es ihn gab, und was daraus wurde. Ich versuche den Gästen viele kleine oder größere Geheimnisse zu entlocken.

Einer der ersten Gäste, Rudi Carrell, antwortet zum Beispiel auf die Frage nach dem ersten Kuss, dass es sehr aufregend für ihn gewesen sei. Seine erste Liebe hatte jedoch bereits auf die gleiche Frage geantwortet: *„Der hat mich überhaupt nicht geküsst. Der war viel* *zu schüchtern! Ich habe ihn geküsst – sehr viel später* ...” Mit solch einer nicht übereinstimmenden Antwort konfrontierte ich dann den verblüfften Rudi. Das Ergebnis: Sehr gutgelaunte Unterhaltung!

Frank Elstner hatte wieder einmal gewusst, dass das „dezente Wühlen” in der Intimsphäre von Prominenten, ein erfolgreiches Fernsehunterhaltungsformat ergibt.

Das ist alles. Gesendet wurde das bei Tele 5.

Aber derselbe Frank Elstner ist auch als Geschäftspartner ein unvergleichbar fairer und großzügiger Mensch. Wenn jemand etwas leistet, dann soll es ihm gut gehen. Diese Einstellung hat er mit meiner Mutter gemeinsam. Sternzeichen Widder eben ... Ich war zwar in der Schule in Mathe miserabel, aber meine Fähigkeiten auszurechnen, was ich bei 48 Folgen verdiene (oder besser gesagt, bekomme), reicht für eine Fahrt mit meinem etwas in die Tage gekommenen Jaguar zum Autohaus Becker. Das exklusive Autohaus liegt in Düsseldorf – 20 Minuten von unserem „Mann-o-Mann” Studio entfernt.

Ich weiß, dass vor allem Frauen besonders dann gerne shoppen gehen, wenn sie frustriert oder unglücklich sind. Sie belohnen sich, um Negatives mit Stoff, Schuhen oder Accessoires zu vergessen. Ein beschissener Tag wird mit einem neuen Pulli, einem neuen Fummel sonnig oder sogar zum Glückstag. (Wenigstens so lange, bis die beste Freundin den Kauf mit dem vernichtenden „es geht so” benotet.)

Ich brauche keinen Frust und keine Traurigkeit. Ich kaufe am liebsten, wenn ich mich freue. Glücksgefühle sind für mich wie PIN-Nummern. Sie machen bei mir den Zugang zum Geldausgeben frei. Also belohne ich Freude mit Unvernunft. Ich liebe Küchenreiben aus der Fernsehwerbung, Sonderangebote und Autos – ach das sagte ich ja schon.

Am folgenden Nachmittag fahre ich also zu dem bekannten Autohaus. Mal seh'n, was die so haben in ihrer riesigen Gebrauchtwagenabteilung.

Mein altes Auto macht sehr eigenwillige, neue, aber ungesunde Geräusche auf der Fahrt ins PS-Paradies. Ob das Auto wohl was merkt, denke ich? Ich fühle mich nicht gut und etwas ungerecht.

Schuld ist Frank Elstner. Schließlich hat er mir diesen Vertrag mit einem lukrativen Gehalt auf den Tisch geknallt. Und da er schnell wieder wegmuss, unterschreibe ich halt zügig.

Ebenso zügig möchte ich nun meinen älteren Jaguar in ein neueres Modell umtauschen und bitte einen Verkäufer im Autohaus, mir Angebote von gebrauchten Jaguar Jahreswagen zu machen.

Er bittet um ein paar Minuten Geduld: „*Gehen Sie doch ein bisschen spazieren. Oben im ersten Stock stehen unsere Raritäten – bin in zehn Minuten mit Angeboten zurück.*"

Ich spüre erhöhten Puls, als ich im ersten Stock an den gebrauchten Rolls Royce, Bentleys, Maseratis und einem alten Horch vorbeigehe.

Bei den Sportwagen bleibt der Puls normal. Porsches, egal wie teuer und flach, sind mir zu blöd. Aber die Cadillacs und die Lincolns machen mich „high".

Im Nu sind die zehn Minuten vorbei. Ich stehe gerade seitlich neben einem schneeweißen Auto mit leuchtend roten Lederpolstern, einem fünf Jahre alten Bentley. Ganz klar: *„Das ist ein Auto für Zuhälter oder Chefs von Goldankauf-Shops"*, denke ich.

Der Autoverkäufer weiß wie man solche Leute wie mich einlullt.

„Na? Tolles Auto?! Hat mal ein Scheich gefahren! Er hat es nur benutzt, wenn er in Düsseldorf bei seinem Zahnarzt war." Ich muss über diese Sätze lachen. „Ja, ja, aber leider nicht meine Liga", antworte ich mit einer Mischung aus gespielter Resignation und vorgetäuschter Vernunft.

Man muss wissen: Im Autohaus Becker steht an solch einem Auto im ersten Stock kein Preisschild. Vermutlich reden Menschen, die sich solch ein Auto leisten wollen, nicht über Geld. Die Mitarbeiter des Hauses haben wie überall ihre ganz eigenen Methoden entwickelt und verfügen über antrainierte Männerkenntnis.

„Der ist preiswerter (er sagt nicht „billiger") als ein vergleichbarer Jaguar", sagt er ungefragt mit sanfter, männlicher Herzblattstimme und fügt ganz schnell hinzu, dass er aber selbstverständlich auch ein schönes Angebot für einen gebrauchten Jaguar in der Tasche habe.

Dann öffnet er die Fahrertür des Bentleys. Wieso hatte er eigentlich den Schlüssel dabei? Das ist doch kein Zufall. Dieser Gedanke kommt mir erst jetzt – rund 40 Jahre später.

Fingerdicke, flauschige Bodenteppiche, ebenfalls in knallrot, sowie eine Innenbeleuchtung wie vom Lichtdesigner unserer Fernsehproduktionen hauen mich um. Reste meiner Vernunft verschwinden zügig.

Soll ich – oder soll ich nicht?

Das Kind in mir schaut mir über die Schulter und bettelt mich an. Beide, Kind und Mann, sind begeistert und kaufen, weil der raffinierte Todesstoß eines Verkäufers, nämlich die gratis Zugabe von vier nicht ganz neuen Winterreifen inklusive Felgen, uns beide voll trifft.

Wir haben das Gefühl, ein Schnäppchen erwischt zu haben. (Wissen Sie, was so ein normaler Winterreifen für einen Bentley kostet?!)

Ein Bentley also in Weiß mit roten Lederpolstern, roter Armaturenablage und darunter die bekannten englischen Wurzelholzverkleidungen. Ein Luxusschlitten für einen Filialdirektor in Dubai, ein Düsseldorfer Stadtwagen für einen zahnkranken Scheich, ein Traum in den Vereinsfarben des 1. FC Köln, für einen deutschen Fernsehregisseur und Moderator, der bis zu diesem Zeitpunkt als heterosexuell eingestuft wurde.

Lieferzeit 24 Stunden.

Was ich nicht im Entferntesten checke, ist die Wirkung dieses bescheidenen Fahrzeugs auf meine Freunde, Eltern und Kollegen und auf Frank Elstner.

Es dauert doch noch lange zwei Tage und ein paar D-Mark mehr für ein paar unnötige „extra Extras", bis ich auf dem sandigen Boden des „Mann-o-Mann" Studios flüsterleise „vorrolle".

Mit einem unglaublich primitiven und für ein solches Traumauto unwürdigen Autoschlüssel schließe ich die Tür und schon steht das gesamte Team um mein Prachtstück herum.

Es wird gegrinst. Alle 50 Mitarbeiter wollen mal Probesitzen.

Alle 50 grinsen. *„Mein Gott ist das 'ne tuntige Karre"*, meint ein Kameramann. Es trifft mich hart.

Ich finde mein sonst so tolles Team spießig und überhöre arrogant die weiteren Bemerkungen über den vermuteten Spritverbrauch dieses Achtzylinders.

„Mit sparsamen 18-25 Litern bist Du dabei", feixen die Kollegen. Natürlich kein Sprit, sondern Super. Aber für mich ist sowieso alles super in diesen Tagen: Elstner, ein neuer Vertrag, es ist Sommer und abends kommen die Mädels.

Mann-o-Mann.

Ich fühle trotzdem eine Mischung aus Stolz und Peinlichkeit.

Bei den Kollegen wehre ich mich, wenn Worte fallen wie *„das Kind im Manne"* oder *„jetzt dreht er durch"*. *„Alles nur Neid"*, beruhige ich mich. Aber ich habe auch noch einen anderen Gedanken.

Dieses Fahrzeug signalisiert immerhin etwas, was ich nicht bin. Protz ist mir fremd – etwas Schönes genießen - jedoch nicht! Aber skeptisch bin ich wirklich nur ganz kurz. Ich beruhige mich. Denn dieses Fahrzeug hat so viele erfreuliche Vorteile und es ist von anerkannt unzerstörbarer Qualität, sagt man. Ein netter Kollege sagt, *„Pit, der geht nie kaputt! Der hält ewig ... Und er verliert nicht an Wert! Das werden Liebhaberstücke! Schau mal die Verarbeitung ...“*

Mir fällt bei der Rückreise von Monheim nach München bei voller Fahrt auf der Autobahn bei strömendem Regen der Scheibenwischer ab – natürlich der auf der Fahrerseite.

Wie hatte der Verkäufer gesagt: *„Sie können dem ADAC kündigen. An diesem Auto geht nichts kaputt. Das ist wertvolle, handfeste Verarbeitung. Wenn mal was sein sollte, rufen sie diese Nummer an. Es kommt innerhalb von einer Stunde Hilfe, egal von wo aus sie anrufen.“*

Es ist zwischen Limburg und dem Kreuz Wiesbaden, wo ich in Lebensgefahr gerate, weil ich wirklich nichts mehr sehe. Regen ohne Wischer hatte ich noch nie erlebt. Noch nicht einmal in meiner „roten Ente“ in den 60er Jahren.

Ich denke zum ersten Mal negativ über Frank Elstner, denn er ist für mich ja ganz klar schuld an diesem Kauf.

Natürlich kommt auch keine Hilfe von Bentley, weil die gerade keine Kapazitäten verfügbar haben. Der noch nicht gekündigte ADAC braucht 20 Minuten zu meinem Pannenparkplatz und dann drei Stunden, bis er ein Wischerblatt findet, das wenigstens provisorisch auf diese komplizierte britische Halterung passt. Ich fahre das Auto drei Jahre lang bis zum Herbst 1995. Dann verkaufe ich es an meinen Lichtkameramann der Sendung „Gottschalk Late Night" zum Schnäppchenpreis. Er will erst nicht so recht. Aber als ich ihm dann vier sehr gebrauchte Winterreifen quasi umsonst dazu gebe, greift er zu. (Ich hatte ja was gelernt ...)

Frank Elstner habe ich „trotzdem" weiterhin in guter Erinnerung. Vermutlich sogar besonders, weil er sich bei seiner nächsten Träumerei das erste Mal „verträumt" hat. Ich empfinde das so, weil es zeigt, dass auch er offenbar nicht unfehlbar ist.

Er bittet mich wieder, die Regie zu übernehmen. Und damit es ein hübsches Baby wird, lasse ich mich gerne erneut als „Hebamme" für sein jüngstes TV-Baby einspannen.

Aber das ist

alles noch streng geheim!

Elstner und die Detektive

„Ich hab's", sagt er wieder und malt wie immer – inzwischen simultan – auf zwei Flip-Charts seine Ideen zu dieser neuen Show auf. Ich verstehe ihn sofort, denn er will das öffentlich realisieren, was ich schon so oft in diesem nicht ausschließlich schönen Beruf gefühlt hatte. Er will sich verstecken.

Er will sich „richtig" verstecken und möglichst ganz Deutschland soll ihn während einer Live-Sendung suchen und natürlich auch finden!

Es erinnert mich an blöde Klassenausflüge, bei denen in den Wäldern rund um Hamburg unvermeidbar Räuber und Gendarm gespielt werden musste. Eine Gruppe versteckt sich und eine andere sucht und soll die andere finden. Wie witzig – wie spannend ... Ich habe immer bei den Mädchen mitgespielt, weil ich mich während der Wartezeit im Versteck dabei weniger gelangweilt habe. Außerdem habe ich sie überredet, das Versteck so auszuwählen, dass man uns NICHT finden kann. Warum sollte ich mich denn verstecken, wenn es nur eine Frage der Zeit ist, wann ich gefunden werde?

Das geht natürlich nicht beim Fernsehen. Daher sucht Frank mit unglaublicher Sorgfalt und FBI-ähnlichen Methoden sein Versteck aus. Damit er dort auch außer der Möglichkeit, ihm interaktiv kleine Hinweise auf seinen Standort zu entlocken, was anderes zu tun hat, nimmt er sich einen prominenten Gast mit.

In der ersten Sendung ist es Fürstin Gloria von Thurn und Taxis. Was in „Franks Traum" hundertprozentig nicht vorkam, ist die Realisation einer solchen Live-Sendung unter der Prämisse: NIEMAND (!) darf erfahren, wo wir produzieren.

Wir – wir sind das ZDF mit ca. 60 Mitarbeitern, Beleuchtern, Kameraleuten, Technikern, Produktion und Redaktion. Und die alle bereiten solche Sendungen wochenlang vor. Es müssen Vorbesichtigungen vor Ort stattfinden, Hotels gebucht werden und irgendwann muss dieser ganze Tross dort ja mal hinreisen, um zu proben und schließlich zu senden. Und das soll alles geheim bleiben? Wie geht das, Herr Elstner?

Ich nehme es vorweg – es klappt. Aber über die Frage „*Wie?*" könnte ich ein eigenes Buch schreiben.

Hier nur mal ein paar Beispiele, die zeigen, was dieser Frank Elstner so alles auslösen kann. Tatsachen sind:

- Ein Prominenter wie Frank Elstner ist nie inkognito.

- Ein Fernsehmann seines Bekanntheitsgrades kennt vielleicht Einsamkeit, aber kein „Alleinsein", kein „Sich-unbeobachtet-fühlen".

Am Tag nach den Sendungen spricht ihn jeder Zweite auf der Straße an, und das nicht nur um Komplimente zu machen. Kleinkinder werden von Muttis vorgeschickt und fragen artig, aber scheu: *„Kann ich mal ein Autogramm ...?"* Da fehlt vieles – nicht nur das „bekommen". Da fehlt aus meiner Sicht der komplette Sinn. Das ist einer der Gründe, warum ein Thomas Gottschalk so früh entschieden hat, in Amerika zu leben. Das ist ein Grund, warum ich mich hinter den Kameras bedeutend wohler fühle als davor.

Das ist nicht der Grund, warum sich Frank Elstner live suchen lassen will.

Witzig finde ich, dass ich am Tag meiner Anreise zum absolut geheimen Drehort im Osten Deutschlands bei der Ankunft einen mir sehr vertrauten und bekannten Fotografen treffe, der so tut, als wäre er privat dort. Ich tue auch, als wäre es nur die Zwischenstation einer privaten Reise. Keiner glaubt dem anderen. Das geht in den nächsten Tagen auch so weiter.

Alle, die ich kenne und treffe, weil das auch so vorgesehen ist, sind eigentlich gar nicht da. Keiner weiß, in welchem Hotel der andere Teil des Teams wohnt. In der Stadt schwindeln wir uns durch die Probentage.

Ich werde gefragt, warum wir auf einem Gestüt Fernsehen machen. Ich lüge, eine Sportübertragung zu proben. Aber jeder weiß, dass die Pferde dort ganz normal vor Kutschen gespannt werden und gar nicht renntauglich sind. Es ist alles etwas absurd, aber spannend.

Die Sendung selber will nicht das halten, was sie im Vorfeld verspricht. Dem Zuschauer scheint es relativ egal zu sein, wo Frank sich mit Gloria versteckt hat.

Natürlich wird der Ort in der Sendung auch identifiziert.

Wir sind im Landgestüt Moritzburg bei Dresden. Die Fürstin ist kooperativ und nett – und sie freut sich.

Ich erinnere mich an den Gedanken, ob es wohl schön ist, Fürstin oder Fürst zu sein. So einen Titel bekommt man doch verliehen, ob man ihn will oder nicht. Und mir wird klar, dass an dem Spruch „Adel verpflichtet" auch was dran ist. Man ist von Geburt an was Besonderes! Obwohl ihre Durchlaucht von Thurn und Taxis eine wohltuend normale Frau ist.

Im Prinzip sind wir stolz, die Sendung gut über „die Bühne" gebracht zu haben, und beginnen sofort mit der Planung und Vorbereitung der zweiten Folge.

Wieder will sich Frank verstecken, wieder ist ein Promi sein „Mitverstecker". Geplant ist Thomas Gottschalk. Das Versteck: Eine Schule in Kulmbach, seinem fränkischen Geburtsort.

Das ZDF setzt die Sendung aber schon nach der ersten Folge wieder ab – für mich neu und für Frank Elstner mit Sicherheit auch. Nach der Premiere direkt Schluß, das hatten wir alle noch nie erlebt.

Frank hat das alles trotzdem unglaublich viel Spaß gemacht.

Ich bin mir ganz sicher: Hätte Frank Elstner weit vor der Erfindung von Rundfunk und Fernsehen gelebt, dann hätte er vermutlich „Mensch ärgere Dich nicht" oder „Monopoly" erfunden. Vielleicht hat man ihn als Kind nicht so richtig in Ruhe spielen lassen, spekuliere ich in meinen finstersten Fantasien. Irgendwas ist da geschehen ...

Ich habe im Übrigen allergrößten Respekt vor solchen „Verrückten", denn ohne sie verarmen wir. Ohne sie ist *„Ende – Mol"*.

Lieber Frank, ich danke Dir für ein kleines Stück Leben voller Herausforderungen, Geduldsprüfungen und der Möglichkeit, mich mithilfe Deiner Träume zu entwickeln. Und danke, dass ich einmal im Leben einen Bentley fahren konnte. Und ich wünsche Dir, dass du immer weißt, wohin mit Deinen Träumen. Aber bitte träume unbedingt weiter!

Denn es gibt keinen richtigen oder falschen Zeitpunkt zum Aufhören.

Mir begegnet dieser Gedanke in dieser Zeit zum ersten Mal:

„Wann ist eigentlich der richtige Zeitpunkt zum Aufhören?"

Im Zusammenhang mit meiner Entwicklung in der Fernsehunterhaltung begegnet mir dieser Gedanke später immer mal wieder. Je länger ich dabei bin, desto häufiger.

Vielleicht deswegen, weil ich durch die Zusammenarbeit mit Menschen jeder Altersgruppe auch solche treffe, die sich in einer Lebensphase befinden, in der man natürlich auch schon mal an das Ende der Karriere denkt - freiwillig oder unfreiwillig.

Aber ich habe auch solche getroffen, die bisher keinen Grund hatten übers Aufhören nachzudenken.

Ich meine zum Beispiel André Rieu. Und was ich mit ihm in über 20 Jahren engster Zusammenarbeit erlebt habe, war wirklich meistens kaum zu glauben! Und das Arbeiten im Backstage-Bereich dieses Künstlers ist auch für mich immer wieder ein großartiges Erlebnis. Denn er ist für mich

ein Vorbild für unermüdliche Leidenschaft.

André Rieu … geht nicht - gibt es nicht!

Was ist das denn? Ein „Kindergarten on Tour"?

Mich hat gerade im Münchener Olympiastadion das 3:1 der Bayern gegen den „Club" aus Nürnberg begeistert. Zufrieden gehe ich unten an der Olympiahalle vorbei Richtung Parkplatz.

Dort parken bei Konzerten die Tour Trucks von Tina Turner, Michael Jackson, den Stones oder Paul McCartney.

„You rock – we roll", steht dann meistens auf den großen Flächen britischer Trucks.

Heute parken dort holländische LKWs mit gelben Nummernschildern. Auf einem dieser Sattelzüge sehe ich ein großes Bild wie aus einem Zeichentrickfilm. Putzig lachende Musiker mit Instrumenten aufgereiht auf wellenförmig geschwungenen Notenlinien und am Ende eine Karikatur von einem Mann mit Künstlermähne und Geige. Alles sehr bunt, alles sehr verspielt. Noch größer leuchten die Buchstaben. Der ganze Siebentonner ist ausgefüllt mit „André Rieu on tour".

Ganz schön albern für ein klassisches Orchester, denke ich und ahne zu diesem Zeitpunkt nicht im Entferntesten, welch großen Platz genau dieser André Rieu in meinem Leben einnehmen sollte. Aber der Reihe nach.

Fast ein Jahr nach diesem „Parkplatzerlebnis" bereite ich im Dezember 1997 im sehr kalten Linz eine große ZDF-Show mit Patrick Lindner vor. 90 Minuten Aufzeichnung vor begeistertem Publikum.

Ich habe sofort diesen Tour Truck mit den Kinderbildern vor Augen, als ich den Namen André Rieu in der Besetzungsliste lese. Das ist der Zeitpunkt, an dem ich zum ersten Mal auch „seine" Musik bewusst höre. Er wird zwei Stücke spielen: „Second Waltz", einen sehr melodiösen Walzer von Dmitri Schostakowitsch, und „Libiamo", ein italienisch anmutendes, sehr heiteres Trinklied – „das Brindisi" aus Verdis „La Traviata".

Wann immer ich mir während der Vorbereitung meiner Regiearbeiten die Musikstücke der kommenden Sendung anhöre, beginnt der schönste Teil meiner Arbeit.

Ich habe meistens schon nach ein paar Takten eines Liedes vor Augen, wie das später am Bildschirm aussehen soll. Wann, wer und mit welcher Kamerabewegung im Bild erscheint. Das ist meine Vorarbeit, die ich für jede Sendung seit Jahren leisten darf. Da vereinen sich zwei Dinge, die in meinem Leben große Bedeutung haben – Musik und Optik. Musik mit den passenden Bildern zu garnieren, das ist für mich nicht wirklich Arbeit, obwohl es zu meinem Beruf geworden ist.

Es macht Spaß, Lied für Lied so für die Kameras einzuteilen, dass unsere Bilder und die Schnittfolge der Stimmung des Stückes gerecht werden. Die optische Umsetzung verleiht jeder Musik einen zusätzlichen Kick, vorausgesetzt sie trifft die Stimmung des Stückes. Das ist immer wieder eine kreative Herausforderung. Bei einem großen Orchester Tutti wähle ich gerne Kranfahrten in weite Totalen. Für das besinnliche, leise Solo oder für eine Ballade liebe ich die langsamen, sanften Bewegungen und viele Close-ups, also Naheinstellungen der Künstler. Aber es gibt keine Regel, keinen Fahrplan, wie man etwas zu gestalten hat. Es ist immer der Ausdruck einer persönlichen Verfassung und des Geschmacks des Regisseurs. Manchmal entspricht es auch dem Wunsch des Künstlers, dem ich gerne entspreche (meistens eigentlich).

Die optische Gestaltung von Musik hat durchaus einen entscheidenden Einfluss darauf, wie der Zuschauer das jeweilige Stück empfindet.

Natürlich gibt es auch immer wieder mal Lieder, die ich privat nicht hören würde. Aber auch mit solchen Stücken muss ich mich beruflich auseinandersetzen. Die Pflicht und Aufgabe des Regisseurs ist es nun mal, mit allen Protagonisten intensiv und optimal umzugehen. Ein Kameramann macht ja auch keine „schlechteren" Bilder, wenn er einen Künstler aus irgendeinem Grund nicht leiden kann.

Jede Musikrichtung findet irgendwo Menschen, denen genau diese Töne gefallen. Und jeder Interpret hat natürlich den Wunsch, bei seinem Auftritt optimal, möglichst einmalig, präsentiert zu werden. Das zu erfüllen, ist für Regisseure und ihre Teams quasi „der freiwillige Eid vor der Bundes-TV-Zentrale". (Gott sei Dank gibt es die nicht wirklich!)

Beim einem fällt es mir leichter, beim anderen verdränge ich persönlichen Geschmack und mache einfach das, wofür ich bezahlt werde. Und im Extremfall tröste ich mich mit dem Gedanken, ich bekäme keine Gage, sondern Schmerzensgeld für meine Geduld. Ok, das klingt nicht sehr nett, stimmt aber leider manchmal.

Das, was da aber in Linz mit diesem André Rieu und seiner Musik auf mich zukommt, gefällt mir schon im Ansatz: Beschwingte, leichte Klassik im Wechsel mit Walzermelodien, weltbekannte Musikstücke großer Komponistenlegenden. Alles locker arrangiert und leicht bekömmlich verpackt.

Das Johann Strauss Orchester ist extremst gutgelaunt. Und ich weiß heute, dass das keine gespielte Freude ist. Man schaut gerne auf die Bühne bei einem Rieu-Konzert.

Endlich sind die Damen und Herren hinter ihren klassischen Instrumenten nicht in traurigem Schwarz gekleidet wie Musiker so vieler Orchester. Wenigstens die Damen tragen farbenfrohe Kleider im Rokokostil. Alles wirkt ausgelassen und fröhlich, aber irgendwie auch schön kitschig.

Wie oft hatte ich schon bei Fernsehübertragungen mit klassischer Musik daran gedacht, dass man das alles viel lockerer und interessanter umsetzen könnte.

Ich erinnere mich an das Jahr 1975, als ich als Kameramann beim Konzert des großen Pianisten Artur Rubinstein – zusammen mit dem Londoner Sinfonieorchester südlich von London – in den Fairfield Halls in Croydon dabei sein durfte. Ich übernahm eine Kamera am Kopfende des Konzertflügels. Am anderen Ende zwei Meter vor mir saß er – der Superstar der Pianisten. Ich hatte 60 Minuten lang nur einen Auftrag für meine Kamera „Nr. Drei" : Nahaufnahme (close-up) von Artur Rubinstein. Kein Zoom, kein Schwenk – immer nur nah den Solisten. 45 Minuten lang! Eigentlich kann das jeder, der hören und sehen kann. Aber trotzdem war das ein besonderes Erlebnis, denn direkt rechts neben mir saßen Cellos, Bratschen und Bässe bei der Arbeit quasi in Reichweite von meiner Kameraposition. Alle natürlich feierlich in schwarz gekleidet. Unglaublich konzentriert, beeindruckend perfekt, aber auch entsetzlich ernst und steif. Man sah ihnen in keiner Phase des Konzertes an, dass klassische Musik auch Spaß machen kann. Bei Adagio und Allegro scheint Lächeln verboten zu sein. Dur und Moll unterscheiden sich nicht in den Gesichtern der musikalischen Jungs und Mädels. Oder ist das nur Auswirkung erhöhter Konzentration? Es herrschte angespannte Atmosphäre in London, als der Maestro die Bühne betrat, natürlich ebenfalls im schwarzen Anzug.

Ehrfürchtig erhob sich das Orchester. Jeder Musiker wusste, was er in den kommenden Minuten zu leisten hatte. Keine Fehler, kein individueller Ausflug in irgendeine musikalische Fantasie ist möglich. Jeder im Orchester muss das tun, was für ihn vorgesehen ist. Die Partitur führt über den Dirigenten musikalische Regie.

Dort wird mir das erste Mal richtig bewusst, was solch ein Orchester wirklich ausmacht. 50 bis 80 individuelle Musiker erklären sich bereit, für eine bestimmte Zeit als Gruppe zu funktionieren. Alles Spielerische, alle Freiheit, jede Möglichkeit, sich als Persönlichkeit zu profilieren, entfällt, weil man sich unterordnen muss. Erst dann entsteht ein gemeinsames Werk.

Und trotzdem spürt man Unterschiede, wenn man so wie ich dort in England direkt „im Orchester" sitzen konnte. Plötzlich hörte ich deutlich die einzelnen Stimmen der Instrumente heraus. Plötzlich fiel mir auf, wie jeder Musiker für sich musizierte und sich trotzdem als Einheit anhörte. Es war faszinierend. Ich werde diese Eindrücke niemals vergessen.

Der weltberühmte Pianist Artur Rubinstein spielte dieses ganze Konzert ohne einen einzigen Blick in ein Notenblatt. Er hatte noch nicht einmal zur Sicherheit Noten vor sich. Und wie er spielte! Einmalig!

Ich hatte das Glück, Disziplin und Individualität im Einklang zu erleben. Das ist beim klassischen Orchester nicht anders als bei André Rieus Orchester.

André hatte diese uniforme traditionelle Art, klassische Musik auf die Bühne zu bringen, offensichtlich auch gestört. Er hat für sich erkannt, dass eine geballte Ladung Fröhlichkeit seiner Musiker jeden Zuschauer in positive Stimmung versetzen wird. In jedem Konzert auf den großen Tourneen, aber auch bei einem vier Minuten langen Gastauftritt in TV-Shows funktioniert das ja auch perfekt.

Für mich ist es in Linz das erste Mal „mit Rieu". Sofort fällt mir auf, dass auch André seine Konzerte ohne ein einziges Notenblatt spielt und dirigiert. Ich finde das beeindruckend!

Erstaunt bin ich gleich zu Beginn dieser Zusammenarbeit, denn ich werde von ein paar Kollegen auch gewarnt vor diesem André Rieu. Er sei nicht einfach so ein Geiger oder ein x-beliebiger Orchesterchef. Nein – er nehme großen Einfluss auf alles und alle. Auch auf die Regiearbeit, wird mir aufgeregt erzählt, obwohl ich gar niemanden gefragt hatte.

Ich mache mir lieber selbst ein Bild von Menschen, mit denen ich jeweils zu tun habe. Daher schockiert mich diese Information nicht, zumal sie subjektiv ist. Es ist doch sein gutes Recht, seine Kunst nach seinen Vorstellungen auch im Fernsehen wiederfinden zu wollen.

Der wird sich wundern, beschließe ich und finde sofort einen Draht zu diesem charismatischen Orchesterchef.

Vielleicht fällt es mir auch deswegen leicht, mich schnell an diese intensive Arbeit zu gewöhnen, weil ich mit James Last und seinem Orchester viele Shows in den 80er Jahren gemacht habe. Die Philosophie beider Orchesterchefs ist ähnlich, obwohl ihre Musik eine komplett andere ist.

André erkennt sofort, dass ich seine Musik versuche, bildlich so umzusetzen, dass Stimmung und Atmosphäre auch für den Fernsehzuschauer erkennbar werden. Dazu gehört, ihn extrem häufig selbst im Bild zu halten, ihn quasi hautnah bei der Arbeit zu beobachten, denn er ist der Chef.

Rieu dirigiert nicht nur sein Orchester, sondern auch uns Fernsehleute und ganz nebenbei den Saal mit den Zuschauern. Selbst die vielen Mitarbeiter hinter den Bühnen hat er unsichtbar im Griff, auch wenn er gerade vorne auf der Bühne steht. Er weiß in jedem Moment seines Konzertes, welche Wirkung er und seine Musik auf die Zuschauer haben.

Noch etwas ist anders als bei vergleichbaren Fernsehaufnahmen. Ich bitte meine Kameramänner eindringlich, immer wieder die Gesichter der Musiker zu zeigen und nicht nur deren Instrumente.

„Geige bildfüllend" – (das ist Fernsehsprache und meint, dass das Objekt den ganzen Bildschirm einnimmt, also sehr nah gezeigt wird).

Die Hand auf dem Steg einer Violine oder die Hände auf den Tasten des Pianos möchte ich gar nicht oder selten zeigen, sondern eher das, was dieser muntere „Holland-Haufen" vorgibt. Lachende Gesichter, Aktionen und Reaktionen der Orchestermitglieder und vom Boss. Das soll der Zuschauer zu Hause sehen. Denn genau das ist ja der Grund, warum hunderttausende begeisterte Zuschauer weltweit die Rieu-Konzerte besuchen.

Bei der Party nach der Linzer Fernsehaufzeichnung kommt der Maestro persönlich zu mir und gibt mir zu verstehen, dass ihm mein Umgang mit seiner Musik sehr gefällt.

Grit, eine TV-Promoterin, die seit Jahren André Rieu und sein Orchester bei Fernsehauftritten begleitet, erklärt mir verwundert, dass André nicht immer zufrieden mit der Arbeit der Regisseure sei. Ich freue mich, bilde mir aber nichts darauf ein, denn ich mache nur meinen Job. Regiearbeit ist sowieso Geschmacksache, absolut individuell und ohne Regeln.

Keiner, noch nicht mal André Rieu selbst, weiß zu dem Zeitpunkt, dass diese erste Begegnung der Beginn einer langjährigen gemeinsamen Zusammenarbeit sein würde. Es ist sogar der Beginn für eine ganz leise Art von Freundschaft, die für mich nicht sehr üblich ist, denn ich halte fast immer eine gewisse Distanz zu den Künstlern, mit denen oder für die ich arbeite. Einerseits will ich sie nicht nerven. Andererseits brauche auch ich zwischendurch mal meine Ruhe.

In diesem Fall ist es anders. Es liegt auch daran, dass André und seine Frau Marjorie mir deutlich das Gefühl geben, dass sie nicht nur meine Leistung schätzen. Sie spüren, dass ich sie verstehe und dass ich das so an das Aufnahmeteam weitergebe.

Schnell fühle ich mich als Teil der großen „Rieu Familie", obwohl ich Deutscher bin, der sich freut, wenn unsere Nationalmannschaft gegen Holland im Fußball gewinnt. (Aber es freut mich auch, wenn Holland gegen Brasilien gewinnt!)

Ich gebe zu, dass auch ich schon fürchterlich über die Wohnwagen mit den gelben Nummernschildern geschimpft habe. Aber der Weg in den Urlaub führt für Niederländer nun mal meistens über die A 3, die A 8 oder die A 7. Manchmal auch über die A 4 und die A 1, also genau genommen über alle deutschen Autobahnen. Wir hingegen fahren über holländische Autobahnen mit unseren Kleinwagen höchstens mal in den Coffeeshop nach Amsterdam.

Es überfliegt mich gerade ein Hauch von Sentimentalität, denn zu dem Zeitpunkt, an dem ich diese Erinnerungen aufschreibe, lese ich täglich in den News der André-Rieu-Homepage die Meldungen:

„Wir bedauern die Absage der Konzerte in Stuttgart, München, Hannover usw. auf Grund der Corona-Pandemie. Die Eintrittskarten behalten ihre Gültigkeit für einen Nachholtermin."

Diese Meldungen ziehen sich über Monate hinweg.

Ein Chef und seine über 150 Angestellten sind quasi arbeitslos. Furchtbar für alle. Alleine schon die weltweite Regel, Abstand zu halten, ist, wenn es nicht so traurig ernst wäre, für ein so großes Orchester geradezu ein Witz.

Mir bleiben natürlich die Erinnerungen an großartige Konzerte und Fernsehaufnahmen mit Rieu und seinen Musikern.

Ich begleite sie als Regisseur auf den Konzertreisen nach Dublin, Hamburg, New York in die Radio City

Music Hall, die Semperoper in Dresden, nach Amsterdam in die Arena.

2013 bin ich beim „Koningsdag" dabei, als er das bewegende „Kronings" -Konzert vor tausenden, enthusiastischen Holländern spielt, weil Königin Beatrix an diesem Tag ihre Krone an ihren Sohn Willem-Alexander weitergibt. Ich erinnere mich an einen romantischen Konzertabend im Heidelberger Schloss sowie an das gigantische Konzert in der ausverkauften Arena in Melbourne, Australien.

Ich bin sein Regisseur für Fernsehspecials und DVDs. Seine jährlichen Auftritte in Maastricht auf dem wunderschönen Vrijthof sind dabei absolute Highlights.

Einmalig ist bei seinem „Heimspiel" jedes Jahr im Juni/Juli die Atmosphäre, denn rund um die 8000 Menschen, die auf dem riesigen Platz mitten in der wunderschönen Stadt Maastricht das Konzert miterleben, feiern weitere mindestens 2000 Menschen in den überfüllten Straßen, Cafés und umliegenden Restaurants an allen Seiten viele kleine individuelle Partys.

Die ganze Stadt steht für die drei Konzertwochenenden „unter Walzer". Und das alles darf in dieser Coronazeit nicht sein!

Ein anderes Mal sind wir zu Gast auf dem „Traumschiff", auf der MS Deutschland, wo André mit Orchester und unserem Filmteam zwei Tage lang das gesamte Schiff und die Passagiere aufmischen.

Dabei fällt mir ein unglaubliches Erlebnis ein, welches dieses „Arbeitstier" namens Rieu perfekt charakterisiert.

Für unseren Film brauchen wir nicht nur die Aufnahmen vom Konzert im relativ kleinen Theater an Bord, sondern auch viele Außenaufnahmen. Schließlich sind wir auf einem Kreuzfahrtschiff und nicht im Studio. Die Bilder sollen besonders schön sein, um Fernweh bei den Zuschauern zu wecken.

Wir beschließen folgende Szene zu drehen. Auf der MS Deutschland tanzen alle Passagiere, André und die meisten Orchestermitglieder auf dem obersten Deck des Schiffes. Von Bug bis Heck erklingt Walzer.

Gefilmt wird das mit zwei Handkameras und zusätzlich auch noch aus einem Hubschrauber, der ein paar Mal über dem Schiff kreisen soll und von dort oben den besten Blick auf die Tanzenden hat.

Das Schiff hat seine planmäßige Kreuzfahrt in Teneriffa für 48 Stunden unterbrochen und legt (nur für uns!) mit allen Passagieren an Bord ab. Ein paar Seemeilen fahren wir auf das offene Meer hinaus, damit man bei den Flugaufnahmen kein Land sieht. Dort fährt es dann ungefähr eine halbe Stunde lang Richtung Süden und danach noch einmal 30 Minuten Richtung Norden. Dann sollen unsere Aufnahmen „im Kasten sein".

Ich versichere, das, was wir da vorhatten, war nicht unkompliziert, aber sehr spektakulär. Organisatorisch lösen wir das folgendermaßen:

André, Orchester und Passagiere warten in eleganter Abendgarderobe gekleidet oben auf dem Deck auf ihren Tanzeinsatz. André hatte in einem Rundschreiben an alle Passagiere um Mitwirkung gebeten. Diese Nachricht bekam jeder Passagier am Morgen als Bordpost in die Kabine gelegt. Ich glaube, es kamen alle! Ist ja auch spannend, denn sonst passiert außer Lunch und Dinner ja nichts auf so einem Pott.

Der Helikopter mit dem Kameramann und dem Regisseur für die Helikopter Aufnahmen, Jean-Philippe (das ist Andrés Bruder), fliegt ein paar Meilen voraus Richtung Süden, damit das Schiff bei den Aufnahmen auf dem Rückweg von vorne zu sehen ist.

Die Musik für die tanzenden Paare liegt als Playback neben „der Brücke" (das ist das Cockpit auf Schiffen) in einem Technikraum bereit, um über alle Lautsprecher auf dem Schiff zugespielt zu werden. Ich selbst stehe neben dem sehr geduldigen und netten Kapitän, Andreas Jungblut, an seinem Arbeitsplatz der Brücke.

Dieser Ort auf dem riesigen Schiff ist auch für mich beeindruckend, denn die Brücke ist Kopf und Herz eines jeden Schiffes. Ich kann dort Macht und Kompetenz spüren. Hier werden Entscheidungen getroffen. Als mir der Kapitän auch noch warmherzig anbietet, ihm zu sagen, was passieren soll, wie und wann das Schiff fahren soll, habe ich ein unbeschreibliches Gefühl.

Ein Fernsehstudio zu lenken, Regie zu führen, den Mitarbeitern und Künstlern zu erklären, was sie machen sollen, ist ja schon eine ganz nette Herausforderung, aber das hier, quasi die Macht zu haben, dass dieser Riesendampfer auf mein Kommando nach rechts (sorry Steuerbord – oder war es Backbord?) abbiegen, schneller oder langsamer fahren soll, das empfinde ich als berauschend.

Mit beiden Händen umklammere ich zwei Funkgeräte. Das ist auch für mich nicht alltäglich! Das ist kein Kinderspiel. Es muss beim ersten Anlauf klappen. Mehrere Versuche haben wir aus logistischen Gründen nicht. Klar, denn der Dampfer darf nicht mal eben einfach so durch diese Gewässer fahren, weil eine aufgeregte Filmcrew und ein „holländischer Geiger" es gerne so hätten. Alles ist mit den spanischen Behörden, dem Seeamt und dem lieben Gott abgesprochen. Dann kommt der große Moment.

Kapitän Jungblut informiert mich, dass wir in zwei bis drei Minuten auf der verabredeten Position, vier Meilen südlich der Insel Teneriffa, ankommen. Der Helikopterfunk meldet: *„Drehklar!"*

Auf der anderen Frequenz „1" habe ich – sehr exklusiv – André, der ungeduldig an Deck zum Tanz bereitsteht.

„Pit für André", ich höre mit kratzenden Störgeräuschen seine Stimme.

Ich antworte schnell: *„Ja, André hier ist Pit – auf der Brücke."*

André: *„Warum dauert das so lange Pit?! Fahr die Musik ab. Die Leute wollen nicht länger warten."*

„Gleich, André, wir sind gleich auf der Position."

Er wäre nicht André, wenn da nicht sofort der nächste Satz käme. Und er kommt: *„Ich will nicht bis gleich warten. Fahr jetzt die Musik ab."*

Ich gehorche und gebe drei Kommandos gleichzeitig.

Funk 2: *„Helikopter bitte ab."*

Funk 1: *„Tanz bitte beginnen."*

Parallel dazu zum Tonmann: *„Playback mit der Musik ab."*

So einfach geht das!

Das ist alles, was so ein Regisseur zu tun hat ... danach hilft nur noch Hoffen und Staunen!

Ich bin zufrieden, denn die Musik beginnt. Der Walzer dauert drei Minuten und 30 Sekunden, dann müsste der Helikopter mit dem ersten Überflug fertig sein und zurück auf Anfang fliegen.

André auf Funk 1: *„Pit, wo bleibt denn der Flieger?"* Ich antworte nicht, denn ich weiß es doch auch nicht.

„Käpt'n" Jungblut, der neben mir alles schmunzelnd beobachtet, meldet sich mit leicht ironischem Unterton: *„Der braucht aber lange ..."*

Ich wiederhole verzweifelt, aber sehr diktatorisch über Funk 2: *„Helikopter ab – bitte sofort!"*

Der Tonmeister an unserer Playbackmaschine meldet sich unpassend, aber logisch: *„Pit nur noch eine Minute Musik – soll ich lieber stoppen?"*

Das sind die Situationen, die ich gleichzeitig liebe und hasse, und ich weiß nicht einmal, was davon überwiegt.

Funk 2 meldet sich: „*Wir starten jetzt ...*"

André auf Funk 1: „*Pit, was ist denn los? Alle tanzen und es ist kein Hubschrauber zu sehen ... schick den los!*"

Ich antworte nicht, denn jedes Wort von mir wäre jetzt „voll daneben". Aber ich weiß genau, was André in solchen Momenten fühlt, aber Gott sei Dank nicht ausspricht. Alle Menschen um ihn herum sind für ihn jetzt komplett unfähig. Er fühlt sich alleine gelassen – verraten. Wenn man nicht alles selber macht ...

Aber er hat ja Pit ...

Pit an alle (beide Daumen quetschen die Sprechtaste an meinen Funkgeräten, bis es schmerzt), ich spiele Ruhe und formuliere mit erhöhter Dringlichkeit:

„*Bitte macht jetzt wirklich alle einfach mal, was ich sage. Achtung! Und ich möchte präzise Klarmeldungen von allen bekommen – sonst wird das hier nichts! Alles klar?*"

Die Antwort kommt bei mir nicht an, weil alle gleichzeitig reden.

Aber ich verstehe sie, weil ich verstehen will.

Wir sind wirklich drehklar.

„*Heli ab!*"

„*Musik wieder ab!*"

Musik läuft, Heli fliegt (hoffentlich).

Noch ist er nicht zu sehen. In meiner und der Vorstellung des Kapitäns, erwarten wir das Fluggerät von vorne kommend etwa 50 bis 100 Meter oberhalb des Schiffes. Es kommt aber ziemlich anders.

Knapp über der Wasseroberfläche entdeckt der Kapitän als Erster die Überraschung: *„Ist der verrückt?"*, höre ich ihn sagen.

Der Hubschrauber fliegt, ich schätze mal zehn Meter über der Wasseroberfläche, schnell und direkt auf das Schiff zu. Er kommt immer näher. Der wird doch nicht ... Nein, er wird nicht!?

Im gefühlt letzten Moment zieht er hoch und überfliegt mit leichter Rechtskurve das fahrende Schiff.

Über Funk 2 höre ich einen hysterischen Jubel – Schrei von Heli-Regisseur Jean-Philippe: *„Wahnsinn, Pit! Das sind geile Bilder – yeahhh – wir kommen – noch einmal!"*

Weitere zwei Überflüge von Backbord und Steuerbord gelingen dem Piloten noch, dann ist das Playback zu Ende.

Kapitän Jungblut trocken: *„Das ist ja wie ein Angriff – wir sind doch nicht im Krieg!"*

André hatte das natürlich aus seiner Position an Deck miterlebt. Funk 1: *„Das war doch super Pit – oder?"*

Ich will grade antworten, da geht der Satz weiter: *„Dreht um. Jetzt fahren wir zurück und der fliegt einfach noch ein paar Mal drüber. Sag ihm das und ... Fahr doch einfach das Playback nochmal ab."*

(Der aufmerksame „BACKSTAGE-Leser" erkennt hier jetzt sehr schön wer hier eigentlich Regie führt ...)

Ich spreche den „Käpt'n" an (Blutdruck hat bei mir vermutlich die Obergrenze überschritten): *„Können wir* *schnell umdrehen und zurückfahren? Herr Rieu möchte das so."*

Jungblut lächelt mit souveräner Ruhe: *„Lieber Herr Weyrich, das Schiff ist keine Barkasse. Schnell geht hier nur 'ne Pina Colada, aber solch ein Schiff zu „drehen", das dauert."*

Ich erinnere mich noch an irgendein Kommando an den Steuermann: *„Maschinen stopp – Kurs Nord – Nordost"*, oder so ähnlich – die Gradzahlen hab' ich vergessen ...

Heli – Funk 2: *„Macht, was ihr wollt, wir fliegen und drehen weiter – lass sie alle tanzen."*

Ich denke, dass Jean-Philippe recht hat, und fahre die Musik wieder ab.

Andrés Studio – und hier gleichzeitig auch Aufnahmeleiter – kommt auf die Brücke.

„Pit, die Leute wollen nicht mehr tanzen, wir müssen uns beeilen ..."

„Ich weiß es – wir drehen ja schon um."

Ich beruhige ihn und mich: *„Die Bilder werden super sein."*

Kapitän Jungblut hat reichlich Erfahrung mit Fernseh- und Filmteams durch die jahrelangen Dreharbeiten für die ZDF- Serie „Traumschiff". Er wirkt wie ein Freund, als er mir seine Hand auf meine Schulter legt und sagt:

„Pit, Ihren Job möchte ich aber auch nicht haben ..."

Tut gut - aber ich möchte ihn nicht missen!

Die MS Deutschland macht für ihre Verhältnisse eine extrem enge Wende und bewegt sich mit „Volle-

Fahrt-voraus-Kommando" wieder zurück Richtung Teneriffa Hafen.

Der Walzer beginnt zum achten Mal von vorne. (Schön, dass ich nicht miterleben muss, wie in diesem Augenblick die Stimmung bei den Tanzenden auf dem Deck ist. Ich glaube, die haben längst die Schnauze voll.)

Der Helikopter „greift weiter von rechts und links an" – anders kann man diese Überflüge nicht beschreiben! Dann meldet Jean-Philippe über Funk 2: *„Fertig, Pit. War Weltklasse – wir fliegen zurück!"*

Ich bedanke mich gerade beim Kapitän, da steht André hinter mir: *„Na, wie war's?"*

„Ich glaube, gut", antworte ich, denn ich hasse diese vorschnelle Begeisterung und Superlative vieler TV-Kollegen, bevor man sicher sein kann, wie das Ergebnis im Fernsehen aussieht. André reagiert sofort auf meinen Satz: *„Wie bitte? Du glaubst? ... Das muss sensationell werden – das hat 'ne Menge Geld gekostet."*

Aber wenn André solche drohenden Sätze ausspricht, hat er trotzdem so ein kleines verschmitztes Lächeln in den Augen, denn letztendlich weiß er genau, dass wir alle für das bestmögliche Ergebnis solcher Szenen kämpfen.

Und diese Szenen sind besonders beeindruckend geworden.

Vielleicht geht es auch deshalb weiter für uns durch die halbe Welt.

Im holländischen Freizeitpark Efteling entführen wir 2007 die Zuschauer mit unseren Aufnahmen in eine romantische Märchenwelt.

Erst nimmt André mich mit nach Wien vor das Schloss Schönbrunn, dann nimmt er das ganze Schloss und mich mit nach Australien.

Davon werde ich gleich erzählen, weil es so unglaublich ist.

Waren es am Anfang unserer Zusammenarbeit noch reine Konzertmitschnitte, werden diese im Laufe der Zeit immer häufiger mit Szenen aufgelockert, in denen wir André und sein Orchester mit unseren Kameras an die schönsten Plätze der jeweiligen Tourneestädte begleiten. Und diese kleinen zusätzlichen Drehs haben es in sich.

Wir kleckern nicht – wir klotzen. Wir drehen keine „kleine Szenen" – wir „spielen Hollywood".

Die „Vordreharbeiten", wie wir sie nennen, gleichen jedes Mal einem Überfall auf sonst friedliche Gegenden.

In Paris sind wir mit einem Zehn-Mann-Team für eine 20 Sekunden Szene direkt vor dem Eifelturm.

Für einen Trailer einer besonderen TV-Show, fährt André in einem alten Citroën Traction Avant ins Bild der Kamera. Er steigt aus, spricht ein paar Worte Text, steigt wieder ein und fährt weiter. Soweit alles normal. Das Auto für diesen kleinen Dreh haben wir per Anhänger von Maastricht nach Paris gebracht und neben dem Motiv abgeladen. Die Kameras sind aufgebaut, der Ton ist bereit – alles fast Routine. Etwas ist dennoch anders und macht unseren Dreh zu einer riskanten Angelegenheit.

Wir haben keine Drehgenehmigung.

André ist der Meinung, dass wir längst fertig und verschwunden sind, bevor die Polizei uns bemerkt und kontrolliert.

Solch eine Genehmigung zu bekommen, auch noch für den meistbesuchten Platz der französischen Hauptstadt, dauert Wochen. Wenn man sie dann endlich in den Händen hält, darf man zwar drehen, aber ganz sicher nicht wo und wann man will. Filmteams brauchen einen gewissen Freiraum für ihre Dreharbeiten. Wir müssen Licht und Wetter beachten und der Hintergrund der Szenen passt leider auch nicht immer.

Also entschließt sich der Chef, dort hinzufahren und zu drehen.

Ich mache es kurz.

Es fahren in der halben Stunde, die unsere Aufnahmen dauern, mindestens fünf Polizeiwagen an uns vorbei. Jedes Mal sehe ich mich schon mit einem Bein im „pons parisienne" (Gefängnis), natürlich ohne vin rouge und Entrecôte frites.

Wir werden nicht ertappt – vermutlich schon alleine deswegen nicht, weil wir dermaßen offiziell und auffallend arbeiten, dass die französische Polizei gar nicht auf die Idee kommt, wir könnten das alles ganz frech ohne offizielle Erlaubnis machen.

(Oder die Besatzung der Polizeiautos hat André Rieu erkannt und sind Fans von ihm ...)

Filmdreh mitten in Paris, alles ohne Genehmigung – auch das ist Rieu!

Im Prinzip ist das ja bei allen Film- oder Fernsehdreharbeiten auf der ganzen Welt gleich. Eine kurze Motivsuche und schon ist es vorbei mit der Ruhe und dem Frieden an diesen Orten.

Wir Fernsehleute fallen immer auf.

Wir machen uns überall breit.

Wir verändern mit Licht, kleinen und großen Umbauten das, was sowieso schon schön ist (oder vorher noch schön war).

Wir sind laut und geheimnisvoll.

Wir sind eigentlich ganz nett, ein bisschen wie Hunde, die manchmal knurren, aber auch sie wollen ja nur spielen ...

Wir fühlen uns für „30 Sekunden-Szenen" als Herrscher über ganze Straßenzüge, Bier- und Weingärten, Plätze, Gebäude, Restaurants und Cafés.

Wenn irgendwo die Fernsehlampen angehen, bleiben Menschen neugierig stehen. Und da, wo sie stehen bleiben, stehen sie dann garantiert falsch. Sie haben eine unbeschreibliche Begabung, sich ohne Absicht genau dort aufzuhalten, wo sie von unseren Kameras entdeckt werden, also wo sie dann in „unserem Bild" erheblich stören.

Tun wir doch immer so, als wären wir gar nicht vorhanden (siehe Rieu-Dreh in Paris) und sind aber trotzdem, auch aus großer Distanz, nicht zu übersehen.

Wir haben magnetische Wirkung auf Jung und Alt.

Dabei ist es doch verrückt, dass wir unsere Drehorte absperren und die freiwilligen Zuschauer somit aussperren. Wenig später versuchen wir sie dann mit allen Mitteln wieder anzulocken, weil sie das Produzierte unbedingt sehen sollen – allein schon um der Quoten willen.

Man muss sich alleine mal die Manpower vorstellen, die auch ein „kleiner Dreh" erfordert. Ein André Rieu beispielsweise erscheint niemals alleine. Bodyguards und Mitarbeiter, manchmal auch seine wunderbare Frau Marjorie können seinem Tempo nur schwer folgen. Wenn dieser Mann am Drehort erscheint, fehlt eigentlich nur die Polizeieskorte – aber auch die wäre zu langsam für ihn.

Eine Person im Team „Rieu" hat eine besondere Aufgabe. Sie bewacht die Geige: Andrés Stradivari. Das ist der „Rolls Royce" der Violinen – mit dem Unterschied, dass man nicht nur einen Rolls Royce für den Preis einer echten Stradivari bekäme. Und Andrés Instrument ist echt! Sehr echt!

Dann tummeln sich da am Drehort meistens noch Fahrer, Organisatoren, Location-Manager, Make-up-Teams und reichlich andere fleißige Menschen, die die Kleidung der über 50 Musiker des Orchesters in Ordnung halten.

Zusätzlich ist mindestens ein eigenes Kamerateam am Ort, welches das „Unternehmen Rieu" auf Schritt und Tritt begleitet, um daraus ein „Making of" – also einen eigenen Film über die Arbeiten an der Show – herzustellen.

Es wird der Tag kommen, an dem noch ein weiteres Team – ein „Making-of-of" -Team – die Macher des

„Making ofs" bei der Arbeit beobachten wird ... Das kann man jetzt beliebig fortsetzen. Von allen Seiten kommen Techniker für Ton und Licht, reichlich Kameraleute und Assistenten und nicht zuletzt der Regisseur. Im Fall „Rieu" bin das seit über zehn Jahren ich. Und ich bin das gerne.

Vielleicht ist da auch solch eine Harmonie entstanden, weil das ja bekanntlich ein Grundbedürfnis der „Waage-Menschen" sein soll. André ist ebenso Waage wie ich. Unsere Geburtszeit liegt nur ein Jahr und achtzehn Tage auseinander. Wer der Ältere ist, sage ich nicht. Er ist es jedenfalls nicht.

Wir mögen beide keine langen Diskussionen um „Kleinigkeiten", keine umständlichen Proben oder das Erbetteln von bürokratisch bearbeiteten Genehmigungen. (siehe Paris).

Ich brauche, wenn ich für ihn arbeite, keinen Vertrag und er würde auch gar keinen schreiben lassen wollen.

Der Handschlag vor über 20 Jahren genügte – bis heute.

Wir lieben das Spontane, das schnelle Reagieren und Menschen, die mit Freude ihre Arbeit machen. Unsere Ungeduld ist natürlich für einige Berufsgruppen bei Film und Fernsehen der blanke Horror.

Licht- und Tonkollegen brauchen ihre Zeit zum Einrichten, Zeit für gewissenhafte Vorbereitung und nicht zuletzt, Gelegenheit für den Test ihrer Geräte. Sie brauchen Proben.

André und Pit wollen aber nicht proben – sie wollen drehen. Sofort! Ohne lange Warterei.

Frei nach dem nie ausgesprochenen Spaßmotto: Wer probt, ist feige!

Ich hätte es beinahe vergessen. Unter diese Meute der Fernsehschaffenden und die Herrschaft des Meistergeigers mischen sich ja immer noch die vielen Musiker.

Von Bratsche bis Pauke, von Flöte bis Kontrabass.

Diese Menschen brauchen wiederum – am kleinsten und größten Drehort – neben Kleidung und Makeup natürlich ihre Instrumente, Stühle, Noten, Pulte und gute Laune. (Die bringen sie allerdings selber mit). An alles ist gedacht. Für alles wird gesorgt.

Manchmal haben sie sogar Hunger und Durst. Und dafür reist eine eigene Crew von exquisiten Köchen mit der „Rieu-Familie" durch die Welt. Versteht man jetzt, warum das alles immer einem Überfall ähnelt?

Bei meinem ersten Konzertmitschnitt für André – 2001 in der Stadthalle Wien – staune ich zum ersten Mal über dieses Unternehmen „Rieu".

Aus den blauen Trucks mit den lustigen Bildern werden nicht nur Bühne, Lampen, Blumen, Dekor und Instrumente ausgeladen. Sogar 30 (!) riesige Kronleuchter werden in die Halle gehängt. Tausend quadratische Platten an Teppichboden werden verlegt! Sie verwandeln diese sonst kühle Halle in einen wenigstens halbwegs heimeligen Konzertsaal. Manchmal denke ich, der Chef sei verrückt, aber sein ständig wachsender Erfolg gibt ihm doch Recht.

Eigene Waschmaschinen stehen in den Gängen und sorgen dafür, dass sich Cello und Bratsche über längere Zeit einer Tournee gut riechen können.

Viele seiner Musiker sind vom ersten Tag der Gründung mit dabei.

Als „Andrés Salon-Orkest" begann er, Konzerte zu geben. Das Unternehmen wuchs mit jedem Jahr.

Heute verbringen sie jährlich rund 200 Tage zusammen im Studio, in Bussen und Flugzeugen, in Hotels und Hallen – überall in der Welt. Das bedeutet nicht zwangsläufig, dass da immer nur innige Freundschaften gepflegt und gelebt werden, aber das bedeutet die Notwendigkeit großer Disziplin und Respekt vor- und untereinander.

Wenn die beiden Busse für das Orchester um 10 Uhr abfahren sollen, dann sitzen um 09:58 Uhr alle drin, die da reingehören. Ich habe das nie anders erlebt. André liebt Pünktlichkeit genauso wie ich. Warten auf was und wen auch immer ist langweilig, unnötig, ärgerlich und es kann teuer werden.

Ich habe großen Respekt vor dieser „Lebensgemeinschaft auf Zeit".

Noch ein kleiner Blick hinter die Kulissen gefällig?

Wir nehmen die Konzerte mit mindestens 25 Fernsehkameras auf.

- Drei Kamerakräne sorgen für Bewegung und außergewöhnliche Blickwinkel.

- Fünf Kameras „beschäftigen" sich ausschließlich mit dem Chef. Aus allen Richtungen beobachten Kamerafrauen und -männer nur André. Jede Drehung, jeder Augenaufschlag wird eingefangen.

- Sechs Kameras filmen ausschließlich das Publikum. Wer sonst transportiert die Stimmung eines Konzertes besser ins Wohnzimmer als die fröhlich tanzenden, schunkelnden und oft auch begeistert mitsingenden Zuschauer?

Für ein Special nehmen wir meistens zwei Abende in voller Länge auf. Das bedeutet, wir haben rund sechs Stunden Material multipliziert mit 25 (Kameras).

Folgerichtig haben wir daher auch Publikumsbilder von sechs Kameras à sechs Stunden. Also gibt es 36 Stunden Material nur mit Publikum. Ich habe beim Schnitt oft das Gefühl, ich kenne jeden Zuschauer persönlich. Trotzdem ist es jedes Mal wieder erstaunlich, wie lange wir dann im Schnitt nach idealen Bildern suchen müssen. Die Stimmung der über 8000 Zuschauer ist nicht selten euphorisch. Man könnte also auf die Idee kommen, die Kameraleute finden alles, wenn sie gute Reaktionen einfangen wollen.

Mein Lieblingspublikumsbild sieht ungefähr so aus:

Ein fröhlich mitfieberndes Paar: Er – gut gekleidet und gepflegt, Mitte 43; sie – hübsch, jung, sexy, gerne modisch gekleidet und möglichst verliebt in ihren Begleiter. Man sollte es ihnen ansehen, dass sie gerade den schönsten Abend ihres Lebens erleben.

Aber unsere Möglichkeiten, das ideale Publikum zu finden, reduzieren sich oft auf wenige großartige Szenen.

Mal putzt sich ein Mann die Brille, während neben ihm seine hübsche Frau schon auf dem Stuhl steht und leider im falschen Rhythmus mitklatscht. Man glaubt ja gar nicht, wie viele auch weniger musikalische Menschen sich solch ein Musikkonzert ansehen und es trotzdem genießen. Es ist ihr gutes Recht, finde ich.

Mal haben wir, sehr zur Freude der männlichen Kameraleute, eine ganze Reihe sehr hübscher Mädels im Bild, aber alle – wirklich alle – kauen sehr rustikal auf Kaugummis herum.

Und das sieht genauso aus, wie so ein Kaugummi nach 60 Minuten Speichelattacke für den Rest des Abends schmeckt. Schrecklich!

Es gibt auch Bilder, in denen eine Frau bei „Ave Maria" ergriffen weint und ihr weniger gerührter Nachbar seelenruhig irgendjemandem 'ne SMS schreibt. Das kann man doch im Fernsehen nicht zeigen!

Aber da sind auch manchmal Figuren, die sich vermutlich selber erschrecken, wenn sie sich später im Fernsehen in Großaufnahme entdecken. Tun sie aber nicht, denn die sehen sich ja nicht im Fernsehen bei einem Rieu-Konzert. Manchmal schneiden wir auch welche raus – oder gar nicht erst rein. Dafür bin unter anderem ich da. Also quasi zum Rausschneiden.

Aber die Mehrzahl der Publikumsbilder sind fantastisch!

All diese Kameras, mit ihren unterschiedlichen Aufgaben und Bereichen, nehmen das Bildmaterial auf separaten Tapes oder Speicherkarten auf und das wird dann in unendlicher Kleinarbeit individuell bearbeitet.

Am Ende eines Schnitttages erscheint André regelmäßig in seinem Studio, schaut sich kurz unsere Arbeit an und korrigiert dann alles nach persönlichem Gefühl und Geschmack. Wir sehen sein Konzert mit unseren Augen. Wir nehmen es auf und bearbeiten es so, wie wir glauben, dass es dem Zuschauer am besten das wiedergibt, was auf der Bühne passiert ist. Und das tun wir nicht ohne persönliche Leidenschaft.

André hingegen sieht und hört sein Konzert mit dem Herzen. An seine Emotionen bei den einzelnen Stücken erinnert er sich genau. Die Arbeit der Musiker und die Reaktionen des Publikums empfindet er aus seiner ganz eigenen Perspektive. Und genau das möchte er auch dem Zuschauer zu Hause vermitteln.

Ich verstehe ihn.

Kein Regisseur und kein Cutter der Welt könnten ihm das komplett abnehmen. Diese ungebremste Leidenschaft und Energie bedeutet aber auch, dass sich dieser Mann um wirklich alles selber kümmern muss.

Wenn zum Beispiel ein 150 Mann starker Männerchor in Maastricht zum Stück „Conquest of Paradise" mit brennenden Fackeln über den Platz durch das Publikum zur Bühne laufen soll, übt André das höchstpersönlich mit diesen Männern ein. Nichts – wirklich nichts (!) – überlässt er auch da dem Zufall.

Er fliegt gerne auch mal eben kurz 600 km in eine andere Stadt und sucht dort die Sitze für die neuen Tourbusse aus. Am Abend ist wieder zurück in Maastricht. Ich staune.

Das glaubt man doch nicht – oder? Aber es ist so wahr wie eine andere unfassbare Situation bei den Dreharbeiten im holländischen Freizeitpark Efteling.

Ich hatte ja schon erwähnt, dass wir dort 2006 nicht nur ein Konzert vor einem kleinen Schloss produzieren.

Eine ganze Woche lang nehmen wir jede Nacht an den märchenhaften Orten des Parks einzelne Lieder auf, die wir später mit den Konzertaufnahmen mischen.

Der Park ist weitläufig und abends, nachdem die letzten Besucher gegangen sind, nur noch für unser Team geöffnet. Zu den einzelnen Locations und Drehplätzen werden wir mit „Elektro-cars" des Parks gebracht. Ansonsten dürfen nur unsere Licht- und Equipment-Trucks zum Ausladen und natürlich André mit seiner nagelneuen S-Klasse in den Park fahren. Eine Mercedes S-Klasse, die sich anhört wie eine Motorjacht. Ein Auto ausgerüstet mit Nachtsichtkameras und dem besten Navigationssystem, das es zu der Zeit auf dem Markt gibt.

An einem Abend nach Drehschluss nimmt André mich mit in seinem geräuscharmen zwölf Zylinder (sind es wirklich nur zwölf?). Mit an Bord sind sein Fahrer, seine Frau Marjorie und wir beide auf dem Rücksitz. Es sind ungefähr 300 Meter von unserem Drehort bis zum Parkausgang.

Eigentlich ein zwei Minuten kurzes Vergnügen in dieser Staatskarosse. Aber es kommt anders.

Es beginnt eine unvergessliche und nicht ganz freiwillige, nächtliche „Sightseeing-Tour" durchs Märchenland, denn Andrés Fahrer wählt einen, sagen wir mal, etwas eigenwilligen Weg zum Hauptausgang.

Ich höre, wie Marjorie schwärmt: *„Schau mal dort – das Haus von Aschenputtel und da gegenüber das von Frau Holle. Ich glaub, Du musst da rechts – da geht's zum Ausgang."*

Natürlich gibt es im Park keine Straßenschilder - das sind auch keine Straßen - das sind kleine verschlungene Wege durch eine Märchenwelt. Ich find's romantisch!

André tippt irgendwas in seinen Organizer und murrt, warum die Fahrt denn so lange dauere. Eine Stimme aus einem großen Parkmülleimer schnauzt uns beim Vorbeifahren an: *„PAPIER HIER."* Eine witzige Idee, im Park besonders Kinder zu animieren, Abfall in die vielen Müllbehälter und nicht in den hübsch angelegten Park zu werfen.

Der Weg wird dunkler und enger. Der Fahrer fährt zur Abwechslung ein Stück rückwärts. Kein Problem - das Auto hat überall Kameras. Die kleine Gasse ist nur wenig breiter als das Auto. Sie wird auf dem Monitor des Navis durch die Bordkamera sichtbar. Hübsches Bild.

Marjorie lacht: *„Da ist ja wieder das Häuschen von Frau Holle."* André wird sauer. Das merke ich daran, dass er relativ still wird. Ich weiß, es ist nur noch eine

Frage von Minuten, bis er das Steuer übernehmen wird. Es werden nur Sekunden: *„Komm, lass mich mal – ich kenne mich hier aus."*

André übernimmt – wie überall – das Steuer und blubbert los wie ein Schiff, das den Hafen verlässt. Aber er kann das Ruder nicht herumreißen. Zu tief sind wir in das Labyrinth der Märchenwelten eingedrungen.

Schönes Auto, denke ich.

Marjorie: *„Oh, André, hier waren wir aber schon – da wohnt Aschenputtel."*

Der Weg wird enger und so finster wie Andrés Stimmung. Er endet kurz vor dem Haus von Schneewittchen.

Andrés Sohn, Pierre, der noch am Drehort den Umbau leitet, kommt nach dem Hilferuf von Papa und rettet uns mit einem dieser parkeigenen Elektroautos. Er gibt uns die Freiheit zurück und bringt uns, ohne Navi, in zwei Minuten zum Ausgang dieses wunderschönen Märchenparks.

Link: https://youtu.be/Gol7cnYR-9U

„André Rieu in Wonderland"
Hänsel und Gretel in Efteling 2007

Ich lerne an diesem Abend:

Navis, Hightech und die modernsten Geräte helfen einem überall, aber offensichtlich nicht im Märchenland. Wie wohltuend.

Ich lerne aber auch André in dieser intensiven Zeit immer besser kennen und verstehen. So weiß ich auch sehr schnell, welche Tragweite eine harmlose Bemerkung von ihm haben kann.

Zwei Beispiele der besonderen Art gefällig?

Bitte schön – es ist kaum zu Glauben! Sie werden mir recht geben.

Denn größer geht es nicht.

Mit Schloss Schönbrunn in Melbourne

2006 sind wir wieder einmal zu Gast in Wien, der Metropole des Walzers. Und dieses Mal nicht in irgendeiner Halle, sondern auf einem der schönsten Plätze der Welt.

Die Rieu-Bühne steht direkt vor dem riesigen Schloss Schönbrunn.

Sissi und Kaiser Franz Joseph sind schon seit „längerer Zeit" nicht mehr hier gewesen und so nutzen wir diese Traumkulisse, dank großzügiger Genehmigung der Stadt Wien, für ein unvergleichlich schönes Konzert.

3000 Menschen klatschen begeistert Beifall, als André mit seinem Orchester an einem lauen Sommerabend den Wienern „ihre" Musik vorspielt.

Die „Strauss-Familie" liefert mit ihren Kompositionen einen großen Teil des musikalischen Programms für diesen ganz besonderen Abend. Vor solch einer Kulisse hört sich „Wiener Blut" oder der „Frühlingsstimmenwalzer" irgendwie anders an als in der Saarlandhalle in Saarbrücken, auch wenn die Noten die gleichen sind.

Seitlich neben der Hauptbühne baut André große Tanzflächen auf. Hinter dem Orchester haben wir einen grandiosen Durchblick auf einen Balkon, der aus dem großen, goldenen Saal des Schlosses herausragt.

André lädt nicht nur das große Ensemble der Tanzschule Elmayer ein, sondern auch großartige Solisten der Wiener Theaterszene.

Wir haben drei Monate zuvor – mit vier Kameras auf einer Eisbahn direkt vor dem Wiener Rathaus – das Lied „My Heart Will Go On" (das legendäre Thema aus dem Film „Der Untergang der Titanic") voraufgezeichnet.

Im nächtlichen Licht tanzten dort für uns mit einer bewegenden Choreografie das Eislauf-Weltmeisterpaar Aljona Savchenko und Robin Szolkowy auf ihren Schlittschuhen. Ich kann mich an meine „Wohlfühlgänsehaut" noch genau erinnern. Tolle Bilder gelingen uns von der drei Minuten langen Kür.

Bei der Planung und Motivbesichtigung des Events erwähnt André, dass er gerne in einer großen Kutsche einfahren würde und das zusammen mit der Solistin, die Kaiserin Elisabeth spielen soll, und einem Solotänzer, der Kaiser Franz Joseph darstellt.

Ich zeige ihm das an Schönbrunn angrenzende Kutschenmuseum, in dem wirklich wunderschöne alte „Fiaker" zu bestaunen sind. Aber das sind wirkliche Museumsstücke und da verstehen die Wiener keinen Spaß. Für kein Geld der Welt rücken die ihre Raritäten raus – noch nicht einmal für den großen André Rieu.

Und nun kommt das, was ich bereits erwähnt habe.

Ein Rieu gibt nicht auf und gibt sich schon gar nicht mit einer Kompromisslösung zufrieden: *„Die* *wollen uns keine Kutsche zur Verfügung stellen? Na, die werden sich wundern!"* Und dann weiter mit einem zufriedenen Grinsen auf seinem Gesicht: *„Dann bauen wir eben selber eine Kutsche"*, sagt er lächelnd und alle, die ihn kennen, wissen, was das bedeutet.

Tage später beginnen Menschen aus Andrés Team in der großen Werkhalle in Maastricht mit dem Bau einer Kutsche. Keiner von ihnen hatte je in seinem Leben eine Kutsche gebaut. Und natürlich ist es André, der persönlich diese Arbeiten überwacht und dirigiert.

Sie soll golden sein, mit samtroten Sitzbänken. Sie soll Platz für vier Personen plus Kutscher haben. Sie muss dafür geeignet sein, von drei Pferdepaaren – in Wien nennt man es „Sechsspänner" – gezogen zu werden.

Sechs Wochen später steht sie da: Größer und schöner als alle Kutschen Hollands und Österreichs zusammen.

Und sie fährt.

Das ganze Orchester, die Mitarbeiter, seine Familie, der Kutscher aus Wien und auch ich stehen ergriffen vor diesem Fahrzeug, als es in Wien von einem Truck rollt. Ich bin mir sicher, dass selbst die österreichischen Pferde sich gerne vor diesen Luxus-Karren spannen lassen. Sowas haben die noch nicht gezogen!

Sie tun es und der große Auftritt am Anfang des Konzertes beginnt im wunderschönen Schlosspark und endet mit der furiosen Einfahrt auf dem großen Platz vor dem Schloss.

Link: https://youtu.be/9YliZ9bFjq0

André Rieu - Schönbrunn-Concert
Opening Vienna 7. - 8. Juli 2006

3000 Menschen erheben sich bei dieser Einfahrt. Ich bleibe sitzen – in unserem Übertragungswagen vor meinen 50 Fernsehschirmen – und freue mich über die Wirkung dieses Openings.

Was sich dieser André Rieu einfallen lässt, hat immer eine kolossale Wirkung. Das Maximum zu erreichen, ist immer sein Ziel.

Es ist sowieso „das Jahr des ganz normalen Wahnsinns" im Leben des André Rieu. Sein Unternehmen hat er in den letzten Jahren immer mehr erweitert. Immer neue Ideen und Umsetzungen fließen in seine Konzerte ein. Seine Bühne wird immer aufwendiger, größer, schöner und teurer.

Alles passiert in unglaublicher Geschwindigkeit. Manchmal glaube ich, ihm eine zunehmende Anspannung anzumerken, aber im nächsten Moment ist er wieder voller Energie und überträgt sie auf seine Mitarbeiter.

Am Ende unseres Konzertes vor dem Schloss Schönbrunn steht André auf dem großen, inzwischen vom begeisterten Publikum geräumten Platz und schaut auf den beginnenden Abbau seiner Bühne. Im Hintergrund ruht die selbst in der Dunkelheit prächtige Fassade des „Mehrfamilienschlosses" Schönbrunn. André sagt irgendwann an diesem Abend zu seinem Sohn Pierre diesen folgenschweren Satz:

„Unsere Musik und diese Kulisse - das passt einfach perfekt zusammen. Am liebsten würde ich nur noch hier vor diesem Schloss spielen. Aber weil wir nicht die ganze Welt nach Wien einladen können, um diesen einmaligen Eindruck zu vermitteln, müssen wir eben das Schloss nachbauen und mitnehmen."

Pierre kennt seinen Vater und hat schon so einige Überraschungen mit ihm gemeinsam durchgespielt und realisiert. Pierre schaut hoch auf die Fassade und ich sehe, was er denkt: „14 Meter hoch – 180 Meter breit ..."

Und als sein Papa nachlegt:

„Aber ich möchte keine Miniatur Ausgabe vom Schloss. Es sollte schon die Originalmaße haben und die beiden Brunnen vor dem Bauwerk müssen natürlich auch mit."

Ich erinnere mich, dass Pierre nicht genau weiß, ob er lachen oder mit dem Kopf schütteln soll.

Er tut beides und sagt überzeugend: *„Ok, Papa. Machen wir."*

Ein paar Monate später bin ich in Maastricht und bearbeite eine internationale Version unseres „Schönbrunn-Specials".

Irgendjemand kommt in die Schneideräume und sagt, dass André uns unbedingt etwas zeigen möchte. Es gehört zu den ganz typischen „Rieu-Situationen", dass er am liebsten alle um sich herum versammelt, wenn ihn etwas begeistert. Er will alle teilhaben lassen an seinen Ideen – wie ein kleiner Junge, der sich an einem neuen Spielzeug erfreut und es stolz sofort all seinen Freunden zeigen muss. Immer geht er vorweg, immer folgen ihm seine vertrauten Menschen.

So auch an diesem Tag als er uns in die riesige Lagerhalle entführt. Er steht vor der ersten von insgesamt 40 dunkelgrünen Fensterfassaden des Nachbaus von Schloss Schönbrunn. Ein Fenster hat die Maße 1,50 Meter Breite und 2,50 Meter Höhe.

Das ganze Ausmaß dieses Unternehmens wird uns allen schlagartig klar, obwohl ich mich nie bemüht habe, die Anzahl der riesigen Fenster von Schloss Schönbrunn zu zählen. Das wird eine Materialschlacht ohne Gleichen. Und all das muss später transportiert werden – nicht nur nach Amsterdam.

André möchte das Schloss mitnehmen nach Toronto, nach Sydney und nach Melbourne – am liebsten, in die ganze Welt.

Die Bühnenkonstruktion hat eine Höhe von 26,20 Meter und eine Tiefe von rund 30 Metern. Das fahrbare Fassadensystem sorgt dafür, dass bei Unwetterwarnungen die Fassade in kürzester Zeit abmontiert werden kann.

Natürlich passt das ganze gigantische Bühnenwerk nur auf die Breitseite eines Stadions oder in eine sehr große Arena.

Wie das logistisch funktionieren soll und was das finanziell bedeutet, wissen nicht viele, die da gerade die Fenster bestaunen. Ich vermute auch, André weiß es nicht wirklich genau.

Aber das ist es ja, was diesen einmaligen Menschen und Künstler so unvergleichbar und erfolgreich macht. Wenn André Rieu sich etwas in den Kopf setzt, dann stoppt ihn nichts und niemand. Vernünftig und gesund ist das nicht unbedingt, aber es ist bewegend. Die Show-Welt staunt. Aber nicht nur die Show-Welt staunt. Auch ich bin wirklich berührt, als ich in Melbourne ins Stadion laufe. Denn da steht es – das Schloss Schönbrunn aus Wien.

Mit den beiden Brunnen und seitlich angebauten Eisflächen.

Ich zitiere aus einer Presse Meldung:

Ab Mitte November ist André Rieu mit über 500 Mitarbeiter auf Tournee durch Australien, mit der Schönbrunn-Nachbildung im Gepäck. Über 300.000 Zuschauer besuchen die Konzerte und das Konzert in Melbourne wird im australischen und im niederländischen Fernsehen live ausgestrahlt. Auch erscheint weltweit die DVD " Live in Australien". 2008 ist für André Rieu und sein Orchester ein Spitzenjahr. Am Ende prangt sein Name als einziger Klassik-Künstler in den Top 10 der Pollstar-Liste, in der die am besten besuchten Tourneen aufgelistet sind. Nur Megastars wie Madonna und The Police muss der Walzerkönig über sich dulden.

Für mich als Regisseur ist das eine der leichtesten Arbeit, die ich je hatte. Was auch immer die 25 Kameras vor ihren Objektiven finden, ist großartig, gigantisch, imposant und einfach atemberaubend. Da muss ich nicht viel „erfinden". Es ist angerichtet und ich darf die „Kerzen auf dem gedeckten Tisch" anzünden.

Aber nicht nur der Gigantismus macht den Erfolg erklärbar, denn alles, was André mit seinen Leuten da aufführt, ist geschmackvoll und mitreißend. Und ich genieße das Gefühl, dass ich als Regisseur dabei bin.

Aber ich muss ganz deutlich sagen, dass ich „nur" verantwortlich für die Umsetzung der fantastischen Show bin. Dafür, dass ich das alles einfange, was dieser André Rieu in unglaublicher Energieleistung auf die Bühnen gebracht hat.

André lebt das Leben eines Königs, nicht nur weil er ein historisches Schloss in Maastricht bewohnt und nun auch noch ein noch größeres mit auf Reisen nimmt. Er herrscht mit Geige und Bogen, mit Herz und Enthusiasmus, mit Genie und Wahnsinn über ein kleines Imperium an der holländischen Maas. Aber alles hat leider wie auch hier zwei Seiten, denn vielleicht ist seine unaufhörliche Energieleistung auch der Grund, warum er Jahre später mit seiner Gesundheit Probleme bekommen sollte. Ende 2015 erscheint eine Sonderedition der Bild in Deutschland. Der Titel: Stars. Die erste Ausgabe widmet sich ausschließlich André Rieu und seiner Karriere. Dort kann man jetzt nachlesen, was in dieser Zeit alles geschah. Vieles davon habe ich hautnah miterlebt.

Andrés Körper setzt Warnsignale, die er erst dann richtig ernst nimmt, als sie ihn zum zweiten Mal innerhalb von zwei Jahren zu einer längeren Pause zwingen.

Es macht mich nachdenklich. Muss das zwangsläufig die Quittung für ein intensives Künstler- oder oder auch sonstiges Berufsleben sein, wenn man die „50" überschritten hat? Muss man kürzertreten, wenn man älter wird? Und vor allem: Wann ist dafür, also zum Drosseln des eigenen Kraftwerks, der richtige Zeitpunkt?

Bei André ist es eindeutig der Stress und keineswegs irgendein vermeintlich exzessives Leben, denn das hat dieser Mann nie gelebt. Er raucht nicht, er trinkt nicht und macht vor jedem Konzert einen exakt getimten Kurzschlaf in seiner Garderobe.

Burnout ist eine Krankheit der schnelllebigen Zeit. Ein Streik des Körpers gegen Druck und Überlastung, meistens ausgelöst durch Ängste und verborgene Sorgen. Schwer zu verstehen für Menschen, die ihren Beruf lieben, die Stress gar nicht als solchen empfinden.

Ich weiß, wovon ich rede, denn ich gehe am Fuße dieser Zeilen, in mein 56. Jahr Fernsehleben. Bisher ohne Burnout, aber mit anderen kleinen Wehwehchen. Da meldet sich mal der Rücken und will keine langen Autofahrten mehr ertragen.

Da müssen Fielmann und Apollo ganz genau nachmessen, wann Kurz- und wann Weitsichtigkeit kompensiert werden müssen. Und gerade von einem Regisseur darf man ja wohl auch erwarten, dass er! alles! sieht.

Sollten wirklich die Zeiten vorbei sein, in denen auch Künstler sich Pausen erlauben können? Muss die Maschine immer auf Hochtouren laufen?

Ich weiß von André, dass er ein glücklicher Mensch ist, wenn er vor seinem Orchester steht und dort für tausende von Menschen Musik machen kann, wenn er mit seinen Musikern im Studio probt und wenn er mit seiner Marjorie neue, verrückte Ideen ausheckt für seine Konzerttourneen.

Er entdeckt und begeistert die Welt mit seinem Orchester. Er ist nicht der Typ, der sich drei Wochen an den schönsten Strand der Welt legt und sich dadurch entspannt. Kopf und Geist von André Rieu wollen Aufgaben – nicht aufgeben.

2012 spielt er – nach völliger Genesung – unter anderem 20 (!) Abende in São Paulo und mehrere Konzerte in Südafrika. Er absolviert alle seine ausgefallenen Konzerte in Frankreich, Österreich, England und Skandinavien und beendet das Jahr mit Konzerten in Irland und Schottland.

Er wirkt nach überstandener Krankheit ruhiger und ist entschlossen, den Stress und das Arbeitspensum durch freiwillige Pause zu minimieren. Aber als am 30. April 2013 in Amsterdam Königin Beatrix ihre Krone an ihren Sohn Willem-Alexander übergibt, erlebt auch André wieder so einen bewegenden Höhepunkt seines Musikerlebens.

„Rieu-Royal": Ich darf wieder Regie führen auf dem Museumsplatz bei einem umjubelten 2 1/2 Stunden Konzert, dass in Holland live im TV und wenige Tage später in viele Kinosäle in England, Australien und Südamerika übertragen wird.

Diese grandiose Begeisterung an diesem Abend ist wie ein Ping Pong-Spiel. Das Publikum jeden Alters liebt diese gute Laune, die von der Bühne auf sie herunterfließt, und das Orchester samt Chef lässt sich mitreißen von diesen 40.000 euphorischen „Oranjes". Die Holländer können feiern – sie können fröhlich sein – und sie haben einen André Rieu, der mit diesen Eigenschaften und mit seinen Versionen der Musik von österreichischen und anderen Meisterkomponisten die ganze Welt erobert.

Und ich habe längst meine Meinung geändert über die bunten Bildchen auf den Trucks. Das ist nicht der „Kindergarten on Tour", wie ich das vorschnell und oberflächlich Jahre zuvor genannt hatte. Diese lustigen Bilder auf den Trucks sind Signale für Menschen, eine kleine Ermunterung, an Spaß und Spielfreude zu glauben. Sie sollen für zwei bis drei Stunden ihre Alltagssorgen vergessen und sich gut unterhalten lassen.

Und viele Menschen wissen das zu schätzen.

Ich wünsche diesem André Rieu die nötige Kraft und seinem Herzen weiter den richtigen Takt, damit ihn der Dreivierteltakt noch ganz lange begleitet, und dass er und seine „Großfamilie" endlich wieder auf die Bühnen zurückdürfen.

Nur mit Musik und seiner Musiker-Familie, nur mit seinem Publikum und seinen Mitarbeitern kann dieser Mann zufrieden alt werden.

Denn das ist sein Leben.

Wann ist der richtige Zeitpunkt?

56 Jahre Fernsehen – so langsam biege auch ich in die Zielgerade ein. Das Finale ist in Sichtweite. Vielleicht der richtige Zeitpunkt, um schon mal vorsichtig die Bilanz vorzubereiten. Ich habe wirklich viele Künstler kommen und gehen gesehen – die großen und die anderen. Ich meine mit „gehen gesehen" natürlich nicht nur diejenigen, die nicht mehr unter uns weilen, weil sie verstorben sind.

Künstler, die freiwillig aufhören, ihre Kunst dem Volk zu schenken, sind ja irgendwie auch nicht mehr unter uns. Wir verlieren auch sie aus den Augen. Sie können im besten Fall ein ruhiges, glückliches und erfülltes Leben mit den eigenen Angehörigen genießen und friedlich auf ihre Vergangenheit zurückblicken.

Sportler haben ihre eigenen eher biologischen „Grenzen". Wenn ein Fußballer mit 34 „aufhört" hat er noch ein zweites oder drittes Leben vor sich.

Künstler – wie Schauspieler, Musiker, Komponisten, Autoren, Maler, Architekten oder Designer und Modemacher – haben wenigstens auch noch den Vorteil, dass ihre „Werke" greifbar, sichtbar oder hörbar erhalten bleiben. Welche Kunst hat Bestand? Bei welcher künstlerischen Arbeit ist das Verfalldatum klar definiert? Und wer bestimmt das alles?

Vielleicht der Geschmack. Und der ist verdammt individuell. Ferne Länder haben in ihren Kulturen entsprechende eigene Helden, Musiken, Filme und Werke.

Wer will schon entscheiden, ob die „Fünfte von Beethoven" für die Menschheit wertvoller ist als „Yesterday" von Paul McCartney oder ob „An der schönen blauen Donau" von Johann Strauss mehr Menschen begeistert als „My Way" von Claude François und Paul Anka?

Was Menschen begeistert, unterhält, die Sorgen vergessen lässt, kann doch unmöglich verkehrt sein.

Deutlich vor Augen habe ich das so einige Male, immer wenn ich kurz vor dem vermeintlichen Ende einer Karriere von jemandem noch persönlich anwesend war, wie 1975 beim großen Pianisten Arthur Rubinstein damals im Alter von 88 Jahren, den ich als Kameramann bei einem seiner letzten Konzerte in Croydon, Großbritannien, miterleben durfte. Ich hatte es hier schon erwähnt. Ein unvergesslicher Moment!

Link: https://youtu.be/TqArtEKsE1Y

Arthur Rubinstein 1975 in Croydon

Oder wie 1993 Heinz Rühmann, der mit 91 Jahren noch einmal bei Thomas Gottschalks „Late Night" zu Gast war. Bewegend!

Link: https://youtu.be/ISNWpJa4cL8

Heinz Rühmann bei RTL-Late Night 1993

Wer entschließt sich zu welchem Zeitpunkt und aus welchem tatsächlichen Grund zu dem Satz „Jetzt höre ich auf?"

Wer gesteht sich gerne selber ein, ich bin zu alt für diese Aufgaben? Wer lehnt sich zurück und versucht zu genießen, was er erlebt hat?

Es gibt glücklicherweise keine gültige Anzahl an Jahren, die dem beruflichen Weg eines Künstlers zur Verfügung stehen. Es gibt auch kein „normal ist man so zwischen 40 und 50 Jahre lang berufstätig".

Aus der Musikbranche toben sich nach wie vor Giganten wie die Rolling Stones (leider inzwischen ohne ihren 2021 verstorbenen Drummer Charlie Watts), Ex-Beatle Paul McCartney (alle weit über 70) oder ein sehr lebendiger Tom Jones (über 80) auf dreistündigen Live-Konzerten aus.

„Sie alle singen immer noch spielend den Putz von den Wänden", so hat es Bonnie Tyler (selber über 70) vor kurzem verbal beschrieben.

Ich erlebe Fernsehshows, in denen Künstler die Gelegenheit nutzen, „auf Wiedersehen" zu sagen, um sich quasi live von den Bühnen zu verabschieden. Alle können so miterleben, wie dramatisch Abschied nehmen sein kann – für Künstler und Zuschauer. Ob es „Die

Flippers" waren oder 2009 „Daliah Lavi" – eine großartige stolze Frau, die mit Würde ihre grauen Haare zeigte und beschloss, es sei genug und ihr Privatleben solle ab sofort an erster Stelle stehen – dies alles waren tolle Abschiede.

Link: https://youtu.be/W2qdKTAZ27k

Daliah Lavi bei ihrem letzten Fernsehauftritt MDR 2009

Roger Whittaker hat mindestens dreimal „Farewell" gesagt. Tränen im Fernsehen – das berührt emotional wie niedliche Hunde oder Kinder, die schöne Lieder singen. Also Quote rauf! Warum nicht?

2003 habe ich in Köln als Regisseur den dramatischsten Abschied eines Künstlers hautnah miterlebt. Ein Mann – damals erst 57 – wollte nach 37 Berufsjahren abtreten. Und das nicht einfach so, sondern mit ganz großem Bahnhof: Howard Carpendale.

Sein definitiv letztes Konzert mit dem Titel „Danke" hat am 11. Dezember 2003 in der Kölnarena (heute Lanxess Arena) stattgefunden.

Es war wirklich ein bewegender Abend. Manager Dieter Weidenfeld hatte mit Howard zusammen ein Programm entworfen, bei dem schon klar vorprogrammiert war, wann genau und wie viele Tränen fließen würden. Und sie flossen. Bei Fans, bei meiner Bildmischerin und ein paar ganz ehrliche auch bei Howard Carpendale. Und ich habe geschluckt ...

Link: https://youtu.be/FEOf3chXvlY

Howard Carpendale
Abschiedskonzert in Köln – 2003

Am Ende des Konzertes haben wir im Team gewettet: „Der ist bald wieder da ...“ Also Rücktritt vom Rücktritt.

Soll er doch! Wenn man merkt, dass die Zeit zum Abschied nehmen noch nicht reif ist, dann muss man auch nicht aufhören.

Keiner weiß, was es mit ihm macht, wenn er plötzlich „weg vom Fenster“ ist, egal ob selber gewählt oder nicht.

Ich glaube, es hat ihm keiner verübelt, dass er nach ein paar hundert Runden Golf in den USA tatsächlich wieder bei uns auftauchte und bis heute weiter erfolgreiche Musik macht. Den Fans gefällt es.

Das ist doch so auch viel erfreulicher, als die andere Art „sich aus dem Staub zu machen“.

Elvis Presley, Michael Jackson, Joe Cocker, Bob Marley, John Lennon oder in unserem Land Harald Juhnke, Drafi Deutscher oder Roy Black und viele andere hatten nicht die Wahl, sich den Zeitpunkt ihres Abschieds auszusuchen.

Ein anderer Künstler, der mir eher privat als beruflich nahesteht, hat ebenfalls beschlossen, sich sanft und fast lautlos von der Welt der Bühnen zu verabschieden, obwohl er noch keinesfalls das biblische Alter einer vermeintlichen Obergrenze erreicht hatte:

Hape Kerkeling, bester Freund meiner Frau Isabel. Daher kenne ich ein paar seiner Gedanken und über seine Motivation, sich rar zu machen. In einem großen Interview Ende 2015 antwortete er offen und ohne diplomatische Umwege auf alle Fragen zu seinen Beweggründen, diese Branche nur noch passiv erleben zu wollen. Ich glaube ihm jedes Wort. Er, den jeder (!) Fernsehsender auch heute noch – beinahe unabhängig für welches Format – sofort einkaufen würde, hatte einfach diesen Beruf für sich zu Ende gelebt. Ich behaupte:

Keiner geht freiwillig, der glaubt, er hat noch etwas zu beweisen. Aber jeder muss aufhören dürfen, wenn er für sich weiß, es ist genug.

Applaus muss nicht unbedingt hörbar sein, weil man die Zuneigung von Menschen auch so fühlen kann. Und das kann Hape.

Seinem erfolgreichen Buch „Ich bin dann mal weg" lässt er noch weitere folgen: „Der Junge muss an die frische Luft" 2014. „Pfoten vom Tisch" 2021.

Wo auch immer er gesessen hat beim Schreiben dieser Bücher, es war für ihn bestimmt nicht weniger aufregend als bei den Liveauftritten, die er erlebt hat. Die fantastischen Auflagen der Bücher sind Beweis und haben ähnliche Wirkung wie der „Applaus" für diese kreativen Arbeiten. Ich habe bei den letzten Begegnungen nie den Eindruck gehabt, er habe für sich etwas falsch entschieden.

Aufhören, wenn's am schönsten ist? Schluss machen auf dem Höhepunkt einer Karriere? Ich finde:

Nein, warum? Und so ganz endgültig ist das für Hape Kerkeling wohl auch nicht ... Aber das ist kein beweisbares Wissen, das ist mein Instinkt.

Aufhören, diesen Beruf wirklich beenden, das möchte ich freiwillig erst dann, wenn ich morgens aufwache und merke, dass mir das alles gar keinen Spaß mehr macht. Und wenn es mir mittags und am Abend immer noch so geht, dann werde ich es tun.

Ich gebe allerdings zu, dass ich einige Künstler kenne, die dieses Gefühl längst haben, es sich aber nicht leisten können, den Beruf vor dem Rentenalter an den Nagel zu hängen. Ich glaube sogar, dass es leider viel zu vielen so geht.

Alleine den Entschluss fassen zu können, richtig und tatsächlich aufzuhören, ist purer Luxus.

Und wenn einem die Mehrheit der Freunde zu verstehen geben: *„Schade, dass der nicht mehr im Fernsehen ist ...“*, dann kann man nicht so sehr viel falsch gemacht haben.

Und ich hatte es ja schon angedeutet: Manchmal bestimmt auch leider eine höhere Instanz, wann jemand die Bühne verlassen muss.

Sehr traurig für mich und viele Musikfreunde ist, dass ein anderer großartiger Künstler nie mehr live im Fernsehen zu sehen sein wird. Und noch trauriger ist, dass es keine neuen Lieder mehr von ihm geben kann. Ich spreche über den unfreiwilligen

Abschied von Udo Jürgens

Tschüss, Udo!

Er hat mehr als 1000 Lieder geschrieben. Mit ihnen hat er über 100 Millionen Platten verkauft!

Einhundert Millionen – ich kann's kaum glauben ...

Musik von Udo Jürgens: Mit Texten von unterschiedlichen Autoren. Udo Jürgens Lieder: Das sind kleine und große Geschichten über das Leben und die Liebe.

Die kann man in einem Konzert schon mal durcheinanderbringen, denke ich. Ich schaffe nicht mal das Vaterunser unfallfrei. Daher wecke ich mit meiner Frage, wie er sich denn diese ganzen Geschichten merken könne, seinen ganzen Ehrgeiz.

Es ist der 7. Februar 2014 und ich sitze auf der seitlichen Treppe des Künstlereingangs der Dresdner Semperoper.

Seit vier Jahren bin ich jedes Jahr zur fast gleichen Zeit in diesem wunderschönen Haus, um meine Regiearbeit für die Fernsehübertragung des Opernballs abzuliefern.

Und jedes Jahr erfüllt mich diese Aufgabe immer wieder mit glücklichen Momenten. Der MDR mischt klassische Opernmusik mit populären Unterhaltungsklängen internationaler Künstler. Die angehängte Mitternachtsgala wird in jedem Jahr in einem einstündigen Konzert von wechselnden Stargästen zum Höhepunkt dieses Events. 2014 ist es Udo Jürgens, der sich bei seiner Ankunft an der Oper für ein paar Minuten zu mir auf die Treppe setzt. Ich hatte seit dem Morgen Einzelproben und eine Generalprobe des Ballprogramms hinter mir und habe in meiner Pause einfach mal Luft holen wollen.

Ich kenne Udo seit meiner Kameramannzeit in Saarbrücken und er ist mit Sicherheit der Künstler, mit dem ich die häufigsten Begegnungen hatte – in immerhin schon 47 Jahren.

Ich frage ihn, welche Lieder er heute in seinem Programm spielen wird. Und er lacht und antwortet: *„Ich weiß noch nicht – na, das übliche. Du kennst doch alles ...“*

Dann sprudelt es doch aus ihm raus: *„Ich fang an mit,Noch drei Minuten', dann,Dafür brauch ich Dich', na und dann die ganzen anderen ... ‚Mit 66 Jahren', noch ein Medley ... Du weißt schon.“*

Ich frage ihn, wie er sich um Himmels Willen bei über 1000 Liedern, die er geschrieben hat, bloß seine Texte alle merken kann. Er erklärt das mit seinem musikalischen Gedächtnis: *„Na ja - erstens singe ich ja in einem Konzert höchsten 20-30 Lieder und nicht mein ganzes Repertoire. Aber es ist nicht so schwierig. Wenn ich das Intro eines Liedes spiele, führt mich die Melodie irgendwie zu den ersten Worten des Verses.“* Udo weiter: *„Am Ende des Verses, kurz vorm Übergang in den Refrain, kommen mir dann die Bilder des Refrains* *in den Kopf – und so weiter."* Irgendjemand stört uns – Udo springt auf und verschwindet im Eingang.

Ein paar Minuten später ist Soundcheck mit ihm und dem Pepe Lienhard Orchester und ich sehe eine Mappe vor ihm auf dem Klavier liegen. *„Na, da werden seine Texte drinstehen"*, denke ich. Ist doch auch okay, wenn er sich da etwas entspannt und da ab und zu hineinschaut.

Sogar der legendäre Frank Sinatra, den ich Mitte der 70er live in München bei einem seiner letzten Konzerte erleben durfte, hatte an jeder der vier Bühnenkanten unten auf dem Boden einen Bildschirm stehen, auf denen er sich seine Texte zur Musik anzeigen ließ – sogar den von „New York, New York".

Barbra Streisand erzählte in ihrem wundervollen Konzert 2013 in der Lanxess Arena in Köln, dass sie einmal in einem Konzert die Texte von drei Liedern vergessen habe. Komplette Blackouts habe sie erlebt. Daraufhin habe sie angeblich 27 Jahre keine Konzerte mehr gegeben, bis ein großartiger Mensch den Teleprompter erfunden habe. So erzählt sie dem staunenden Publikum diese Geschichte zwischen zwei Liedern.

Aber Udo benutzt keine dieser Hilfen. Es sind auch nicht die Texte, die er sich zur Sicherheit hingelegt hat, sondern Memos mit den Tonarten der einzelnen Songs. Bei über eintausend Titeln kann man sich wirklich nicht jede Tonart der Songs merken.

Während er seine Lieder bei dieser Probe nur ganz kurz anspielt, frage ich mich, wie ein Star dieses Kalibers, dem Jahrzehnte alle Herzen zufliegen, das Älterwerden verarbeitet. Wann fällt für ihn der letzte Vorhang – oder wann sollte dieser fallen?

Da sind sie wieder, diese Gedanken: Kann man abtreten, bevor die Zukunft einen abholt?

Udo wird in diesem Jahr (2014) 80 Jahre alt, aber in dem Augenblick, wenn er sich wie hier bei der Probe an seinen Flügel setzt, ist er schlagartig mal locker 20 Jahre jünger! Künstlerisch ist er ja nach wie vor mitten drin und keinesfalls am Ende seines Schaffens. Dieser Udo Jürgens hat Kraft und Freude. Und alle können das sogar bei dieser kurzen Probe miterleben.

Er spielt ein paar Takte von „Liebe ohne Leiden" und ich denke natürlich an meine Begegnung mit diesem Udo Jürgens bei seinem Konzert in Hannover 1984. Denn da war dieses Lied ein Höhepunkt des Abends.

„Hautnah" nannte er dieses Tour-Programm, das ich für das ZDF aufgenommen habe.

Als ich jetzt in Dresden die Melodie höre, sind alle Erinnerungen sofort wieder da: „Liebe ohne Leiden"

Ein rührend väterlich-freundschaftliches Lied, in dem der Vater seiner Tochter Glück für ihren Lebensweg wünscht. Seine Tochter Jenny war damals scheue 17 Jahre alt und saß am Tag der Aufzeichnung in Hannover im Publikum. Udo wollte, dass sie das Lied, was er speziell für sie geschrieben hatte, mit ihm auch zusammen auf der Bühne singt.

Okay – im Tonstudio bei der Aufnahme des Songs für die CD fühlte Jenny sich ja noch ganz wohl und sicher, aber das jetzt ... Sie kam vor der Show in Hannover zu mir und sah mich hilfesuchend an: *„Ich kann doch gar nicht so gut singen – und das ist doch alles live. Und Papa ist doch so streng und kann das doch alles viel besser. Und überhaupt – die vielen Leute!"*

Sie sagte nicht: *„Bitte hilf mir"*, aber ich las es in ihren Augen. Ich wusste, sie würde alles geben, um diesem Auftritt zu entrinnen. Hin- und hergerissen war sie von diesem inneren Konflikt: Soll ich es wagen oder soll ich fliehen?

Ich konnte ihr nur helfen, indem ich ihr Wärme und das Gefühl gab, dass das alles ja auch Spaß machen kann.

Damit sie ein bisschen Sicherheit bekam, setzte ich sie in der Probe auf den Flügel. Das sah toll aus, ging aber nicht, weil wir den Flügel dafür hätten schließen müssen. Das wiederum passte den Tonleuten nicht, denn der Klang des Pianos verschlechtert sich dadurch erheblich. Also schlug ich vor, dass sie sich direkt neben ihren Vater auf den Klavierhocker setzen solle. So ganz gemütlich. Das wird ihr die nötige Sicherheit geben.

Ich weiß, dass es wichtig ist für viele Künstler, wo sie in den riesigen Studios oder auf den kalten offenen Bühnen stehen müssen. Man hat nichts mehr zum Festhalten, man fühlt sich plötzlich verdammt alleine, selbst wenn 20 Mann Orchester und ein überdimensionaler Vater mit auf der Bühne stehen. Jenny fühlte sich alleine auf der großen Bühne. War sie aber nicht!

Ich werde diesen Auftritt nie vergessen.

Link: https://youtu.be/0qK_crZEWvc

Jenny & Udo Jürgens
„Liebe ohne Leiden"

Und in etwas besserer Qualität kann man einen weiteren Auftritt Jenny & Udo mit dem gleichen Lied bei der ZDF-Show „Show & Co. mit Carlo" sehen und da gelang es mir auch, beide auf den Flügel zu setzen.

Link: https://youtu.be/Y5khCWnJT5U

Jenny & Udo Jürgens
„Liebe ohne Leiden"

Udo hatte bis dahin seine Tochter nie vor eine Kamera gezerrt und wollte aus Jenny auch keine Karrieretochter machen. Das ist leider immer noch nicht selbstverständlich.

Viel zu oft werden Kinder und Jugendliche in die Glitzerwelt gestoßen von ihren raffgierigen Eltern, die nicht selten das mit ihrem Nachwuchs anstreben, was sie selber nicht geschafft haben. Man kann das fast in jeder Casting Show beobachten, unter welch einem Druck junge Menschen vor den Kameras stehen. Für den Moment macht das alles sicher erstmal Spaß. Aber wehe, wenn solch ein Auftritt auch noch erfolgreich endet. Nicht selten haben die dann erwachsen werdenden Kids große Probleme damit, dass das nicht wie selbstverständlich erfolgreich weitergeht.

Ich finde es okay, wenn junge Menschen sich ihre Träume verwirklichen können und dürfen. Aber es müssen ihre eigenen Träume sein. Nicht die ihrer Eltern.

Udo schmückte sich nicht mit der berührenden Wirkung, dass seine Tochter neben ihm dieses Lied sang. Er hatte einfach ein wunderschönes Lied geschrieben und musikalisch das ausgedrückt, was er als Papa ihr tatsächlich wünschte. Eine Zukunft ohne Kummer und Leid.

Jenny vergoss nach der Show – nicht nur in meinem Arm – glückliche Erleichterungstränen.

Heute ist sie eine wunderbare und sehr gefragte Schauspielerin und fühlt sich vertraut auf den Brettern, die am Anfang in Hannover so wackelig waren. Aber diese Bretter bedeuten ihr nicht alles. Sie steht mit ihren beiden hübschen Beinen fest auf dem Boden ihrer Welt.

Und was noch wichtiger ist – ich denke, ich darf das verraten: sie hat eine Liebe ohne Leiden gefunden.

Jetzt in Dresden beim Opernball im Jahr 2014 sind bei den Tönen dieses einen Liedes alle diese Erinnerungen wieder da.

Die eigentliche Sendung vom Opernball läuft perfekt ab und ich habe eine Stunde Umbaupause, in der Udos Orchester für die Mitternachtsgala aufgebaut wird.

Ein Aufnahmeleiter steht hinter mir im Übertragungswagen und sagt, dass Udo mich möglichst vor der Live-Übertragung nochmal sprechen möchte.

Ich bin gespannt, was er denn von mir wollen könnte, und gehe direkt zu ihm. Zeit genug ist dafür noch, obwohl ich dafür durch das riesige Labyrinth des Dresdner Opernhauses laufen muss. Ich liebe diese Irrwege in den Katakomben fast aller Theater. Das ist in New York nicht anders als in Hamburg oder Mailand.

Ich irre durch den verwinkelten Backstage-Bereich der Semperoper und bin gespannt, was Udo von mir will ...

Ich öffne seine Garderobentür und frage ihn direkt: *„Wo brennt's?"*

Ich staune nicht schlecht über seine Antwort. Udo sitzt da fertig angezogen für seinen Auftritt. Er hebt sein Glas Weißwein, gibt mir ein zweites und sagt lächelnd und ganz leise: *„Nichts, Pit. Ich wollte Dir nur nochmal sagen, wie sehr es mich freut, dass wir beide mal wieder die gleiche Sendung machen. Ich hoffe, Dir und Isabel geht es gut."*

Ich bin gerührt und sage: *„Danke, ich freue mich auch sehr darüber ..."*. Und dann sagen wir – fast wie geprobt und beinahe synchron:

„Viel Glück für die Sendung gleich."

Auf dem langen Irrweg zurück zum Ü-Wagen durch die Gänge des Opernhauses habe ich wieder diese Gedanken ans Älterwerden. Dieser Udo Jürgens lebt mit seinem Beruf - seiner Berufung Musik zu machen. Dann ist er jung voller Fantasie und immer wieder neuen Ideen. Und er wird nie müde, das auf hohem Niveau durchzuhalten.

Jahrzehnte lang. Aber wenn dieser Mann ganz alleine in seiner kleinen Opernhausgarderobe sitzt, dann sehe ich, dass er älter geworden ist. 80 Jahre wird er im im Oktober 2014 werden. Und ich weiß auch, weil ich das auch bei anderen älteren Künstlern miterlebt habe, er wird 10 Minuten später „20 Jahre jünger" auf der Bühne stehen und die Menschen begeistern. Eine seltsame Mischung aus Bewunderung und Mitleid begleitet mich bei solchen Erlebnissen.

Ich kann in diesem Moment nicht wissen, dass es die letzte persönliche Begegnung sein sollte - mit dem Mann, der mich in den beinahe 50 Jahren Fernseharbeit ohne Unterbrechung Jahr für Jahr mit seinen Liedern und Konzerten begleitet hat.

Ich selber habe nicht gezählt, wie oft ich ihn als Kameramann oder als Regisseur mit hoffentlich schönen Bildern versorgt habe. Aber es waren sehr viele wunderschöne Momente, die ich nie vergessen werde.

Vom ersten Auftritt 1968 in Saarbrücken bis Februar 2014 in Dresden gibt es tatsächlich kein Jahr, in dem wir uns nicht begegnet sind. Manchmal bin ich auch nur ganz normaler Zuschauer in einem seiner vielen Konzerte.

Ein bisschen nachdenklich macht mich der Zufall, dass ich zehn Monate später am 21. Dezember 2014 ausgerechnet wieder in Dresden bin, als auf meinem iPhone um 17:10 Uhr eine nüchterne Meldung sichtbar wird:

Pling – Udo Jürgens ist tot – *pling.*

Ich muss sicher nicht betonen, wie schockierend diese Meldung nicht nur für mich ist. Ich denke an Jenny und ihren Bruder, die so sehr an ihrem Vater hingen!

In den Tagen danach sind natürlich die Zeitungen voll mit beeindruckenden Rückblicken auf sein Leben. Man schreibt natürlich, dass er in seinen Liedern weiterlebt. Wie wahr! Seine Lieder werden garantiert viele Generationen überleben und zu Klassikern, zu Evergreens werden.

Mir wird wieder einmal bewusst, dass auch für mich durch das Schaffen in dieser Branche ein bisher sehr erfülltes, turbulentes Leben möglich war. Ich fühle in diesen Tagen große Dankbarkeit. Was ist das für ein wunderbares Geschenk, wenn man sich mit Musik oder so wie ich auch mit Bildern ausdrücken kann. Lebensgefühle und Gedanken in Liedern zu verarbeiten, ist natürlich eine ganz besondere Gabe.

Wie erfüllend ist es, wenn man anderen Menschen mit Unterhaltung den Alltag verschönern kann und ihnen die Möglichkeit gibt, für Minuten oder Stunden ihre eigenen Sorgen und Ängste zu vergessen.

Wenn ich mit meinen vielen Showübertragungen hin und wieder Ähnliches erreicht habe und mit diesem Rückblick auf meine 56 Berufsjahre ebenfalls Menschen unterhalten konnte, dann hat nicht nur das Schreiben dieses Buches Spaß gemacht und dann hat es sogar einen Sinn für mich gehabt.

Aber dieser Udo Jürgens ist verdammt nochmal zu früh gegangen.

Mein letzter Ton sei wie ein Band,
ein starkes Band, das uns verbindet.
Damit die Wärme nicht verschwindet
aus diesem oft so kalten Land.

Link: https://youtu.be/0xmk_JLV4uc

Udo Jürgens -
Mein größter Wunsch ZDF 2014

Finale

Zwischen dem 15. Mai 1966, meinem „persönlichen Opening", und dem noch immer offenen Finale meines Berufslebens sind nun 56 Jahre vergangen. Ich habe mir wichtige Momente dieser Zeit durch das Schreiben zurückholen können. Und ich habe sehr häufig ein wohliges Gefühl dabei empfunden. Es war eine tolle Zeit mit allen Aufs und Abs, mit Freude und verdammt wenig Leid. Und ich möchte allen immer wieder vor Augen halten, dass wir weder Flugzeuge bauen noch der Menschheit Unverzichtbares liefern. Es ist „nur Unterhaltung", die jeder Konsument für sich ja individuell dosieren kann. Also höre ich auch nicht abrupt und dramatisch auf, sondern versuche sanft in die Zeit nach den Herausforderungen zu gleiten – so man mich lässt!

Wie fast jede Fernsehsendung mit einem Abspann endet, kommen jetzt auch hier die vielen Namen von Technikern, Mitarbeitern, vom Fahrdienst bis zu den verantwortlichen Köpfen der Sendeanstalten. Eigentlich ungerecht, dass die immer alle so schnell durchlaufen am unteren Bildrand, denn sie sind in meinen Augen keine „Randgruppe". Hier muss jetzt nichts schnell gehen – wie angenehm.

Es ist aber auch mein Dankeschön an die vielen „Fernseh-Familienmitglieder", Weggefährten und „Leidensgenossen".

Ich weiß, ich werde nicht alle nennen können, weil mir selbst bedeutende Weggefährten möglicherweise in so tiefer Erinnerung lagern, dass sie nicht mehr so einfach an die Oberfläche zu befördern sind. Vergessen kann ich keinen! Und die Reihenfolge entspricht weder dem Verlauf meines Weges noch dem Wert dieser Menschen, die mir begegnet sind und die mich begleitet haben – egal wie lange.

Also Abspann ab!

Danke **Truck Branss,** dass Du ohne Anhaltspunkt an mich geglaubt hast, und mich ins Fernsehbecken geschubst hast.

Männer und Frauen der ersten Stunde waren Willy **Raber,** mein erster Chefkameramann, und **Günther Bruns,** mein erster Regisseur, der mich hat machen lassen (auch wenn das vielleicht noch sehr ungestüm war) - **Werner Zimmer** (Ex Sportchef beim Saarländischen Rundfunk), der mir Disziplin vorgelebt hat.

Mein Freund und „Lehrmeister" der Kameramann **Manfred Schebsdat,** der mir wirklich gezeigt hat, wies geht und mich gebremst hat, zu früh zu viel zu wollen und abzuheben.

Mary Roos, die sich so vor meiner Kamera bewegt hat, dass diese von „ganz alleine" um sie herumfuhr.

Dieter Wendrich, Ewald Buricke und **Ekki Böhmer** – drei Regisseure, die mich erst als Kameramann in ihrem Team haben wollten und später als Assi neben sich ertragen haben, und auch dann nicht beleidigt waren, als ich plötzlich zu deren Kollege wurde.

(Pit) Bernhard Kulbach, der geniale lichtsetzende Kameramann, der immer Peterchen zu mir gesagt hat und mir ständig das Gefühl gab, ich sei unverzichtbar (und der viel zu früh diese Welt verlassen musste). **Reinhard Knieper,** ZDF-Redakteur, der erkannt hat, dass wir gemeinsam sehr schöne „Liedercircus-" und Jazz- Sendungen abliefern konnten.

Dieter Weber und **Dieter Thomas Heck**, die dem jungen noch unerfahrenen Regisseur Pit Weyrich einfach mal pauschal glaubten, dass er der ZDF- Hitparade neuen Schwung verleihen könne.

Den vielen Kollegen **Kameramänner- und Frauen,** die mich weiter sehr unterstützt haben, obwohl ich aus ihren Reihen als direkter Kollege ausbrach. Vergesst nie: ich war und bleibe einer von Euch, und ich habe nie vergessen, wie sehr Regisseure einem Kameramann auf den Geist gehen können. **Harro Eisele** (ZDF- Redakteur für Ballett), der mich sogar in diese „andere Welt" einführte, und ich glaube gerne mit mir gearbeitet hat.

Die vielen Damen und Herren in den Vorzimmern der Redaktionen und Produktionen die angenommen, sie hätten mich nicht leiden können, mir meine Entwicklung erheblich hätten abbremsen können.

Wolfgang Penk und **Holm Dressler,** die eine lange Zeit mit treuer Teamphilosophie meinen Weg beim ZDF zum Highway gemacht haben.

Thomas Gottschalk, der sich nie gegen mich gewehrt hat, und mich permanent daran erinnert hat, dass Humor und Leichtigkeit auch mein Turbo sind.

Die Firma **Televersal** in Hamburg mit **Ekki Jung** und **Dieter Joite** und **Michael Schanze,** die an mir festgehalten haben, auch als man nach Jahren gemeinsamen Schaffens bei 1, 2 oder 3, den Regisseur wechseln wollte.

Peter Maffay und **Udo Lindenberg,** die mich beide trotzdem als Regisseur ihrer Konzerte haben wollten, obwohl ich als „Hitparaden Mann" auch die ganzen „Schlageraffen" (Zitat - Udo L.) mit bunten Bildern bedient hatte.

Die vielen Künstler, die sich vor meinen Kameras so bewegt haben, dass ihre **Plattenbosse** und **Manager** sich nicht beim jeweiligen Sender beschwert haben, weil die Regie nicht ihren Vorstellungen entsprochen hat.

Nochmal **Wolfgang Penk** und **Dieter Stolte** (ZDF-Intendant a.D), die sich getraut haben, mich auch zu den „öffentlichen Gesichtern" der ZDF-Familie hinzuzufügen, und mich deswegen auch vor der Kamera einsetzten.

Dr. Michael Beckert (Saarländischer Rundfunk - Red.Leiter und U-Chef a.D), der mich in drei verschiedenen Funktionen (!) über die Jahre hinweg - die großen Preisverleihungs-Galas „Goldene Europa" hat machen lassen. Als Kameramann, dann als Regisseur und ganz zum Schluss als Moderator – *und der das Vorwort hier schrieb!*

Danke an die Menschen, die mir als Moderator große Unterstützung waren.

Waldemar Potomski (Maskenbildner) – es war zwar immer ein Kampf, aber mit bestmöglichem Endergebnis. **Beate Weber** (Redaktion „Die Bessere Hälfte") mit ihrer liebevollen Art und ihrem Einfühlungsvermögen, **Thommy Rogge** (Regie bei Kaum zu glauben) für seine unendliche Geduld. **Dr. Dieter Pröttel** (Regie bei „Die bessere Hälfte), bei dem man sich einfach sicher fühlen konnte. **Thomas Woitkewitsch** (Autor), der auf den endlosen Stadtfahrten durch Berlin - mit mir geduldig alle Moderationen durchging, aber sie nie aufschreiben musste - denn er wusste genau - Pit sagt sowieso was anderes in der Sendung.

RTL, die einen öffentlich-rechtlichen Regisseur in ihren Reihen geduldet haben (für Gottschalk Late Night), ohne dass ich ihnen die tollen Quoten von ARD und ZDF mitbringen konnte.

Fred Kogel, der mir mit seinen Vorstellungen bei der SAT 1 „Gottschalks-Houseparty" einen vorübergehenden Abschied aus der Fernsehlandschaft 1996 relativ leicht gemacht hat.

Stefan Fuchs, Uli Rossius und **Carolin Reiber**, die mich nach einer Schaffenspause mit offenen Armen, extrem guter Laune und mächtigen Komplimenten, in die Welt der Volksmusik einführten. Es war fast wie ein Come-back.

Marianne und Michael, die meine eher ungewöhnliche Umsetzungen für ihre volkstümliche Musik trotzdem schön fanden, und fröhlich weitergejodelt haben.

Dr. Oliver Heidemann und **seine Frau Kerstin** mit denen man nicht nur hervorragend Grillen, sondern auch mit ihren „Lustigen Musikanten" durch die Gegend reisen konnte. Das war in der Tat ansteckend „lustig". Außerdem hätte ich ohne sie niemals „die Amigos" kennengelernt.

Danke **Michael Jürgens** (Producer von Florian Silbereisens Festen), der mich zunächst als Stütze mit meiner Erfahrung und Ruhe, als Neuer beim MDR einführte. Unterhaltungs-Chef **Udo Foht,** der sich nicht gegen mich gewehrt, sondern mir sehr „versteckt" das Gefühl gab, dass er mich gerne in seinem Haus hat ... Jahrelange Regie bei Florians „Festen" und spannende Verleihungen der „Goldenen Henne" waren das Ergebnis. Als ich ging, wurden diese Sendungen trotzdem noch erfolgreicher. Also hat es niemandem geschadet. Viele andere Shows des Mitteldeutschen Rundfunks hatten auch mit mir schicke Quoten, und mit **Inka Bause** habe ich einfach verdammt gerne gearbeitet. Glücklicherweise hat mich nie einer gefragt, ob ich „Bauer sucht Frau" machen möchte ..., **Fleiß- und Gute Laune-Claudi** – der Name sagt schon alles, wenn man sie kennt.

ZDF-Redakteur **Peter Walscheid** hat tatsächlich dafür gesorgt, dass ich die großen Karnevals Sendungen von Mainz und Köln, mit den nicht enden wollenden langen Abenden - ohne Spätfolgen überlebt habe. Nie habe ich einen Redakteur erlebt, der sich so akribisch vorbereitet durch diese Schunkelwelt gearbeitet hat.

Der **ZDF-Fernsehgarten**, der zu meiner „Homebase" wurde, und mit der einmaligen **Andrea Kiewel**, dem großartigen Team von Produktion (**Christoph Reitz** & sein Dream-Team) bis zur Redaktion (**Christoph Hillenbrand** & seine „Bienen") – immer ein kuschelig-turbulentes Zuhause war.

Danke meinen weiblichen und männlichen Regie-Assistenten **Gisela Sippel, Marion Daniel, Edgar Zmarsly, Ivan Ivanco, Stefanie Körner, Andrea Roquebert, Thommy Rogge!, Sandy Traore, Yvonne Springmeyer, Nicole Wiedenbeck, Julia Möller** und ganz besonders **Simone Barthel** und **Caro Häberer**, die alle ohne Ausnahme halfen, meine manchmal mich selber überraschenden Regie-Einfälle umsetzbar zu machen, ohne dass „der ganze Laden" zusammengebrochen ist. Und alle wussten im Gegensatz zu mir immer, wo ich mein Regiebuch wieder liegen gelassen hatte.

Danke den wunderbaren Cuttern und **Bildmischern und -rinnen, Barbara Hein, Barbara Block, Annemarie Bornheimer, Hannelore Willié, Gerhild Schneider-Funke, Miriam Keeb, Martha Lähme, „Daggie" Zeunert, Stefan Kampmann, Gregor Schmah** und **Hans Penders**, die nervenstark so manche kritische Situation mit ihrer Kunst retten konnten. Ihre musikalischen Schnitte, wurden häufig mir als Bonuspunkt zugeschrieben, aber eigentlich waren es diese Schnitt-Genies, die den richtigen Takt fanden.

Danke **Marjorie** und **André Rieu**, dass ich in Eure Maastrichter „Familie" eindringen durfte, und mich dort keineswegs jemals als Fremder oder „Deutscher" fühlte. Ich habe auch jedes „Niederländische Wort" verstanden.

Danke **Frank Laufenberg**, dass Du mich in Deinem kompetenten und spannenden Musikradio-Sender www.**PopStop.eu** 2016 zum Mitglied einer sehr kreativen Radio-Family geholt hast. So mancher andere Sender wäre glücklich über so tolle Sendungen!

Danke **Christy Man** und Walerij Polyakov, die jeden(!) Buchstaben in diesem Buch gelesen und die ca. 1700 Fehler korrigiert haben.

Danke **Isabel**, dass Du in mir seit 2008 bei einer Silbereisensendung in Bozen, in der Du die „Königin der Nacht" warst, mein Herz höherschlagen lässt.

Seit dieser Begegnung schlagen unsere beiden Herzen erfreulich synchron. Es macht seit Jahren Spaß mit Dir im Leben herumzustöbern und dabei aufrecht durchs Dickicht der Musik und Medienlandschaft zu gehen. Ich verstehe Deine Probleme und Du meine.

„Die Varell" kannte ich ja schon seit vielen Jahren seit ihrer Hochzeit mit Drafi Deutscher, bei der ich aus purer Langeweile sie als Braut entführt habe und nach zwei Stunden „dummerweise" erstmal wieder an Drafi zurückgegeben habe ...

Aber heute möchte ich möglichst nie mehr auf sie verzichten müssen.

Auf meinem langen Weg habe ich oft gefühlt:

Wie schön ist es, gebraucht zu werden.